AÔ

L'HOMME ANCIEN

ISBN 2-84498-051-1

Marc Klapczinski

AÔ
L'HOMME ANCIEN

Roman

Aubéron

Prologue

Cette histoire s'est peut-être passée il y a plus de trente mille ans, sur le territoire de l'Europe actuelle. À cette époque, la toundra s'étend sur des régions immenses. La forêt se cantonne dans les vallées abritées ou dans le sud du continent. Le vent et la neige balaient les plaines et les plateaux où, l'été venu, se rassemblent les immenses troupeaux de bisons et de rennes. Des hommes, déjà semblables à nous, originaires d'Afrique, ont lentement migré vers le nord en passant par le Moyen-Orient et se sont implantés dans ces régions froides mais giboyeuses. En peu de temps, ils ont développé un savoir-faire qui leur a permis de se maintenir dans cet environnement hostile.

Pourtant, ils ne sont pas les premiers à avoir conquis la toundra. Plusieurs dizaines de milliers d'années avant eux, un être humain différent, d'apparence plus primitive, profitait d'un réchauffement climatique pour s'aventurer vers les grandes plaines du nord de l'Europe. Lorsque le grand gel s'abattit à nouveau sur le monde, pour la première fois dans l'histoire de l'humanité, encouragé par l'abondance du gibier, un homme relevait le défi. Il parvenait à survivre dans des régions semi-arctiques et à s'adapter à la rigueur du climat. Cet homme a été nommé « l'homme de Neandertal » et l'énigme qu'il représente continue de fasciner les hommes d'aujourd'hui.

La chronologie, l'environnement et l'approche culturelle, tels qu'ils apparaissent dans cette histoire, correspondent globalement aux données actuelles de la recherche archéologique préhistorique. Les découvertes récentes et les datations de plus en plus précises ont contribué à établir la présence simultanée sur un territoire de la taille de l'Europe, non seulement de l'homme de Neandertal et d'un homme anatomiquement moderne (dit de Cro-Magnon), mais aussi, à l'intérieur même de chacun de ces groupes, de populations associées à des traditions culturelles nettement différenciées.

Cette particularité a été depuis peu mise en évidence concernant les hommes de Neandertal : alors que, dans certaines régions, ils développaient une maîtrise technique (culture du châtelperronien) d'un niveau équivalent à celle qui prévalait parmi les hommes d'apparence moderne qui s'étaient répandus en Europe (culture de l'aurignacien), en d'autres lieux, des cultures de tradition ancienne (culture du moustérien), plus rudimentaires, typiques des périodes précédentes, perduraient parmi d'autres populations d'hommes de Neandertal.

Cette situation extraordinaire s'inscrit dans un laps de temps relativement restreint à l'échelle de l'évolution de l'humanité (moins de 10000 ans). Malgré la faiblesse des traces à notre disposition, elle nous procure la vision d'un monde qui palpite au rythme d'une quête spirituelle et artistique dont notre ancêtre direct n'a plus l'apanage : des hommes d'aspect plus archaïque ont aussi participé à cet élan. Le recours à des techniques de taille originales contredit la thèse d'une nécessaire acculturation de créatures moins évoluées, confrontées à l'invasion d'hommes modernes. Leur survivance pendant plusieurs millénaires, plutôt que la mansuétude des « envahisseurs », atteste de leur capacité à se maintenir dans certaines parties du continent en conservant leurs territoires de chasse et de cueillette.

Quels rapports ont développé ces êtres humains dissemblables lors de confrontations dont il est difficile d'imaginer qu'elles n'aient jamais eu lieu à l'intérieur d'un espace limité, au cours d'une période aussi longue ?

Il n'y a probablement pas une réponse mais des réponses, une pour chaque rencontre particulière dont la somme constitue la longue histoire presque inconnue de cette époque, sans doute jalonnée de tragédies, mais pas nécessairement plus violente et moins humaine qu'aujourd'hui.

C'est dans ce contexte fascinant que s'inscrit la fiction que je vous propose.

Imaginez ces plateaux et ces plaines qui s'étendent à l'infini, parsemées de lacs et de tourbières. Les hivers sont longs et rudes.

Il y a 75 000 ans environ, au début de la dernière glaciation, le froid est devenu extrême.

Voyez ces hommes qui progressent lentement dans la neige, des chasseurs sans aucun doute. Malgré les rafales de vent glacial qui les obligent à courber la tête, ils avancent fièrement, chaudement emmitouflés sous plusieurs couches de fourrure maintenues par des lanières en cuir. La chasse a été bonne. Deux par deux, ils tirent de longues perches en bois à l'extrémité desquelles a été lié un entrelacement de branches, sortes de traîneaux rudimentaires lourdement chargés. On y distingue des carcasses de chevaux, ces petits herbivores vifs et rapides dont les troupeaux sillonnent la toundra.

Ils s'approchent de la forêt. Plutôt petits, les membres courts, d'une carrure impressionnante, une grande vitalité émane de leurs corps trapus. On distingue maintenant les visages dont les traits semblent surgir d'un passé très lointain.

Le crâne volumineux est à peine séparé du tronc par un cou épais et court. Le front bas et fuyant s'avance au-dessus des yeux enfouis dans des orbites profondes, arrondies et vastes. La face pointue s'étire vers l'avant comme un museau. Le nez, large et massif, jaillit de la forêt de poils drus, très dense, qui s'étale depuis le sommet du crâne jusqu'à la nuque en passant par les joues, à tel point qu'on aperçoit à peine la peau rougie par le froid.

Les armes qu'ils brandissent paraissent rudimentaires. Elles n'en ont pas moins permis à ces chasseurs endurants et tenaces de se maintenir aux portes de l'Arctique et de devenir, au fil des millénaires, les prédateurs les plus redoutés de la steppe.

D'autres hommes sont sortis de la forêt maintenant toute proche et courent vers les chasseurs. Ils sont très excités et s'agitent dans la neige en poussant des cris. On dirait qu'ils dansent.

Les chasseurs ont lâché les perches et se mettent de la partie en gesticulant de plus belle. Avec force grognements et mimiques, ils sont en train de mimer la chasse. Leurs gestes sont précis et très expressifs. Le spectacle est fascinant. La neige s'est remise à tomber. Elle tourbillonne autour d'eux, soulevée par le vent polaire qui balaie la steppe en hurlant. Imperturbables, les chasseurs continuent de danser pour leurs compagnons. Il faut que la pâle lumière du jour s'estompe pour qu'enfin ils se décident à repartir. Ils savent que non loin de là, un grand feu brûle à l'entrée d'une caverne nichée dans les falaises qui surplombent la rivière. C'est le campement d'hiver du clan. Cette année, le printemps se fait attendre et les réserves sont épuisées. Mais ce soir, la faim aura cessé de tenailler les entrailles. Les chasseurs danseront encore à la lueur des flammes.

Bien des années ont passé. Le climat s'est radouci. Il y a 40 000 ans et au cours des milliers d'années qui suivirent, des hommes différents, prolifiques et industrieux, s'implantent peu à peu sur le continent. Plus grands et plus fins que ceux qui les ont précédés, ils ressemblent aux hommes d'aujourd'hui. Ils ne craignent pas le froid contre lequel ils savent se prémunir. L'abondance du gibier est une aubaine pour ces chasseurs intrépides. Aucun milieu ne résiste à leur expansion. Leurs méthodes de chasse et la maîtrise technique qu'ils ont atteinte dans la taille des différents matériaux à leur disposition, tels que la pierre et l'os, mais aussi l'ivoire et le bois des cervidés, leur permettent de s'adapter aux contraintes de n'importe quel environnement. Parmi ceux qui s'aventurent vers le nord du continent, certains entrent en contact avec des hommes qui vivaient là avant eux.

Ces pionniers ne comprennent pas les gesticulations et les grognements de ces êtres étranges, inquiétante ébauche d'humanité. Peu enclins à partager les richesses de ces contrées giboyeuses avec ces hordes vociférantes qui font fuir les troupeaux, refusant de voir en eux leurs semblables, ils prennent peu à peu possession de leurs territoires.

Surpris par la férocité et la redoutable efficacité des armes utilisées par les nouveaux arrivants, des clans, qui occupaient depuis des millénaires cette partie septentrionale de l'Europe, éparpillés sur de vastes territoires et peu portés à se rassembler durablement, souvent limités à une poignée d'individus, furent décimés ou refoulés plus au nord, là où les arbres ne poussent plus.

PRINCIPAUX CLANS ET PERSONNAGES

Aô : Survivant d'un clan d'hommes de Neandertal issu de la culture moustérienne.

LE CLAN DES HOMMES DU LAC

Hommes de constitution moderne appartenant à la culture aurignacienne, correspondants à l'homme dit « de Cro-Magnon » :

Âki-naâ : Compagne du chasseur Atâ-mak, capturée par les hommes oiseaux.

Kipa-koô : Jeune frère d'Âki-naâ. Assistant de Napa-mali, le chaman.

Napa-mali : Chaman du clan.

Wagal-talik : Chef du clan. Père de Kipa-koô et d'Âki-naâ.

Ma-wâmi : Jeune chasseur du clan. Compagnon de Kî-mi.

Kâ-maï : Vieux chasseur du clan. Père de Kî-mi.

Atâ-mak : Chasseur du clan. Compagnon d'Âki-naâ.

I-taâ : Jeune femme capturée par les hommes oiseaux.

Kî-mi : Jeune femme capturée par les hommes oiseaux. Compagne de Ma-wâmi et fille de Kâ-maï.

Taâ-wik : Vieux tailleur de pierre du clan.

LES CLANS DES HOMMES DU FLEUVE

Apparentés au clan des hommes du lac.

Ak-taâ : Jeune chasseur porteur d'un message au clan des hommes du lac.

Ik-wag : Chef du clan.

O-mok : Jeune chasseur du deuxième clan des hommes du fleuve.

LE CLAN DES HOMMES OISEAUX

Clan d'hommes belliqueux, de constitution moderne, implanté dans les anciens territoires du clan d'hommes de Neandertal dont Aô est le survivant.

L'homme aux dents cassées :
Chef du clan des hommes oiseaux.
Individu de très grande taille dit « le géant ».

LE CLAN DES HOMMES DES MONTAGNES

Clan d'hommes de constitution moderne, apparentés aux clans des hommes du lac et du fleuve.

LE CLAN D'HOMMES DE NEANDERTAL APPARTENANT À LA CULTURE CHÂTELPERRONIENNE

Il s'agit d'un clan appartenant à une culture originale, assimilée aux premiers stades du paléolithique supérieur, limitée dans le temps (environ 6000 ans) et localisée principalement à l'Europe de l'Ouest.

Attribuée exclusivement à des hommes de constitution néandertalienne, cette culture se distingue cependant nettement de la culture moustérienne (paléolithique moyen), à laquelle cet homme est habituellement associé et dont le personnage d'Aô est un représentant tardif, par des innovations techniques qui lui permettent de soutenir la comparaison avec la culture aurignacienne, développée par les hommes modernes qui occupaient plus particulièrement le nord et l'est de l'Europe à cette époque.

L'endroit où j'ai situé l'habitat de ce clan sur la carte correspond approximativement au gisement préhistorique d'Arcy-sur-Cure (la grotte du renne) qui se trouve dans une région de collines du sud-est du département de l'Yonne. Il s'agit d'un site exceptionnel dont les fouilles ont mis en évidence des structures d'habitat organisées et permis la découverte de certains des outils les plus élaborés attribués à des hommes de Neandertal associés à la culture châtelperronienne (débitage du silex désormais systématiquement orienté vers l'obtention de lames et non plus d'éclats, diversification des matériaux utilisés, production de pointes et de lames à dos abattus, d'épingles et de poinçons en os, pratique de l'emmanchement...), ainsi que des parures (dents animales percées ou avec gorge de suspension, fragments circulaires découpés dans l'ivoire...), reflets d'un savoir-faire spécifique et de préoccupations qui justifient l'intégration de cette population au sein des premières phases du paléolithique supérieur, période ultime de l'évolution humaine à laquelle nous appartenons.

À titre d'information, on peut signaler la présence, sur le territoire français, de plusieurs autres gisements particulièrement riches ayant fait l'objet de fouilles rigoureuses. Citons notamment, parmi les plus remarquables, le site éponyme de Châtelperron dans l'Allier, de Saint-Césaire en Charente-Maritime qui a livré les restes incomplets d'un Néandertalien associé à cette culture, de Quinçay et de Les Cottés dans la Vienne.

Les autres gisements, plus ou moins significatifs, situés dans le quart sud-ouest de la France, précisément en Dordogne et en Corrèze, dans les Pyrénées, les Landes et le Lot, permettent de circonscrire la zone d'expansion géographique, particulièrement limitée, de cette culture originale.

On note également la présence, à la même époque, en Italie centrale et du Sud, d'une culture dite de l'uluzzien (de la baie d'Uluzzo) présentant des points communs avec le châtelperronien.

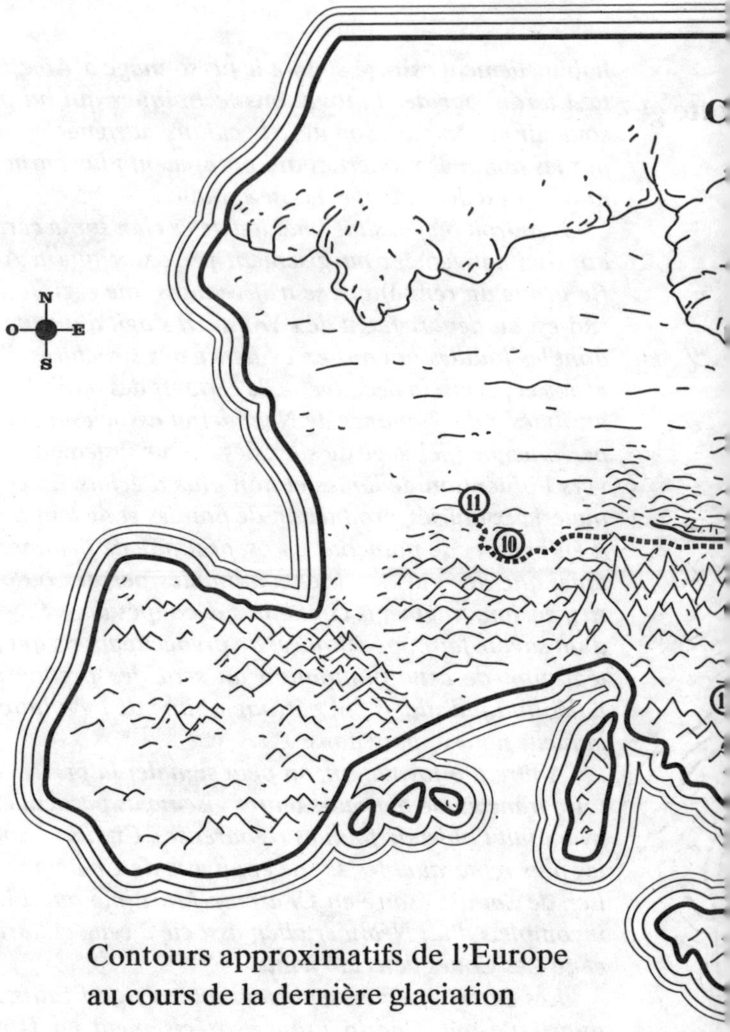

Contours approximatifs de l'Europe
au cours de la dernière glaciation

LÉGENDE

▪▪▪▪▪▪ : Itinéraire d'Aô
1 : lieu de départ d'Aô
2 : camp des hommes oiseaux
3 : lieu de la rencontre entre Aô et Âki-naâ
4 : camp des hommes du lac
5 : camp du premier clan des hommes du fleuve
6 : camp du second clan des hommes du fleuve
7 : camp des hommes de la montagne

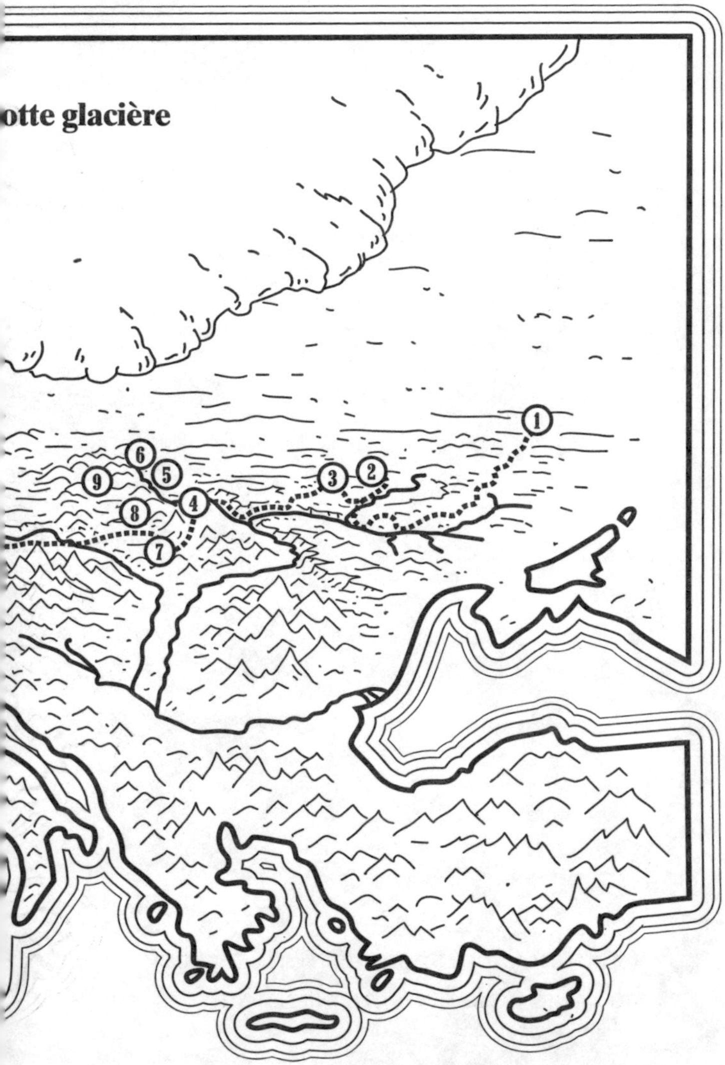

8 : lieu de la rencontre entre la grande tribu et les hommes de Neandertal associés à la culture moustérienne

9 : camp des hommes des collines ayant affronté les hommes de Neandertal

10 : camp des hommes modernes qui savent où vivent les hommes de Neandertal associés à la culture châtelperronienne

11 : camp des hommes de Neandertal associés à la culture châtelperronienne correspondant au site de la grotte du renne à Arcy-sur-Cure.

12 : lieu d'origine de la grande tribu

I

Le chasseur sait qu'il va mourir. Sa blessure est trop grave. Son sang épaissi par le froid s'écoule lentement dans la neige. Malgré tout, son agonie est longue. C'était sa dernière chasse. L'angoisse exacerbe sa souffrance. Pourquoi les esprits des ancêtres ont-ils abandonné le clan ? Il pense à ceux qui restent. La femme et son petit sont condamnés, le vieillard aussi, mais le garçon, son fils, peut vivre encore. Lui n'a pas la nostalgie d'une autre existence. Il a grandi sur ces terres désolées. Il a connu les hivers interminables, enterré sous la pierre et la glace, bercé par les sifflements rageurs du vent et les gémissements des mourants. La faim et le froid ont accompagné chaque jour de sa vie mais, au lieu de l'affaiblir, les privations l'ont endurci. Il retournera vers les anciens territoires de chasse de son peuple et cherchera ceux des autres clans qui ont survécu, car ici, la vie n'est pas possible pour les hommes.

Le chasseur suit des yeux la bête qui l'a éventré. Blessé à mort, l'animal avance péniblement, laissant derrière lui une piste sanglante. Lui aussi a livré son ultime combat. Sa chair nourrira Aô, le dernier du clan, et son épaisse fourrure le protégera du froid.

Aô et le vieillard ont trouvé le corps gelé du chasseur dont le bras raidi semble indiquer la direction prise par l'ours blessé.

Malgré sa patte brisée, l'épieu profondément fiché dans sa chair, et le sang qu'il perd à chaque pas, celui-ci ne s'est pas résigné à mourir. Il peut marcher longtemps encore. Son instinct le pousse à regagner sa tanière. Il n'aurait jamais dû s'aventurer aussi loin de son territoire. Ce sont les tourments de la faim qui l'ont amené à errer jusqu'ici. De mémoire d'ours blanc, c'est la première fois qu'il rencontre une créature qui ose le défier et ne prend pas la fuite à sa vue. Il ne comprend pas ce qui lui est arrivé. L'image de cet animal chétif, surgissant brusquement devant lui, l'obsède. Il gronde de colère en revivant les péripéties du terrible affrontement.

Il revoit l'homme, planté à quelques mètres sur son passage, le provoquer en gesticulant avec cette chose longue qui est maintenant profondément fichée dans son poitrail. Il ne se méfie pas. Il est si sûr de sa force ! Comment pourrait-il imaginer qu'un animal aussi insignifiant soit capable de lui infliger de si cruelles blessures ?

Il bondit en avant, pressé d'en finir et d'apaiser sa faim. Mais l'autre ne bouge pas. Arc-bouté au sol, son épieu solidement calé entre ses pieds, sa massue à portée de main, il attend la charge. Lorsque l'énorme bête arrive sur lui, il dirige brusquement son arme vers la région du cœur. Emporté par son élan et sa fureur, l'ours vient s'empaler profondément sur la pointe durcie de l'épieu. Le souffle coupé, affolé par la terrible douleur qui le submerge, l'animal titube et recule d'un pas. Incrédule, il voit le frêle bipède se ruer sur lui. La lourde massue s'abat sur son genou. Le craquement des os résonne encore dans sa cervelle.

Mais pour porter ce coup, l'homme s'est approché trop près, à portée des griffes acérées. Il recule précipitamment mais trop tard. Incapable de se maintenir debout, l'ours se laisse choir lourdement vers l'avant, balayant l'air de ses bras. L'homme ne peut éviter le coup mortel qui le projette à plusieurs mètres de là, le ventre déchiré.

L'ours hésite. Il sent ses forces décliner. Chaque inspiration d'air avive ses souffrances. Le chasseur s'est redressé péniblement et lui fait face, une main plaquée sur son ventre ensanglanté. Il n'a plus d'arme mais l'ours l'ignore. Il a fait l'expérience de la peur. Il renonce à cette proie et s'en va.

Le soleil a presque achevé sa course depuis l'affrontement. Il continue pourtant d'avancer, malgré les litres de sang qu'il a perdus et cette douleur atroce qui accompagne le moindre de ces gestes. L'ours a compris que désormais c'était lui la proie.

Au milieu du jour, il les a vus, pareils à celui qui l'a si cruellement meurtri. Depuis, ils n'ont plus lâché sa trace et gagnent du terrain. Il n'atteindra jamais sa tanière. Sa vue se brouille. Ses membres ne lui obéissent plus. Il s'effondre lourdement. Lorsque les deux hommes le rejoignent, il est déjà mort.

Le vieillard est exténué. Cela fait près de cinquante hivers que son cœur bat dans sa poitrine et il n'a pas démérité. Il ne craint pas cette fin qui s'annonce comme celle de tous les maux qui l'accablent. Il ne veut plus connaître les affres de la faim, l'implacable morsure du gel, ni ce désespoir qui l'étreint, celui d'un homme qui a vu mourir presque tous les siens, spectateur impuissant de l'anéantissement de son clan. Il aurait fallu rester là-bas, ne pas céder la place !

Un grognement de colère s'échappe de sa gorge. Ses lèvres se plissent dans un rictus de haine. Étaient-ils seulement des hommes ? Leurs yeux saillaient sur leurs faces plates et des sons étranges sortaient de leurs bouches. Ils n'étaient pas aussi forts que les chasseurs du clan mais les dominaient de leur haute stature terminée par une longue tête au sommet de laquelle le plumage des oiseaux, parfois la crinière ou la queue d'un cheval, plus rarement la ramure d'un jeune renne, se mêlait à leur chevelure. Ils savaient marier le bois et la pierre pour fabriquer les fines sagaies dont les pointes acérées se fichaient profondément dans la chair. Guidées par la main des esprits belliqueux auxquels ils étaient apparentés, elles traversaient l'air en vibrant et manquaient rarement leurs cibles.

Certains chasseurs du clan disaient que les esprits des animaux, autrefois favorables aux anciens hommes, s'étaient détournés d'eux.

Le vieil homme se souvient des jours qu'il a passés à les observer, tapi au milieu d'une petite forêt de saules, sur le versant opposé à celui où ils avaient installé leur camp, à l'extrémité de cette vallée que les siens occupaient avant eux.

Ils vivaient dans des abris construits avec des branches et des os de mammouth ou de grands animaux qu'ils recouvraient de peaux assemblées les unes aux autres. Leurs enfants étaient nombreux. Pourtant, ils ne manquaient pas de nourriture. Les chasseurs ne revenaient jamais bredouilles. Ils savaient piéger les petits animaux, traquer le cerf dans le sous-bois, et leur habileté à la chasse aux grands mammifères de la toundra surpassait celle des anciens hommes dont ils accaparaient désormais les territoires de chasse. Le vieux chasseur avait assisté à quelques-unes des nombreuses cérémonies rituelles qui rythmaient la vie et la mort de ces étonnantes créatures. Si le sens exact des comportements adoptés à ces occasions par les uns et les autres lui échappait, il ne doutait plus de leur faculté de communiquer avec les esprits et d'en obtenir la faveur.

Décimé, à la suite de plusieurs embuscades tendues aux chasseurs et d'incursions meurtrières opérées en leur absence dans leur camp, le clan, réduit à une poignée de survivants, s'était aventuré loin à l'intérieur de la grande plaine dans la direction d'où vient le vent froid.

Au cours de cette migration vers le nord, des rescapés d'autres groupes victimes des mêmes exactions, errant dans la toundra, s'étaient joints à eux. Il y avait plus de femmes et d'enfants que d'hommes car la plupart d'entre eux avaient été tués, les rares chasseurs survivants s'épuisant à tenter de nourrir ces bandes affamées.

Le garçon qui s'affaire à côté de lui dans la neige sera le dernier d'entre eux. La femme et le bébé, laissés en arrière, à l'abri dans un trou sous les rochers, sont déjà morts. La femme n'avait plus de lait pour nourrir l'enfant. Son corps, affaibli par le manque de nourriture, n'a pu résister bien longtemps au froid glacial. Il ne restera que lui, Aô, qui signifie simplement homme, celui qui n'a même pas encore de nom !

Il faut qu'il retourne vers les anciens territoires. Seul, il parviendra plus facilement à échapper aux hommes oiseaux. Mais un être humain peut-il vivre seul ?

Le vieillard observe le garçon. C'est un bon chasseur, le plus habile lanceur de pierres du clan. Malgré son jeune âge, Aô est plus fort et plus endurant que n'importe laquelle de ces créatures. Pourquoi les anciens hommes devraient-ils leur laisser la place ? Il ne sait pas.

L'odeur âcre du sang frais flatte l'odorat du chasseur et le distrait de ses pensées. Aô vient de sectionner l'artère jugulaire de l'ours. Le sang l'éclabousse, maculant son visage. Avec un grognement de plaisir, il boit goulûment le précieux liquide encore tiède. Malgré la torpeur qui le gagne, le vieillard se traîne jusqu'à la carcasse et lèche quelques gouttes. Mais il refuse le morceau de chair que lui tend le garçon. À quoi bon nourrir ce corps que la vie va quitter ! D'ailleurs, il n'aurait pas la force de mâcher la viande coriace de l'ours.

– Il faut maintenant dépecer la bête avant que le gel ne la saisisse, indique le chasseur à son jeune compagnon.

Celui-ci n'a que peu d'outils à sa disposition mais fait preuve d'une grande dextérité. Il a l'habitude de cette course contre le froid. L'animal est gigantesque et il doit poursuivre sa besogne bien après la tombée de la nuit pour la mener à son terme.

Le vieux ne bouge plus. Pourtant il vit encore, protégé par les peaux usées que le garçon a étendues sur lui. Il veut tenir encore un moment, offrir le peu de chaleur qui lui reste à son congénère. Avec ses mains, Aô creuse un trou dans la neige fraîche, sous la grande carcasse de l'ours, jusqu'à la terre gelée. Il dispose une vieille fourrure au fond et tire son compagnon à l'intérieur avant de s'emmitoufler avec lui dans la peau poisseuse de l'ours. Il ne tarde pas à s'endormir, abruti de fatigue. À ses côtés, le vieillard ne sent plus ni la morsure du gel, ni la faim, mais son cœur continue de battre faiblement.

Quand le garçon se réveille, peu avant l'aube, le corps du vieux chasseur est déjà froid. Celui que l'on nommait respectueusement Aô-Taârh, en croisant les bras au-dessus de la tête, ce qui est le signe du renne, a quitté son corps. Taârh indique un animal, n'importe quel animal. Les précisions sont apportées par le mime. Ces hommes n'ont pas un vocabulaire très riche à leur disposition. Pour communiquer, ils utilisent un langage où les mots sont associés à des gestes. La plupart des sons qu'ils utilisent ressemblent à des grognements. Il n'existe qu'un mot pour désigner la neige, mais grâce à des gestes précis, ils peuvent évoquer plusieurs sortes de neige dont ils connaissent parfaitement toutes les caractéristiques. Il en va de même pour la plupart des choses. La voix permet de désigner une notion générale qu'un geste permet de déterminer plus précisément. Des cris d'appel, de ralliement ou d'alerte, complètent ce langage qui procure à ces êtres humains une capacité de communication presque équivalente à celle dont disposent les hommes nouveaux qui utilisent un langage oral beaucoup plus riche.

« Aô » désigne les hommes ou plus généralement les individus de sexe masculin, « Maâ » désigne les femmes. Les adultes se nomment en interprétant eux-mêmes les signes qu'ils perçoivent au cours des rêves où leurs esprits s'envolent parcourir la steppe en compagnie du vent.

Lorsqu'il reçoit son nom, l'homme ignore encore si les créatures vivantes consentent à être tuées de ses mains. Pour le savoir, il doit partir seul en quête de gibier, muni des armes qu'il aura fabriquées lui-même. Il est rare qu'un homme ne parvienne pas à tuer d'animal car la plupart d'entre eux préféreront persévérer jusqu'à l'épuisement plutôt que de renoncer. Mais lorsque le cas se produit, l'intéressé n'est pas nécessairement exclu. Il ne pourra cependant jamais participer directement à la mise à mort du gibier et se verra attribuer une part du produit de la chasse s'il parvient à se rendre utile en exerçant d'autres activités. Les filles sont astreintes à la même épreuve. Celles qui réussissent à tuer un animal pourront chasser, elles aussi. Cela reste néanmoins une situation peu fréquente car la tendance coutumière porte davantage les femmes vers la pratique de la cueillette et les hommes vers celle de la chasse.

Quelles lois les hommes anciens ont-ils transgressées pour que les esprits se détournent d'eux ?

Aô sait qu'il est désormais le dernier survivant du clan. La mort du vieillard ne l'affecte pas. Il a été jusqu'à la limite de ses forces.

Aô pose les armes du défunt sur sa poitrine ainsi qu'un quartier de viande pour montrer à l'esprit du vent qu'il était un chasseur, un homme qui a lutté jusqu'à ses dernières forces pour la survie de son clan. Comme les autres qui l'ont précédé dans la mort, il compte désormais sur Aô pour guider son âme vers l'endroit où vivent encore les anciens hommes. En attendant, il pourra vagabonder dans la toundra en compagnie du vent.

Aô jette un regard circulaire autour de lui. Il n'y a que la neige immaculée à perte de vue et le silence. Il enlève ses moufles constituées d'une seule pièce de fourrure rabattue sur elle-même, fermée de chaque côté par une lanière de cuir, passée dans des trous, dont l'extrémité est nouée autour des poignets. Il fouille le petit sac de peau, suspendu à sa taille, qui contient le précieux bois de feu, quelques pierres et fragments de silex ainsi que la vessie de renne destinée au transport de la neige qui fond au contact de la chaleur de son corps. Il s'empare d'un solide burin et d'un galet pour faire office de percuteur. Les doigts engourdis par le froid intense, il s'acharne à extraire les énormes canines de la bête. Trois se brisent mais la quatrième est intacte. Satisfait, il la range soigneusement dans son sac avec ses maigres biens.

Il utilise une vieille fourrure pour envelopper les meilleurs quartiers de viande prélevés sur le cadavre de la bête. Il hisse sans difficulté le volumineux paquetage sur son épaule. Sa massue et son épieu sur l'autre, il prend résolument la direction d'où il vient sans un regard derrière lui.

Le temps est froid et sec, le vent léger. Il suit à rebours sa propre piste et celle du vieux, s'appliquant à mettre ses pas dans les traces. Il marche rapidement dans la pâle lumière de l'hiver, malgré son lourd chargement. La journée est déjà bien entamée lorsqu'il aperçoit le corps de celui qui a terrassé l'ours, au prix de sa vie. Le garçon est frappé par l'étonnante vision du chasseur agenouillé, saisi par le gel, unique relief dans la platitude infinie de cette partie de la toundra. Il s'attend à le voir se lever et marcher dans sa direction. Mais il ne bouge pas. Le garçon dénoue le cordon du petit sac suspendu autour du cou de l'homme. Il y glisse la précieuse canine de l'ours puis le remet délicatement à sa place. Il aura marché presque tout un jour pour accomplir ce simple geste. Ainsi, à la vue de ce trophée, l'esprit du vent reconnaîtra la vaillance des anciens hommes et acceptera d'écouter la parole d'un chasseur aussi valeureux.

Satisfait, il ne s'attarde pas et bifurque cette fois nettement vers le sud.

II

La nuit, Aô dort quelques heures, emmitouflé du mieux possible dans la peau raide de l'ours, parfois dans un trou ou un vague repli de terrain, le plus souvent sans abri au milieu de la morne étendue blanche. Il mâche longuement la viande à demi gelée où il puise son énergie vitale.

Le temps clair lui permet de s'orienter. L'absence de vent, phénomène rare et passager, surtout à cette période de l'année, atténue la sensation de froid. La plupart des habitants de la toundra migrent vers le sud pendant la mauvaise saison et les autres sont encore en hibernation ou se terrent dans les rares endroits un peu abrités. Le silence est total. Pourtant, Aô entend des cris. Il n'est pas seul. Les siens marchent sur ses traces. Il voit leurs visages. Il sent leur odeur.

Le garçon n'a plus connu les grandes cérémonies qui accompagnaient les événements importants de la vie des hommes. Lorsqu'il est né, les survivants du clan avaient déjà été refoulés vers le nord. Les exigences liées à la seule survie avaient relégué les rites au second plan, accentuant les sentiments de déchéance et d'abandon dans lesquels ils se trouvaient. Persuadés d'avoir mécontenté les esprits, longtemps isolés avant de mesurer l'ampleur du désastre dont leur peuple était victime au gré des rencontres avec les rares survivants des autres clans, ils avaient mené un combat désespéré pour tenter de s'adapter à l'effroyable hiver arctique. Les plus jeunes enfants et les vieillards étaient morts les premiers. Les survivants avaient arrêté de danser. Mis à contribution bien avant l'âge requis pour pallier le manque de chasseurs, Aô n'avait connu que les chasses interminables dans la steppe, la concurrence acharnée des loups, la faim lancinante, les nuits glaciales sans feu, le dépeçage macabre des corps de ceux qui avaient cessé de lutter dont la chair permettait de prolonger encore un peu l'agonie du clan. Réservée autrefois à certaines cérémonies rituelles, la consommation de viande humaine s'était banalisée. La piste des hommes était jalonnée par ces misérables restes humains.

Ainsi sont-ils morts, les uns après les autres. Aô, lui, a survécu. Il a appris à économiser ses forces, à tirer parti de la nourriture la plus insignifiante. Mais cette terre glacée n'est pas faite pour les êtres humains. Elle appartient au vent. Aô doit retourner là où vivent les hommes. Il doit trouver ceux de son espèce qui y sont demeurés. Alors seulement, la horde qui s'accroche à ses pas s'apaisera et les âmes des défunts pourront à nouveau habiter un corps semblable à celui qu'ils ont quitté.

Aô passe à proximité du trou où la femme épuisée est restée avec l'enfant qu'elle refusait d'abandonner. Ils sont morts depuis longtemps maintenant. Il ne s'arrête pas. Il a suffisamment de viande à sa disposition. Il continue sa progression vers le sud sans ralentir. Les jours s'écoulent, monotones. La trace qui s'étire dans la neige depuis la carcasse de l'ours témoigne du chemin parcouru.

Le vent s'est réveillé. Pendant la journée, c'est un atout car il souffle dans le dos de l'homme et le pousse dans la bonne direction. Mais la nuit, c'est une autre affaire. La peau d'ours ne suffit plus à le protéger. Il doit trouver un abri chaque soir car la neige gelée n'est plus assez épaisse pour y creuser un trou. Lorsqu'il n'y en a pas, il continue de marcher jusqu'à ce qu'il en trouve un. Il dort indifféremment le jour ou la nuit.

Un vague relief se dessine de plus en plus nettement dans les brumes de l'horizon. Aô se dirige dans cette direction. Ce sont « les collines noires », petites éminences rocheuses rabotées par l'érosion. L'aspect désolé des pentes, exposées au nord, est trompeur. Derrière ces bosses dénudées, se cachent de petites vallées abritées au creux desquelles le clan avait trouvé refuge pendant plusieurs hivers. Aô n'était alors qu'un jeune enfant et il n'a gardé que de vagues souvenirs de cette période. Mais les chasseurs avaient continué à s'y rendre régulièrement car on y trouvait la précieuse pierre grise, utilisée pour fabriquer armes et outils.

Pendant quelques saisons, les anciens hommes avaient cru pouvoir demeurer là. Même si les hivers étaient rudes, c'était un bon endroit pour vivre. Des animaux d'espèces différentes venaient y passer l'hiver. Ainsi les chasseurs parvenaient à nourrir le clan même quand les réserves de viande, accumulées pendant la belle saison, étaient insuffisantes. Les fruits de la camarine fournissaient en abondance, à la fin de l'été, des baies acides et sucrées que l'on conservait durant tout l'hiver, gelées, à l'intérieur de silos creusés dans la terre. Au printemps, des plantes comestibles poussaient dans l'herbe ou au creux des rochers.

Sur les berges de plusieurs petits lacs poissonneux ou sur les pentes les moins exposées au vent, végétaient quelques arbustes ou arbres nains, des genévriers, des bouleaux et des saules, parfois quelques pins rabougris, qui fournissaient suffisamment de bois d'œuvre pour les armes et de combustible pour alimenter le feu.

Mais un jour, une bande de chasseurs était venue dans les collines. Les hommes du clan les avaient tués. Ils avaient mis une pierre dans leurs bouches pour empêcher leurs esprits de s'échapper et d'informer leurs congénères de ce qui leur était advenu. Puis ils avaient mangé leur chair. Les vêtements et les armes qu'ils portaient avaient été précieusement conservés. Les hommes les avaient contemplés longuement. Ils comprenaient qu'ils tenaient entre les mains le secret de la puissance des hommes oiseaux.

Les sagaies qui avaient fait tant de ravages dans les rangs des premiers hommes suscitaient le plus d'admiration. Les chasseurs du clan n'utilisaient que de lourds épieux en bois d'aulne ou de pin, aux pointes durcies par le feu, qui n'avaient de réelle efficacité qu'à bout portant. Ces armes-là étaient fines et robustes. Mais c'est surtout l'alliance entre le bois de la hampe et la pointe acérée taillée dans la pierre, parfois dans l'os ou la ramure des rennes, sans comparaison avec les emmanchements grossiers pratiqués par les tailleurs du clan, qui les impressionnait. Les chasseurs s'acharnaient à tenter de reproduire de telles armes, mais même les plus habiles d'entre eux ne parvenaient qu'à un piètre résultat.

Le recours aux rites ancestraux n'avait pas suffi à empêcher d'autres hommes de s'aventurer jusque dans les collines. Cette fois, ils étaient trop nombreux. Quelques-uns avaient été tués mais une partie d'entre eux avait réussi à s'enfuir. Deux chasseurs du clan, blessés grièvement au cours de l'affrontement, étaient morts peu après. Tous savaient que les hommes oiseaux reviendraient. Il avait fallu se résigner à partir.

Après, la vie était devenue très difficile. Pour éviter les confrontations avec leurs ennemis, ils avaient exploré de nouveaux territoires loin vers le nord, à l'écart des pistes des grands troupeaux. Les endroits propices à l'installation d'un camp d'hiver n'existaient pas. Parfois les rennes ne venaient pas. Alors le clan connaissait la famine. Même au cœur de l'hiver, les chasseurs sillonnaient la toundra à la recherche des abris où se cachaient quelques rares animaux. La plupart du temps, ils étaient contraints de faire des incursions vers les collines noires, au risque de rencontrer ceux qui occupaient leurs anciens territoires. Les plus faibles étaient laissés en arrière avec les maigres réserves disponibles. Les hommes et les femmes valides chassaient le ventre vide. Chaque fois qu'ils revenaient avec leur modeste butin, ils trouvaient les survivants moins nombreux, toujours plus faibles.

Aô a connu cette période qui n'a pas duré très longtemps. Les êtres humains ne peuvent vivre au nord de la toundra.

Cette fois, Aô ne s'arrêtera pas dans les collines. Il ira jusqu'à la lisière de la forêt dont les chasseurs lui ont parlé et plus loin encore, là où se trouvent les anciens territoires des clans. Il sait qu'il lui faudra marcher encore de nombreux jours, autant que les doigts des deux mains, dans la direction indiquée par le soleil à son zénith, avant d'y parvenir.

Le temps est en train de changer. Dans la soirée, les nuages ont envahi le ciel. Ce matin, il neige à gros flocons. Le vent est complètement tombé. Le ciel se confond avec la terre. L'horizon a disparu. Il n'y a plus aucun moyen de s'orienter. Tout est blanc. Résigné, Aô se recroqueville sous l'épaisse fourrure de l'ours. Il faut attendre.

Deux jours passent sans aucun changement. Il enlève régulièrement la neige qui s'accumule au-dessus de lui pour éviter d'être étouffé. Il ne fait pas froid dans cette niche. Le silence est total. Lorsqu'il ferme les yeux, il n'entend que les lents battements de son cœur. Il mâchouille longuement la viande fibreuse de l'ours. Il ne manque pas d'eau. La neige fraîche fond facilement dans la vessie du renne qu'il maintient serrée contre son ventre. Une douce torpeur finit par le gagner. Il laisse son esprit vagabonder. Il revoit l'image de son père, à genoux dans la toundra.

Jusqu'à sa mort, l'homme avait tenté de repousser l'échéance fatale, d'inverser le sort funeste qui semblait réservé aux siens.

Animé par une sorte de rage perpétuelle, il invectivait ceux qui voulaient abandonner le combat. En choisissant d'affronter seul le redoutable ours blanc, Aô comprend que l'homme a voulu tenter une dernière fois de se concilier les esprits. C'était la première fois qu'ils voyaient cet animal, sans aucun doute l'ancêtre des ours. En le défiant et en prenant sa vie, le chasseur a prouvé la valeur des hommes anciens. Désormais l'esprit de l'ours blanc est l'allié d'Aô et de ceux qui se joindront à lui parmi les survivants des autres clans.

Au-dessus de lui, la tempête de neige s'achève. Le vent disperse les derniers flocons. Une pâle lueur derrière les nuages indique la position du soleil. C'est le matin. Il est temps de repartir.

Aô s'enfonce profondément dans cette neige humide de printemps qui colle aux pieds. Il avance beaucoup plus lentement qu'auparavant. Les anciens hommes ont parfaitement conscience de l'écoulement du temps qu'ils mesurent en se situant à partir des événements cycliques de la nature, tels que les phases lunaires ou les variations d'amplitude de la courbe du soleil, le dégel et la fonte des neiges, les rassemblements des grands troupeaux avant le départ dans la toundra, le retour des oies, des cygnes ou d'autres migrateurs, la période des accouplements et des mises bas, les montées de sève et les différents stades de transformation des végétaux dont ils ont une connaissance approfondie.

Ainsi, Aô sait qu'il atteindra la partie plus boisée de la toundra approximativement au moment où les grands troupeaux de rennes se rassembleront avant de partir vers le nord. En continuant à marcher à travers la forêt dans la direction opposée à celle d'où il vient, il devrait atteindre les berges d'un fleuve qui coule vers le soleil couchant. De part et d'autre de son cours, dans une zone de plateaux et de collines, à l'est de hautes montagnes dont les sommets déchiquetés se profilent à l'horizon, se trouvent les anciens territoires des clans.

Les jours se succèdent, semblables. Le soleil monte de plus en plus haut dans le ciel. La neige fond. Aô a mangé ce qui restait de la viande putréfiée de l'ours. Il va devoir chasser.

Devant lui, s'étend un paysage vallonné, parsemé de taches sombres, là où se fixent les forêts.

Les premiers arbres surgissent. Ce sont les courageux bouleaux qui colonisent désormais le moindre creux abrité de la toundra. Ils ne sont pas très grands et leurs troncs torturés témoignent de la rudesse de leur existence. Mais ce sont de vrais arbres. Le sol est imbibé d'eau. Les parties les plus basses de la steppe se transforment en un vaste marécage, mais autour, l'herbe et la mousse apparaissent puis les premières fleurs. Les peaux qui lui servent de vêtement et de couverture sont trempées en permanence. Il croise la piste d'un troupeau de bisons. Il n'a rien avalé depuis trois jours, hormis l'aubier gorgé de sève des bouleaux et quelques fragments de chair prélevés sur les restes d'un lagopède abandonnés par un jeune renard qu'il a mis en fuite. Mais Aô se désintéresse des grands herbivores et se contente de mâcher quelques racines amères pour apaiser sa faim. Il se sent vulnérable. Des chasseurs hostiles pourraient le repérer à distance. Il marche rapidement, pressé d'atteindre le couvert des arbres.

Jusqu'à présent Aô n'avait observé la forêt que de loin. De près, les pins lui paraissent gigantesques. Impressionné, il caresse l'écorce rugueuse et demande aux esprits des arbres de lui permettre de traverser leur territoire. Dans le sous-bois, il fait très sombre. Le soleil a du mal à traverser les épaisses ramures. Le dégel a transformé le sol en un épais magma de bois pourri et d'aiguilles, gorgé d'eau et tapissé de mousses. Les premiers champignons de printemps apparaissent dans les endroits les moins sombres. Quelques plaques de neige subsistent dans les rares trouées où les flocons ont réussi à s'immiscer. Il fait frais et humide. Le vent n'est perceptible que par l'agitation des plus hautes branches. Ici, point de silence. Le bourdonnement des insectes ne cesse qu'à la tombée de la nuit. Les tambourinements du pic résonnent par intermittence. Les cris d'alarme du geai retentissent sur son passage, déclenchant bruissements d'aile furtifs et sifflements divers, parfois le chant d'alerte d'un pinson.

Complètement désorienté, Aô avance à tâtons dans la pénombre. Il glisse et s'enfonce dans le sol spongieux, butte contre des monticules de sable et d'aiguilles, provoquant l'effervescence des fourmis qui ont bâti ces édifices. Il apaise un peu sa faim avec ces insectes au goût piquant qui craquent sous la dent. Parvenu à ce qui semble être le sommet d'une colline, il entreprend l'escalade d'un pin. L'espacement des branches, dont certaines sont mortes et se brisent, rend l'ascension périlleuse. Avec précaution, Il s'élève jusqu'à la cime de l'arbre, agitée par les rafales de vent. Grâce à la position des montagnes dont il distingue désormais les lointains sommets, au-dessus des ondulations de la forêt, il repère la direction à suivre. Il prend soin de descendre du même côté pour ne pas risquer de se tromper une fois au sol. Il renouvelle l'opération à plusieurs reprises, tout au long de la journée.

La nuit, il grelotte, morose, le ventre vide, enveloppé dans la fourrure mouillée de l'ours. Il dort mal. Après le silence du crépuscule, la nuit s'anime. Le hululement de la chouette répond au glapissement du renard. Des loups en maraude hurlent dans le lointain. Autour de lui, il entend des pas feutrés, de minuscules craquements. Plusieurs fois au cours de la nuit, retentissent des cris de colère ou d'agonie. À deux reprises, le lointain rugissement d'un lion vibre à travers l'espace, imposant pour quelques instants le silence à la faune respectueuse.

Aô n'a jamais vécu de nuit aussi agitée. Il lui reste encore à subir le harcèlement des moustiques qui s'insinuent sous la couverture et le piquent sans relâche. Peu avant l'aube, la fatigue a raison de toutes ses contrariétés et il s'endort enfin.

C'est le jacassement d'un geai effronté venu se poser sur un tronc éclaté, à deux pas de son visage, qui le réveille. En ouvrant les yeux, il aperçoit l'oiseau en train de picorer dans la mousse. Il n'est pas très gros mais après les repas de fourmis et de racines, sa chair serait un vrai régal. Avec des gestes d'une lenteur infinie, il s'empare d'un fragment de silex dans sa sacoche. L'animal redresse la tête. Il écarte les ailes, s'apprêtant à prendre son envol. Mais il est trop tard. La pierre lancée avec précision le foudroie.

Les petits os craquent entre les puissantes mâchoires de l'homme. Il s'oblige à mâcher longuement la chair blanche pour prolonger le maigre festin, insuffisant pour apaiser sa faim.

La journée est déjà bien avancée. Il reprend sa difficile progression entre les troncs. Mais rapidement les arbres s'espacent. La visibilité augmente. Le sol est de plus en plus détrempé. Bientôt c'est un véritable marécage. Les pins ont cédé la place aux saules et aux aulnes, capables de supporter une telle humidité. En cette saison, le fleuve, saturé par la fonte de la neige et de la glace, se répand sur de vastes territoires, formant une espèce de lac bordé d'un côté par les falaises abruptes d'un plateau et de l'autre par la forêt dont les parties les plus basses sont inondées.

Aô quitte les berges du fleuve qui s'écoule vers l'ouest, entre le plateau et les collines où se trouvaient, selon les indications du vieil Aô-Taârh, les territoires des clans d'anciens hommes. Il gravit le versant le moins escarpé d'une colline toute proche. Sur les pentes rocheuses exposées au vent nordique, les arbres sont plus espacés. L'herbe et les lichens ont remplacé la mousse. L'homme prend plaisir à fouler un sol plus sec. Parvenu au sommet, il peut contempler l'ancien territoire des siens, mosaïque de petites vallées partiellement boisées qui s'étire en direction des montagnes. De nombreux torrents dévalent les pentes des collines. Au loin, il aperçoit des volutes de fumée qui s'élèvent au-dessus des arbres.

Il y a des êtres humains à la périphérie du plateau, peut-être des anciens hommes.

III

Aô descend prudemment la pente en s'accrochant aux saules qui poussent en rangs serrés sur les berges escarpées de l'une des nombreuses rivières qui prennent leurs sources dans les profondeurs du plateau pour venir se jeter dans les eaux du fleuve.

Le débit du cours d'eau est rapide. D'impressionnants remous agitent ses flots. Aô prend garde à ne pas tomber.

Il fait presque nuit lorsqu'il parvient à l'endroit où les collines se sont regroupées pour former le plateau. Il décide d'attendre le lendemain avant de s'aventurer à l'intérieur de la gorge qui semble mener à l'endroit d'où s'élevait la fumée, et de laquelle surgit la rivière.

Tenaillé par la faim, surexcité par la perspective de voir des êtres humains, il ne parvient pas à dormir et mâchonne des feuilles pour apaiser ses crampes d'estomac en attendant le lever du soleil.

Dès les premières lueurs de l'aube, il s'engage dans cette étroite vallée. En peu de temps, il parvient à une intersection où la rivière s'est séparée en deux. Après quelques hésitations, il décide de descendre la seconde ramification plutôt que de remonter le cours d'eau principal. Assez vite, il se rend compte qu'il n'a manifestement pas fait le bon choix. Le vallon prend des allures de gorge. Il devient difficile de suivre la rivière sans marcher dans l'eau. La végétation est rare car les rives du torrent sont encombrées des pierres qui se détachent des falaises et forment un chaos rocheux à travers lequel l'eau doit se frayer un passage. Des parois vertigineuses s'élèvent de chaque côté. Aô renonce à poursuivre plus avant et revient sur ses pas.

En continuant de remonter la rivière, il s'aperçoit que la voie par laquelle elle s'écoule, d'abord plus étroite, s'écarte rapidement pour se transformer en une vallée arborée. Persuadé de toucher au but, tous ses sens en éveil, il progresse le plus possible à couvert derrière les rochers et les buissons qui tapissent les berges marécageuses de la rivière. À plusieurs endroits, le sol boueux a gardé la trace des animaux qui viennent s'abreuver. Il se promet de revenir sur ses pas avant la fin du jour pour guetter leur venue. L'évocation du gibier le fait saliver.

La vallée n'en finit pas de s'évaser. La rivière s'élargit. L'eau, peu profonde, coule paisiblement. Les aulnes et les saules se disputent le rivage, repoussant les bouleaux et les trembles. Plus haut, les pins et les genévriers reprennent l'avantage, colonisant les éboulis rocheux et certaines parties des falaises sous forme de petits bouquets d'arbustes épars environnés de bruyère et de myrtilles. La plus grande partie du sol est recouverte d'un maigre gazon parsemé de fleurs, de chardons et de cailloux de toutes tailles.

Aô admire la diversité de cette végétation dont certaines variétés lui sont inconnues. La journée se poursuit sans grand changement. Alors qu'il s'interroge sur l'opportunité de rebrousser chemin pour retourner à l'endroit où les animaux viennent s'abreuver, son attention est attirée par quelque chose d'insolite. Dans toute la largeur de la rivière, des pierres ont été disposées sur une seule ligne à un demi-pas les unes des autres. Ce ne peut être que l'œuvre des hommes. Aô se glisse jusqu'au bord de l'eau. De l'autre côté, un sentier s'enfonce dans les taillis. En levant les yeux, il découvre le camp, installé sur le versant opposé de la vallée.

En quelques bonds, il rejoint la piste sur l'autre rive où il relève des empreintes de nombreux pieds humains. Aô est sur ses gardes. Le passage semble très fréquenté. Prêt à se jeter à couvert au moindre bruit suspect, il marche sur les traces des hommes en direction du camp. L'odeur âcre de la fumée parvient jusqu'à ses narines. Des effluves caractéristiques s'y mêlent, portés par le vent. Ce sont ceux qui flottent dans l'air à proximité des campements humains. Aô redouble de prudence. Des hommes peuvent surgir devant lui à tout moment.

Dissimulé derrière des buissons, Aô observe le camp. Celui-ci est installé sur une vaste dalle rocheuse adossée à la falaise qui domine toute la vallée. Le garçon relève la présence de trois longues huttes couvertes de peaux et de branches. Les pieux, qui constituent l'ossature des abris, sont maintenus verticalement à l'aide de lourdes pierres accumulées autour de leur base. Une petite cascade ruisselle le long de la paroi avant de rebondir sur l'une des extrémités de la plate-forme. Plusieurs feux rougeoient et crépitent dans le crépuscule. Des hommes et des femmes s'affairent entre les huttes. Ce ne sont pas des anciens hommes. Ils sont plus élancés. Ils portent la chevelure des hommes oiseaux. Aô gronde de colère.

Que faire maintenant ? La nuit tombe rapidement. L'homme sait que sa situation est précaire. Il commence à souffrir du manque de nourriture. Malgré sa résistance, les longues marches quotidiennes ont fatigué son organisme. Peut-être est-il encore temps de retourner à l'endroit où vont boire les animaux ? Il ne devrait pas s'attarder ici. La vallée est petite. Il a de la chance de ne pas encore avoir été repéré. Il doit apaiser sa faim au plus vite et trouver un abri sûr pour se reposer. Pourtant il hésite. Les hommes oiseaux sont les ennemis de son peuple. Pour la première fois, Aô a l'occasion de les approcher. Il voudrait les voir de plus près, les observer un moment. Un bon chasseur doit connaître les habitudes des animaux. Pour pouvoir s'opposer aux hommes oiseaux, Aô doit d'abord les épier, comprendre par quels moyens ils obtiennent le concours des esprits et trouver leurs points faibles.

Le lieu du campement a été bien choisi. Le seul accès est le sentier qui monte à découvert à travers les éboulis. Les deux côtés sont fermés par l'encoignure de la muraille rocheuse. Mais à l'arrière-plan, au-delà de quelques hauteurs d'hommes, la paroi recèle de nombreuses anfractuosités où se sont enracinés quelques pins décharnés. Certains sont idéalement situés pour constituer un observatoire.

Aô se décide. Aujourd'hui encore, il ne mangera pas de viande.

Il contourne largement le camp en longeant la paroi. Pas facile de trouver une voie dans la pénombre. La base de la falaise est lisse et verticale. Les prises sont rares. Il est contraint de s'éloigner davantage du camp. Après plusieurs tentatives infructueuses, sa persévérance finit par payer. En suivant une faille qui serpente sur toute la hauteur, il parvient à s'élever jusqu'à la surface du plateau. De là, il gagne sans difficulté la partie qui surplombe le camp. Il lui reste à trouver une cachette.

Il s'avance précautionneusement dans la pente en s'orientant grâce à la lueur des braises des foyers. Si l'absence de lune le rend invisible, l'obscurité l'oblige à se risquer à tâtons au-dessus de l'à-pic. Dans le noir, à cette hauteur, une chute lui serait sans doute fatale. Il progresse très lentement, s'interrompant lorsque des fragments de terre ou de minuscules pierres se détachent sous ses pieds et roulent dans le vide. En contrebas, à distance d'un homme environ, il distingue la forme d'un arbuste. La partie de roche qui le surplombe est lisse et bombée. Le corps collé à la paroi, Aô se laisse glisser dans le vide. Au moment où il commence à prendre de la vitesse, ses jambes rencontrent les branches d'un pin. L'une d'entre elles craque dans un bruit sec. Il parvient à enrayer sa chute en s'agrippant à une autre. L'arbre ploie mais résiste. Le bruit a résonné dans ses oreilles comme un coup de tonnerre. Tout le camp doit être en alerte. Le cœur battant, à califourchon sur le maigre tronc, il attend. Rien ne se passe. Il ose enfin jeter un coup d'œil en bas. Dans l'obscurité, il avait mal évalué la distance. L'arbuste était situé beaucoup plus loin qu'il n'y paraissait. Aô est maintenant juste au-dessus du camp. Lentement, il explore la corniche sur laquelle il a atterri. Avec soulagement, il constate la présence d'un creux tapissé de sable entre les racines de l'arbre, suffisant pour pouvoir s'y blottir.

La nuit se poursuit. Il fait frais. Recroquevillé dans son trou, Aô somnole. Le camp et ses abords sont silencieux. Le ricanement d'une hyène interrompt sa rêverie. Le soleil ne va plus tarder à se lever. Des éclats de voix et le crépitement d'un feu lui parviennent. Le camp sort lentement de sa torpeur. Son estomac gronde furieusement. Il doit se contenter de quelques larves d'insectes qu'il déniche sous l'écorce du pin ou en grattant le sable. La viande maigre du geai est digérée depuis longtemps. Au moins il ne manque pas d'eau. Son outre est pleine. Il boit goulûment pour apaiser sa soif. Il s'étire comme il peut et se redresse sur les genoux pour uriner dans le sable.

Une rumeur de plus en plus forte lui parvient. En dessous, sur la plate-forme, les hommes et les femmes s'agitent.

Aô a l'impression d'être parmi eux tant les sons lui parviennent avec netteté. À travers les racines du pin, il observe les allées et venues des habitants.

Deux femmes soufflent sur les braises d'un foyer tandis qu'une troisième apporte des brassées de branches. La plus jeune est enceinte, une autre porte un bébé sur son ventre. Seuls la tête et les jambes de l'enfant émergent d'une espèce de sac attaché aux épaules de la mère par d'épaisses bandes de cuir. Un homme s'approche d'un pas nonchalant. Il est très grand. Lorsqu'il ouvre la bouche, Aô s'aperçoit qu'il lui manque plusieurs incisives supérieures. Il émet un ensemble de sons brefs. Aô suppose qu'il est en train d'invectiver les femmes. Celle qui porte le bébé acquiesce de la tête et se tourne vers la jeune fille enceinte, occupée à attiser le feu. Elle s'adresse à elle d'une voie aiguë, où perce la colère. Aô est impressionné par le flot de paroles qui s'échappe de sa bouche. Il se souvient que c'est dans ce langage que le vieil Aô-Taârh situait le pouvoir des hommes oiseaux.

Le garçon sent la chaleur du feu monter jusqu'à lui. Une vieille femme découpe des quartiers de viande sur une carcasse de renne fraîchement abattu et les dispose sur une pierre plate qui émerge des braises. La viande grésille et son fumet se répand. Aô est au supplice. La salive dégouline au coin de ses lèvres. Il geint doucement, les yeux rivés sur cette nourriture appétissante, étalée sous ses yeux. Les hommes arrivent les uns après les autres pour se regrouper autour du feu. Les femmes restent à l'écart. Les chasseurs mangent les premiers.

L'attention du garçon est attirée par l'un des hommes. Son torse nu est strié de marques qui semblent être des cicatrices. Le sommet de son crâne est maculé d'argile blanche, formant une espèce de dôme qui prolonge son visage émacié. Des plumes de différentes couleurs sont fichées dedans. Les longs cheveux sont séparés en une multitude de tresses auxquelles sont suspendus de petits objets de formes variées qui brillent et s'entrechoquent quand il remue la tête. Les chasseurs s'écartent respectueusement pour lui faire une place près du feu. Pendant ce temps, les femmes ont alimenté un second foyer et mangent à leur tour. Elles partagent la nourriture avec les enfants. Les plus grands restent près des hommes mais sans oser se joindre à eux. Leur repas avalé, ils se regroupent à une extrémité du camp en chahutant. Certains miment des animaux et des combats avec les chasseurs, d'autres s'appliquent à jeter des pierres ou des morceaux de bois sur une vieille peau tendue entre deux pieux. Quelques-uns, particulièrement belliqueux, se battent férocement dans l'indifférence générale.

La fille enceinte apporte de l'eau aux chasseurs dans un réceptacle en écorce. Sa grossesse est proche de son terme. Elle se déplace lourdement. Les femmes se séparent. Une partie d'entre elles se munissent d'étranges récipients constitués de rameaux de bois entrelacés et descendent vers la rivière. Trois autres, dont celle qui attend un enfant et à laquelle, en dépit de son état, semblent dévolues les tâches les plus pénibles, se mettent à gratter énergiquement des peaux maintenues au sol par de lourdes pierres. Il ne reste que deux femmes près du feu. Elles se sont assises sur un rocher et allaitent leur bébé en jacassant. Une vieille va et vient entre la forêt et le camp en apportant des brassées de bois pour alimenter les feux.

Les hommes palabrent. Le plus grand, auquel il manque des dents, s'entretient avec le maigre vieillard dont l'aspect a impressionné Aô. Les autres rassemblent leurs armes. Ils s'apprêtent manifestement à partir pour la chasse. Aô les observe attentivement. Ils portent un pagne et des jambières fixées à une large bande de peau de renne nouée autour de leur ventre. Des bottes épaisses, qui montent jusqu'aux genoux, sont liées à l'extrémité des jambières par de fines lanières de cuir passées dans des trous.

Le haut de leur poitrine et les bras sont dénudés. Plusieurs ont la peau marquée par des boursouflures noirâtres en forme de traits, principalement sur les bras, le front et les joues. Des parures de plumes, plus ou moins imposantes, ornent leurs chevelures. La plupart d'entre eux portent des colliers constitués d'un nombre variable de pièces parmi lesquelles Aô identifie de petits galets sphériques de couleurs différentes, des dents et des fragments osseux de formes étonnantes. Celui du géant est particulièrement fourni.

Ils ont de longues jambes. Leurs yeux saillent dans des visages lisses. Ils ont le teint mat, un peu jaune.

Les femmes sont plus petites, mais d'apparence robuste. Elles sont vêtues de manière semblable aux hommes. Leurs cheveux, noués en chignon au-dessus de leurs têtes, sont traversés par des plumes ou de longues épingles en bois ou en os. Elles ne portent pas de colliers.

Les hommes ont interrompu leurs palabres. Ils se scindent en plusieurs groupes de trois ou quatre chasseurs et quittent le camp à intervalles réguliers. Bientôt, il ne reste plus que quelques vieillards dont le chaman et un jeune homme boiteux. Aucune femme n'accompagne les chasseurs.

Le groupe d'enfants de tous âges, au moins autant que les doigts des deux mains, s'éloigne du camp. Les petits sont munis de pierres et les plus grands agitent de courtes sagaies. Bientôt, l'un d'entre eux revient prélever une branche incandescente dans le feu et repart à vive allure. Aô ne les voit pas. Ils sont quelque part aux alentours de la rivière d'où s'élève de la fumée. Il entend leurs cris.

Soudain, un garçon fait irruption dans le camp en courant. Il brandit un gros lièvre blanc. Aussitôt après, toute la troupe réapparaît, lancée à ses trousses. Ils s'égaient à l'intérieur du camp dans un concert de hurlements sauvages. Le fuyard est rapidement cerné par la meute vociférante. Il s'ensuit une bagarre générale pour la possession de l'animal. Même les plus jeunes sont de la partie. Le jeune homme boiteux s'en mêle à son tour. Il arrive en clopinant et rétablit un semblant de calme en assenant quelques coups aux plus virulents avant de s'emparer du lièvre sanguinolent. Il prélève une large portion de chair avec son couteau puis jette dédaigneusement ce qu'il en reste en direction des enfants regroupés autour de lui. Il s'ensuit une nouvelle mêlée furieuse. En un rien de temps, la misérable dépouille, tiraillée de toute part, est mise en pièces. Ceux qui ont réussi à s'approprier un morceau de viande défendent âprement leur précieux butin. Seuls les plus forts parviennent à le conserver. Ils s'associent tacitement pour s'opposer aux assauts de ceux qui restent les mains vides mais dont la convoitise est intacte.

Les deux groupes se déplacent vers le second foyer. Aô ne les voit plus.

Des braillements s'élèvent de nouveau. Celui qui semble être le benjamin de la bande surgit dans le champ de vision d'Aô. Il a réussi à tromper la vigilance des grands pour s'emparer d'un morceau de viande que son propriétaire avait sans doute mis à cuire. Il détale à toute vitesse à travers le camp, suivi par la victime, elle-même talonnée par les plus petits, à la fois jaloux et ravis de l'exploit réalisé par l'un des leurs.

Ils repassent peu après dans l'autre sens. À voir le plus grand gesticuler et fulminer sous les quolibets, Aô devine que le fuyard n'a pas été rattrapé. Comme les plus jeunes, il devra se contenter des quelques lambeaux de chair restant sur les os abandonnés par ses congénères.

La journée s'avance. Le ciel clair permet au soleil de réchauffer agréablement l'atmosphère. Les enfants se sont dispersés. Le calme revient sur le camp. Celles des femmes qui sont parties tôt le matin vers la rivière reviennent avec les récipients chargés de plantules et de racines. Les deux mères se joignent à elles pour trier et nettoyer les végétaux.

Puis c'est au tour d'un groupe de chasseurs de regagner le camp.

L'homme aux dents brisées en fait partie. Ils ne rentrent pas bredouilles. Un jeune cerf, né au début de la belle saison précédente, est suspendu à une perche supportée par deux hommes. Ils sont accueillis par les cris des enfants et des femmes.

Dans sa niche, Aô sent qu'il est sur le point de défaillir de faim. Il ne peut détacher son regard de la carcasse de l'animal, négligemment posée sur une pierre.

Les hommes se sont regroupés près d'un foyer, hors de vue du guetteur. Les autres sont dispersés dans le camp.

La femme enceinte, la seule qui ne porte pas de chignon, s'approche de la bête avec un couteau.

Elle est seule. Aô est obsédé par cette nourriture qui est là, à sa portée. Il ne réfléchit plus. Il glisse le long de la paroi. La femme l'aperçoit au moment où il touche le sol. Elle se fige de stupeur et le regarde d'un air épouvanté en pointant son petit couteau vers lui dans un geste de défense dérisoire. Aô ne veut pas tuer cette femelle mais elle est sur son passage. D'un revers de bras, il l'écarte brutalement et se précipite sur sa proie. Des clameurs retentissent. Malgré la surprise, les chasseurs réagissent beaucoup plus rapidement qu'il ne l'escomptait. Au moment où il hisse le jeune animal sur ses épaules, une sagaie vient s'y ficher profondément. Deux autres rebondissent sur la roche, à quelques pas de lui. La voie est encore libre pour quelques instants.

Il se rue en direction de la rivière et dévale la pente en bondissant de pierre en pierre, au risque de chuter. Son avance est dérisoire. Plusieurs sagaies le frôlent. Malgré ses efforts, alourdi par le poids de la bête, encombré de sa massue et de son épieu, il ne parvient pas à distancer ses poursuivants. Ils sont furieux et hurlent de rage.

Aô court aussi vite qu'il peut. Il a conscience que ses chances de leur échapper sont faibles. Il ne maintient l'écart qu'au prix d'une dépense d'énergie considérable. Avec une telle charge, affaibli par le manque de nourriture, il ne tiendra pas longtemps à ce rythme.

À plusieurs reprises, il trébuche sur des pierres instables, parvenant miraculeusement à conserver son équilibre. Les autres en profitent pour se rapprocher un peu. La carcasse du jeune cerf pèse de plus en plus lourdement sur ses épaules. Bientôt il sera à leur merci.

Alors il laisse la colère l'envahir, la colère des anciens hommes frustrés de leur territoire ancestral, frustrés de leurs vies. Il hurle à son tour. La fureur lui donne des ailes. Il accélère encore. S'il parvient à tenir jusqu'à la tombée de la nuit, il pourra peut-être leur échapper.

À travers sa sueur et le sang de l'animal qui voilent sa vue, Aô aperçoit la rivière et le passage de pierres. Parvenu au milieu du cours d'eau, il sent un caillou glissant se dérober sous son pied d'appui. Le poids qui l'écrase l'empêche de se récupérer. Il chute lourdement vers l'avant et se retrouve à genou dans l'eau peu profonde. Derrière lui, les chasseurs atteignent la rivière. Il entend leurs cris de joie. Grognant de peur et de fureur, il se redresse et tente de repartir. L'effort est terrible. Son cœur bat précipitamment. Sa gorge est brûlante. Il a du mal à remplir ses poumons d'air. L'eau lui arrive au-dessus des genoux. Il parvient à faire quelques pas en direction de la berge opposée.

Des sagaies volent à nouveau autour de lui. Dépité, Aô se retourne et fait face. La carcasse, projetée à bout portant, heurte le chasseur le plus avancé, qui s'est engagé dans la rivière. Frappé de plein fouet, l'homme s'écroule dans l'eau.

Surpris par cette brusque volte-face, les trois autres se sont arrêtés sur le rivage. Interdits, ils voient Aô se ruer vers leur congénère empêtré sous la carcasse de l'animal, la massue brandie. L'homme ne se relèvera plus. Le lourd fémur de bison s'abat sur sa tête avec une violence inouïe. Sous l'impact, son crâne éclate comme une noix.

Aô ne mangera pas la viande du jeune cerf mais il peut encore sauver sa vie. Avec un grognement de défi, il achève de traverser la rivière et reprend sa course. Au moment où il prend pied de l'autre côté, une sagaie l'atteint au flan droit, déchirant sa peau et sa chair. Il titube sous le choc. Le sang ruisselle, maculant la fourrure de l'ours. Une autre sagaie passe à un doigt de sa nuque. En dépit de la douleur aiguë, il reprend sa course.

Derrière lui, les trois chasseurs se sont ressaisis. Fous de colère et de haine, ils traversent à leur tour la rivière.

Aô a tué l'un d'entre eux. Désormais, ils ne le lâcheront plus.

Débarrassé de son fardeau, il parvient cependant à maintenir une allure suffisante pour préserver sa courte avance malgré la douleur qui irradie dans tout son corps à chaque foulée. Il court à découvert dans l'eau peu profonde du bord de la rivière. Les autres le talonnent. Il n'aurait pas le temps de s'échapper à travers la végétation qui environne le cours d'eau. La moindre hésitation lui serait fatale. Il vaut mieux avancer à découvert. Il doit attendre la nuit.

La vase à laquelle il doit s'arracher à chaque pas ralentit sa progression et la rend particulièrement éprouvante. Mais ses poursuivants connaissent les mêmes difficultés. Il lui semble même avoir pris un peu d'avance.

Aô s'aperçoit qu'il n'a plus qu'un seul poursuivant, en la personne du géant édenté. Les deux autres ont probablement pris un raccourci pour le dépasser et lui bloquer le passage. Ils ont l'avantage de connaître le terrain. Le fuyard essaie d'accélérer encore. La vallée se resserre de plus en plus. Aô reconnaît l'endroit où il se trouve. C'est l'embranchement où la rivière se sépare. Il aperçoit les deux chasseurs devant lui. Ils sont postés à l'entrée de la gorge située sur la gauche, celle qui mène vers les collines. Les sagaies brandies, ils lui interdisent le passage dans cette direction. Aô sait qu'il n'a plus la force de les affronter. Le troisième chasseur est sur ses talons. Sans hésiter, il bifurque vers l'autre canyon, celui dont il avait exploré le tronçon supérieur avant de rebrousser chemin. Il n'a pas d'autre choix.

La première partie est large. Aô continue de courir.

Les deux hommes n'ont pas bougé de leur poste. Ils ne semblent pas pressés de le suivre. Bientôt, le garçon se rend compte qu'il n'y a plus personne derrière lui. Étonné, il ralentit l'allure et finit par se mettre à marcher, non sans jeter de fréquents coups d'œil sur ses arrières.

Il décide de s'arrêter quelques instants pour reprendre son souffle, boire et examiner sa blessure. L'entaille n'est pas aussi profonde que la douleur l'avait laissé craindre car la sagaie a été déviée par une basse côte. La plaie a presque cessé de saigner. Sa soif apaisée, il ne s'attarde pas. La nuit est tombée. C'est probablement pour cette raison que ses poursuivants se sont arrêtés. Il doit en profiter pour prendre de l'avance car il se doute qu'ils n'en resteront pas là. Ils savent ce qu'ils font. Aô n'est pas dupe. Il a bien compris leur manège. Les trois hommes voulaient le contraindre à s'engager dans cette gorge. En observant les parois lisses de chaque côté, il comprend pourquoi. Il n'y a pas d'issue dans cette direction. Ceux qui le pourchassent n'ont plus besoin de se presser. Il est pris au piège. Peut-être se contenteront-ils de guetter patiemment son retour. Mais Aô garde espoir. Il trouvera un moyen de sortir de cette nasse.

La lune est presque pleine. Ses pâles rayons parviennent jusqu'au fond de la gorge et font scintiller la surface de l'eau. Aô continue de descendre la rivière. Il parvient à l'endroit où il s'était arrêté lors de sa précédente reconnaissance. Le canyon se resserre. Il effectue prudemment la désescalade de l'amoncellement de rochers sous lesquels disparaît le cours d'eau. Toujours pas d'issue sur les côtés. Impossible de grimper le long des murailles vertigineuses qui enserrent le torrent.

Parvenu à la limite de l'épuisement, là où plus rien n'importe que fermer les yeux et s'abandonner au sommeil bienfaisant, il se hisse péniblement sur le sommet à peu près plat d'un bloc de pierre qui domine le chaos rocheux. Il n'ira pas plus loin cette nuit.

Son corps est si las qu'il ne sent même plus la faim. Il dort d'un sommeil agité. Cette nuit, son esprit part vagabonder dans la toundra. Il est le grand-père blanc. Blessé à mort, il essaie de regagner son lointain territoire. Aô sent la terrible douleur de l'ours, sa terreur d'animal traqué.

Maintenant, des muscles puissants le propulsent en avant à la vitesse du vent. Sa crinière flotte dans l'air et ses sabots projettent un nuage de neige autour de lui. La meute affamée est à ses trousses. Il court jusqu'à la limite de ses forces. Dans un dernier hennissement de désespoir, il s'abat brutalement dans la neige poudreuse. Son corps est secoué de spasmes et sa vue se brouille. Les fauves mordent cruellement ses flancs. Son instinct lui interdit d'abdiquer. Dans un ultime effort, il se redresse et tente de s'arracher à cette étreinte de mort. Les crocs s'enfoncent profondément dans le cuir épais. Son sang jaillit. Il ne sent plus rien. Son esprit s'envole dans la steppe.

Aô est devenu une proie. Il se réveille en sursaut. Le soleil est déjà haut dans le ciel. Une douleur lancinante émane de sa blessure. La bouche pâteuse, la tête lourde, il déglutit péniblement pour éteindre le feu qui lui brûle la gorge. Il grogne en étirant les muscles raides et douloureux de ses jambes. Des nausées et une grande lassitude ont remplacé les affres de la faim.

Mais Aô n'est pas inquiet. Il connaît ces sensations désagréables qui surviennent après plusieurs jours de jeûne. Elles disparaîtront quand son estomac sera plein. Il prend le temps d'examiner les alentours. De son perchoir, la vue porte vers l'arrière jusqu'à une portion dégagée de la gorge qui précède les éboulis rocheux. Personne en vue. Rassuré, il scrute les petites vasques limpides entre les rochers. Aô sait que des poissons argentés se cachent sous les pierres des torrents. Immobile, il guette patiemment en jetant de temps en temps un regard vers l'amont. Il craint la venue des hommes oiseaux. Mais il lui faut prendre ce risque. Aujourd'hui, Aô doit manger.

Il grogne de soulagement. Ses yeux ont capté le mouvement vif d'une truite dans l'eau claire. En s'approchant, il en repère deux autres. Elles sont de belle taille. Il jette un caillou dans l'eau pour localiser la pierre sous laquelle elles nichent.

Entièrement nu, le garçon se laisse glisser dans l'eau froide. Le souffle coupé, il s'accroupit près de la pierre. De la main, il explore ses abords jusqu'à trouver l'entrée du trou. Mais il doit se résoudre à s'immerger complètement pour en atteindre le fond. Son bras s'enfonce dans le passage qui mène jusqu'à la cachette des poissons. Ses doigts se referment sur la peau lisse. La truite essaie de s'échapper mais Aô enfonce ses ongles dans sa chair molle. Sans relâcher son étreinte, il ramène doucement l'animal à la surface en laissant échapper un cri de joie.

Comme il l'espérait, son malaise s'estompe à mesure que son estomac se remplit. En renouvelant l'opération à d'autres endroits, il parvient à capturer plusieurs poissons. Il en mange encore un et enfouit les autres dans sa besace.

Il est temps de repartir. Le soleil est au-dessus du canyon. Aô croit entendre l'écho de voix humaines. Les hommes oiseaux ont repris la chasse. Devant lui, les gorges se resserrent à tel point qu'elles semblent se refermer. La partie s'annonce difficile.

Au-delà des éboulis, la rivière remplit complètement la largeur du défilé. Aô a enroulé ses vêtements autour de son sac pour former un baluchon compact, facile à porter.

Revigoré par son repas, il avance lentement au milieu de la rivière. L'eau froide lui arrive jusqu'à la taille. En tendant l'oreille, il croit entendre un lointain grondement. Bientôt il doit nager. La rivière décrit plusieurs coudes. Maintenant les parois sont à peine distantes de la longueur d'un homme. Le courant, de plus en plus rapide, le pousse en avant. Il traverse une succession de biefs profonds entrecoupés de petites chutes qu'il parvient à franchir sans trop de difficulté. Le grondement s'amplifie.

Les longues immersions dans l'eau froide sont très éprouvantes. Aô profite de chaque rocher émergé pour s'arrêter quelques instants afin de reprendre son souffle et se réchauffer au contact des rayons du soleil. De l'arrière, des éclats de voix, cette fois beaucoup plus distincts, lui parviennent. Ses poursuivants ne sont plus très loin.

Aô hurle de défi à leur intention. Il n'a pas renoncé à leur échapper. Et s'il ne peut plus avancer, il se retournera contre eux. Il les tuera un à un ou alors il mourra.

Le courant est de plus en plus puissant. Aô réalise que même s'il le voulait, il ne pourrait plus faire marche arrière. Le piège est en train de se refermer. Le grondement est maintenant assourdissant. Des vaguelettes agitent la surface de l'eau. Le garçon est aspiré par l'énorme masse liquide. Il renonce à s'opposer à la force du courant et se contente de se protéger comme il peut des chocs contre les parois ou les rochers qui saillent sous la surface.

Il éprouve les plus grandes difficultés à maintenir sa tête hors de l'eau bouillonnante qui se rue vers l'avant. À travers les gerbes d'écume, Aô aperçoit l'homme aux dents cassées, debout sur le dernier rocher où lui-même s'était arrêté. Il ricane.

C'est la dernière chose qu'il voit avant d'être absorbé par le bouillon. Il perd le contrôle de son corps. L'eau pénètre dans sa bouche et ses narines. À une vitesse prodigieuse, il est projeté dans le gouffre où se précipite la rivière dans un fracas épouvantable. La chute lui paraît interminable.

IV

Napa-mali grommelle et se retourne sur sa couche.

Le garçon ne se laisse pas démonter et continue de tirailler tranquillement un pan de la fourrure dans laquelle l'homme est emmitouflé.

– Quoi encore ? rugit-il enfin. Comment oses-tu traiter ainsi celui qui parle aux esprits en troublant son sommeil !

Le garçon éclate de rire et redresse fièrement les épaules. Ses dents blanches luisent dans la pénombre de la hutte. Il est Kipa-koô, le fils de Wagal-talik, le chef. Il a l'habitude des glapissements outragés du vieillard. Une étroite complicité s'est instaurée entre eux depuis que le chaman a découvert les talents du garçon.

Comme tous les enfants, il aimait manipuler la terre. Mais, alors que les autres se limitaient à façonner des boules ou des formes grossières, ses mains avaient le pouvoir de faire sortir de la glaise toutes sortes de créatures animales dont la ressemblance avec les modèles vivants était stupéfiante. Le vieil homme avait encouragé l'enfant, lui permettant de développer ce don précieux que son esprit lui avait donné.

Napa-mali s'assoit sur son lit de mousse en grimaçant. Il voit le garçon boitiller devant lui. Il se souvient des événements survenus l'été précédent.

En l'absence des chasseurs, des hommes au visage strié de noir, avec des parures de plumes dans les cheveux, avaient surgi dans le camp en hurlant. Napa-mali ne comprenait pas leur langage. L'un d'eux était un véritable géant. Il avait désigné trois femmes dont deux toutes jeunes filles à peine nubiles, leur faisant signe de sortir du groupe. Le chaman s'était interposé. Avec un sourire narquois, le géant avait levé lentement sa sagaie. Immobile, les mains sur sa tête, Napa-mali avait invoqué les esprits. Après un moment d'hésitation, l'homme avait frappé brutalement le vieillard avec la hampe de son épieu, l'envoyant rouler au sol. Effrayées, les deux plus jeunes filles avaient obtempéré aux injonctions du géant, se résignant à leur sort. La troisième était Âki-naâ, la compagne du chasseur Atâmak et la sœur de Kipa-koô. C'était une jeune femme courageuse. Elle avait refusé de bouger. Alors ils s'étaient saisis d'elle et l'avaient traînée avec les autres. En ricanant, ils avaient arraché leurs vêtements pour les examiner nues, s'interpellant en gesticulant avec des rires et des cris. Après les avoir laissées se revêtir, ils leur avaient lié les poignets derrière le dos puis les avaient poussées sans ménagement en direction de la sortie du camp. C'est à ce moment-là que le jeune Kipa-koô était intervenu. Se munissant d'une pierre, il avait couru derrière eux, sourd aux injonctions des siens. En contournant un bouquet de saules, il avait devancé la petite troupe et s'était retrouvé face au géant qui marchait en tête. Une main derrière le dos, il avait apostrophé le redoutable chasseur.

– Rends-nous nos sœurs où je te tue !

L'homme s'était esclaffé. Mais avant qu'il ait pu esquisser un seul geste, Kipa-koô lançait la pierre de toutes ses forces.

Le projectile avait frappé sèchement le géant au bas du visage, effaçant le sourire goguenard. Incrédule, il avait passé sa main sur ses lèvres éclatées, s'attardant sur les moignons de trois de ses incisives supérieures, brisées net. Fou de rage, il s'était rué sur le garçon, l'avait arraché au sol et projeté violemment contre un rocher.

Des cris de colère avaient fusé parmi les habitants rassemblés qui s'étaient rapprochés. Un vieil homme à la démarche raide s'était détaché du groupe et faisait des gestes menaçants avec son épieu.

Napa-mali s'était précipité pour calmer les ardeurs du vieux chasseur. Mais il n'avait rien pu faire. Foudroyé presque à bout portant, le vieillard téméraire s'écroulait déjà, la gorge et la poitrine transpercées par deux sagaies.

L'assemblée grondait de fureur. Des femmes et des enfants avaient ramassé des pierres.

Napa-mali avait hurlé :

– Arrêtez ! Ne les provoquez pas !

Il était venu se placer entre les deux partis, tournant délibérément le dos aux chasseurs en exhortant les siens à garder leur sang-froid.

Cette manœuvre désespérée avait porté ses fruits. Conscient qu'il risquait de perdre l'un de ses compagnons dans un affrontement stérile, estimant avoir déjà lourdement payé la conquête de ces femelles, le géant avait décidé de profiter de l'intervention du chaman pour quitter les lieux avec ses deux comparses. Ils s'étaient éclipsés rapidement, emmenant avec eux les trois femmes.

Tous s'étaient précipités vers l'enfant qui gisait au sol, inanimé. Il vivait encore mais sa jambe gauche était très abîmée. L'os était fracturé à plusieurs endroits. Quant au vieillard téméraire, il était mort.

Quelques jours plus tard, les chasseurs étaient revenus. Atâ-mak avait voulu se lancer à la poursuite des ravisseurs. Wagal-talik avait tenté de l'en dissuader. Lui-même avait perdu sa fille, et son fils resterait infirme pour la vie. Par des hommes d'autres clans victimes de leurs exactions, le vieux chasseur avait entendu parler de cette tribu féroce qui vivait du côté où le soleil se lève. Atâ-mak devait se résoudre à prendre une autre femme. Mais celui-ci s'était entêté. Il disait que les hommes aux crânes emplumés et aux visages peints étaient des hommes comme les autres. Ils attendaient que les chasseurs soient partis pour s'emparer des femmes car ils craignaient d'affronter leur colère. Ils avaient tué un vieillard et blessé un enfant. Atâ-mak n'avait pas peur de ces êtres malfaisants. Le chemin était encore long jusqu'à leur lointain territoire. Il était encore possible de les rattraper.

Wagal-talik avait encore essayé de raisonner le jeune homme. Il avait rappelé que les hommes du lac ne tuaient pas les êtres humains. Mais Atâ-mak ne voulait rien entendre. D'autres voix s'étaient élevées parmi les chasseurs pour se rallier à lui. La colère grondait parmi les femmes.

Wagal-talik avait soupiré et cherché des yeux le chaman pour quêter son appui. Napa-mali avait réclamé le silence pour prendre la parole au nom des esprits. Il avait dit qu'Atâ-mak avait raison. Les hommes oiseaux étaient simplement des hommes, mais des hommes redoutables, alliés à des esprits puissants et vindicatifs. Mais Wagal-talik aussi avait raison. La saison de chasse n'était pas encore terminée. Les réserves accumulées en prévision de l'hiver étaient encore insuffisantes. Les chasseurs ne pouvaient se permettre d'interrompre leurs activités. Puis il avait encore dit qu'il comprenait la colère des femmes et que les esprits étaient courroucés. Les hommes de la montagne devaient défendre leurs femmes et leurs enfants. Trois chasseurs habiles pourraient suivre la piste des hommes mauvais, attendre le moment opportun pour récupérer les femmes.

Wagal-talik avait approuvé. En agissant ainsi, la saison de chasse ne serait pas compromise. Le clan subviendrait aux besoins des familles des trois chasseurs pendant leur absence. Atâ-mak était un jeune homme impétueux mais brave et totalement dévoué au clan. Il reviendrait, plus fort et plus expérimenté, et le jour venu, il ferait un bon guide pour les siens.

Ma-wâmi avait déclaré qu'il accompagnerait Atâ-mak. Kî-mi, une des deux jeunes femmes capturées, était depuis peu sa compagne. Bien que n'ayant intégré le groupe des chasseurs que lors de la saison précédente, ce garçon calme bénéficiait déjà de l'estime de ses aînés.

Un chasseur plus âgé, Kâ-maï, le père de Kî-mi, s'était joint à eux.

Ils s'étaient mis en route dès le lendemain, soucieux de ne pas perdre encore davantage de terrain.

Grâce aux incantations et aux soins prodigués par Napa-mali, Kipa-koô avait survécu. C'est là qu'il reçut le nom de l'arbre à l'écorce blanche et noire dont les petites feuilles bruissent doucement, celui de l'arbre ancêtre, l'un de ceux que les pères de leurs pères rencontraient encore au fur et à mesure de leur déplacement vers le nord et dont ils avaient admiré le courage lorsqu'ils apercevaient sa frêle silhouette se dresser face au vent, là où aucun feuillu n'osait s'aventurer, à tel point qu'ils avaient reconnu en lui l'un des premiers habitants de la terre, au temps où les hommes se mariaient avec les animaux et les plantes. Mais la jambe du garçon resterait tordue et il boiterait toujours.

Une cérémonie avait été organisée pour apaiser l'esprit du vieillard téméraire et le convaincre de rejoindre le territoire des ancêtres.

Le chaman avait sollicité l'aide de l'esprit du loup pour guider celui du défunt et l'avait obtenue. Alors seulement son corps avait cessé d'être contagieux et les hommes avaient pu s'en débarrasser sans risque et le rendre à son esprit en le descendant dans le gouffre des morts. Puis la vie avait repris son cours.

Âki-naâ sait que l'enfant qu'elle porte en elle est condamné. Au cours de l'hiver, les habitants ont découvert qu'elle était enceinte. Elle-même ne s'en était rendu compte qu'au terme du long voyage qui les avait menés jusqu'au camp des hommes oiseaux. Les autres femmes lui ont fait comprendre que les hommes ne laisseraient jamais vivre un enfant dont ils soupçonnaient que l'esprit était lié à celui d'un chasseur appartenant à un clan non apparenté. Son bébé sera tué et elle restera l'esclave des autres femmes, à la disposition des hommes qui souhaiteront assouvir leurs désirs. Au mieux, peut-elle espérer être attribuée à l'un de ces cruels chasseurs.

Âki-naâ refuse ce sort funeste. Elle veut garder son enfant et retourner parmi les siens. Elle n'ignore pas qu'elle a peu de chance de survivre en effectuant seule l'interminable voyage qui la ramènerait au pied des grandes montagnes, là où vivent les siens. Mais elle partira quand même.

Kî-mi, la plus jeune des trois femmes capturées, est morte pendant le trajet, victime de la brutalité des chasseurs. I-taâ a connu un meilleur sort. Le chasseur qui l'a prise pour compagne n'est pas le plus mauvais. D'un tempérament docile, elle s'est résignée.

Âki-naâ lui a fait part de ses projets mais la jeune femme a décidé de rester.

Jusqu'à présent, du fait de sa grossesse, les hommes l'ont laissée dans une relative tranquillité. La brutale incursion de l'homme ours a créé une grande confusion dans le camp. Les trois chasseurs présents se sont lancés à sa poursuite. Les femmes s'agitent et les enfants vont et viennent en braillant. Âki-naâ a vite retrouvé ses esprits. Elle n'aura pas de meilleure occasion. Pour une fois, nul ne fait attention à elle. Il n'y a personne sous la hutte dans laquelle un coin lui a été assigné pour dormir. La jeune femme s'accroupit sur le sol grossièrement empierré, recouvert de fourrures poussiéreuses. Avec difficulté, elle soulève une lourde pierre et entreprend de creuser frénétiquement la terre battue avec ses doigts. Son ventre la gêne. Elle entend un bruit. Quelqu'un chuchote, tout près. Prise de panique, elle se fige, essayant d'écouter malgré les battements désordonnés de son cœur qui résonnent dans ses oreilles.

– Âki-naâ ! Es-tu là ? C'est moi, I-taâ ! Réponds-moi ! Je sais que tu es là !

Soulagée, Âki-naâ soupire.

– Oui, je suis là. Entre.

I-taâ soulève la lourde peau doublée qui ferme l'orifice d'accès et pénètre dans la hutte.

Elle sourit en voyant sa compagne occupée à creuser la terre.

– Je savais que tu partirais aujourd'hui. Je suis venue te dire au revoir et te souhaiter bonne chance. J'aimerais avoir ton courage pour t'accompagner, mais je ne l'ai pas. Mon esprit est plus faible que le tien, mais après ma mort, il rejoindra les montagnes.

Âki-naâ acquiesce et caresse doucement les cheveux soyeux de son amie.

– Je ne te blâme pas. L'homme avec lequel tu vis est un chasseur habile. Il semble moins cruel que les autres. Moi je dois partir, sans quoi mon enfant mourra. Mon esprit ne me pardonnerait pas de n'avoir rien tenté pour le préserver. La vie serait trop difficile autrement.

I-taâ extirpe de sous son vêtement un objet étroit et long, enroulé dans un morceau de cuir.

– C'est pour toi. Je l'ai volé à mon homme.

Elle rit.

– Il est encore en train de le chercher !

Âki-naâ ne peut réfréner un cri d'admiration devant le magnifique poignard. Elle passe le doigt sur la lame effilée et sur les encoches pratiquées à l'autre extrémité, dans la partie faisant office de manche.

Émue, elle serre fortement le bras de la jeune fille.

– Il faut que je parte maintenant. Je ne t'oublierai pas. Ton esprit n'est pas aussi faible que tu le dis car il t'a donné le courage de dérober cette arme pour moi. Si l'enfant que je porte en moi est un fils, lorsqu'il sera devenu un chasseur, je lui donnerai ce couteau et je lui raconterai son histoire. Ainsi I-taâ restera dans la mémoire de notre clan. Va maintenant. Il ne faut pas que l'on te trouve avec moi.

Sans attendre le départ de sa compagne, Âki-naâ se remet à creuser frénétiquement. Elle extrait un à un du sol les quelques objets maculés de terre dont elle a réussi à s'emparer malgré la vigilance des membres du clan à son égard. Il y a là une sagaie perdue par un chasseur, ramassée aux alentours du camp, quelques menus éclats de silex et d'os, une petite pierre à feu, une vessie de renne pour le transport de l'eau et son bien le plus précieux : quelques morceaux de viande séchée protégés par un emballage en peau. Elle met tout dans un grand sac qu'elle dissimule sous l'ample tunique qui lui sert de vêtement. Elle se redresse péniblement. La tête lui tourne. Elle respire un grand coup avant de sortir. Il n'y a personne aux alentours. Elle s'empare d'un récipient en écorce et se dirige lentement vers la cascade, tête basse.

Une grande agitation règne dans le camp. L'incroyable audace de l'homme ours, ainsi nommé à cause de sa face allongée et velue et des grognements qu'il émet, sa présence à proximité du camp à l'insu des chasseurs, alimentent les palabres et entretiennent l'excitation générale. On croyait ces créatures disparues à jamais depuis longtemps et les voilà de retour, poussant l'insolence jusqu'à venir dérober de la nourriture au milieu du camp des hommes.

Âki-naâ jette un rapide coup d'œil derrière elle. Personne ne la regarde. Avec son ventre proéminent, aussi près de la délivrance, qui imaginerait qu'elle puisse songer à s'enfuir, affronter la solitude et les bêtes sauvages ?

Elle parcourt rapidement la piste qui traverse l'éboulis rocheux. Elle retient sa respiration et serre les poings, s'attendant à tout moment à entendre une voix l'interpeller.

Mais rien ne se passe. Elle pénètre dans la petite forêt de bouleaux. La jeune femme est désormais invisible depuis le camp. Soulagée, elle s'efforce de retrouver une respiration normale. Elle ne ralentit pas l'allure pour autant. Elle sait ne disposer que de peu de temps. Sa disparition ne passera pas inaperçue très longtemps. Les autres chasseurs peuvent revenir à tout moment. Parvenue à l'endroit où la piste se sépare, de l'autre côté de la rivière, elle ne prend pas le sentier par où ils sont arrivés après leur capture mais celui qui suit la direction opposée. Elle connaît ce chemin pour l'avoir déjà parcouru à la recherche de baies et de plantes comestibles. Par-là, elle a repéré une voie d'accès vers les hauteurs désolées du vaste plateau qui surplombe la vallée. Les chasseurs ne penseront peut-être pas à la poursuivre dans cette direction. La jeune femme espère pouvoir prendre un peu d'avance. En marchant à travers le plateau, vers la gauche de l'endroit où se couche le soleil, elle devrait finir par atteindre le fleuve en aval, qui la mènera jusqu'au territoire des siens.

Mais parviendra-t-elle jusque-là ? Elle sent que l'enfant voudra bientôt sortir. Il faudra qu'elle trouve rapidement un abri sûr pour le mettre au monde. Jusque-là, elle devra chasser et fuir en même temps. Elle sait tout cela. Elle sait aussi que ses chances de survie sont infimes. Mais elle n'a aucun regret.

Aô n'entend pas les clameurs lointaines des hommes oiseaux, satisfaits. Après sa chute, il est aspiré dans les profondeurs de la vasque, ballotté en tous sens. Il ne sent plus ni ses bras, ni ses jambes et sombre lentement dans l'inconscience, livré aux caprices de l'eau tumultueuse. Mais les esprits des anciens hommes réclament la vie pour le dernier des leurs. Alors, de mauvaise grâce, la rivière finit par rejeter son corps hors du tourbillon.

L'air, accumulé dans le ballot de fourrures qu'il avait pris soin de nouer solidement autour de sa taille, fait remonter son corps inerte à la surface. Poussé par le courant, il échoue sur une plage de galets. Seule la partie inférieure de son corps reste immergée. Il gît ainsi très longtemps, comme si son esprit hésitait à demeurer dans son corps. Lorsqu'il se réveille enfin, il a l'impression que son squelette est disloqué. Un feu brûle derrière ses yeux, dans sa poitrine et dans sa gorge. Le moindre mouvement attise sa douleur. L'eau est froide. Il frissonne. Après plusieurs tentatives, il parvient à se mettre à quatre pattes. De violents spasmes lui nouent l'estomac. Il vomit l'eau qui gonfle son ventre.

Il s'assoit et passe sa main sur l'ensemble de son corps. Hormis sa plaie à la taille, il n'a aucune blessure apparente. Bien que très douloureux, ses membres retrouvent peu à peu leur mobilité. Il n'a pas de fracture, seulement des contusions.

Aô réalise qu'il a survécu. Malgré sa gorge endolorie, il pousse un hurlement sauvage. L'esprit des anciens hommes est puissant. Aô est toujours vivant. Il a défié les hommes oiseaux au cœur de leur campement et il a réussi à leur échapper. Il ne doute pas qu'il parviendra à sortir d'ici. Après une période d'adaptation, grâce à la faible lumière qui parvient de l'orifice par lequel s'engouffre le torrent, il distingue vaguement les contours d'une vaste salle creusée dans le calcaire. L'eau est peu profonde sur les côtés. Aô entreprend d'en faire le tour. Par chance, la rivière a également rejeté sa massue et son épieu. Aô constate avec satisfaction que les robustes armes n'ont pas souffert de leur chute dans la cascade.

La surface de la vasque est agitée à certains endroits par des tourbillons qui indiquent que la rivière continue d'être aspirée vers les profondeurs. De l'eau s'écoule le long des parois depuis des fissures par lesquelles s'insinuent également de pâles rayons de soleil. Il s'agit sans doute des voies utilisées par les eaux de ruissellement, alimentées par les pluies qui tombent à la surface du plateau, pour s'infiltrer jusqu'ici.

L'une d'entre elles semble à sa portée. La pierre humide et glissante rend cependant l'accès particulièrement malaisé. Aô doit s'y reprendre plusieurs fois avant de parvenir à s'agripper au rebord de l'étroite ouverture. Seul un mince filet d'eau s'en échappe car il n'a pas plu depuis longtemps. La première partie de l'ascension est très difficile. La paroi lisse est raide, presque verticale. Aô progresse lentement en faisant opposition entre ses pieds et son dos. Au moindre relâchement, il sent qu'il glisse vers le bas. Pour franchir certains coudes, il doit se contorsionner comme une couleuvre. Par bonheur, la pente s'atténue nettement. La fissure s'élargit. Maintenant, il peut progresser à quatre pattes. Mais ce n'est que provisoire. Les parois se resserrent à nouveau. Par moments, Aô doute de pouvoir passer. L'effroi le saisit lorsqu'il s'imagine coincé ici, à la merci d'un orage.

Imperceptiblement, il continue pourtant d'avancer. Il se cogne la tête. Au-dessus de lui, le passage est partiellement obstrué par une lourde pierre. Il a beau s'étirer autant qu'il peut, il ne parvient pas à franchir cet obstacle. Impossible de passer sans la déplacer. La peur de rester bloqué et de devoir redescendre dans le gouffre décuple ses forces. En poussant avec l'épaule, il parvient à faire pivoter légèrement la pierre. Encouragé, il poursuit ses efforts. À nouveau, il tente de forcer le passage. Sa blessure à la taille s'est rouverte. La pierre rugueuse déchire sa peau.

Au prix d'un effort surhumain, il parvient à passer les épaules. Le reste du corps suit. La fissure débouche dans une cavité qui doit se trouver tout près de la surface, comme en témoignent les raies de lumière qui strient sa voûte constituée d'un amoncellement de rochers. Haletant, les côtes endolories, il s'accorde quelques instants de répit dans la petite grotte.

L'eau ruisselle sur le sol pentu mais Aô note qu'une partie surélevée est épargnée par l'humidité. L'endroit, presque plat, est tapissé de sable et constitue un bon emplacement pour dormir.

Le garçon devine qu'il touche au but. Les espaces entre les rochers sont suffisants pour lui permettre de se faufiler jusqu'à la sortie toute proche. Quelques instants plus tard, Aô débouche au grand jour.

Il prend le temps de s'accommoder à la vive clarté après son séjour dans la pénombre. Quel plaisir de sentir le vent sur sa peau meurtrie !

Il est bien sur le plateau, vaste surface minérale abandonnée à la rocaille et au vent où la végétation est rare et clairsemée. Aô note avec satisfaction que l'entrée de la grotte n'attire pas l'attention. Elle a l'aspect d'un simple abri sous les rochers et seule une exploration attentive permettrait de déceler le passage vers la petite caverne. Il a trouvé un endroit sûr pour reprendre des forces en attendant de partir à la recherche des anciens hommes. Son estomac lui rappelle qu'il n'a pas absorbé de nourriture depuis longtemps.

La chair crue du poisson lui semble un véritable régal. Il mange abondamment pour apaiser sa faim. Il lui reste encore des réserves pour quelques jours. Mais le soleil n'a pas encore atteint le sommet de sa courbe. Aô pourrait en profiter pour chasser. Ce soir, il reviendra et dormira dans la grotte.

Le soleil s'est levé une fois depuis qu'Âki-naâ a pris la fuite. Elle a réussi à grimper sur le plateau et progresse dans la direction vers laquelle elle espère pouvoir rejoindre le fleuve, loin en aval. Elle n'ignore pas la précarité de sa situation. Profitant de la pleine lune, elle a marché presque toute la nuit sans interruption, une main crispée sur la hampe de sa sagaie, l'autre sur le manche de son couteau, convaincue que les bêtes féroces qu'elle entendait gronder dans le lointain n'allaient pas tarder à surgir pour la dévorer, ne s'accordant que de courtes pauses pour manger un peu et somnoler quelques instants, sur les branches d'un arbre ou au creux d'un rocher. Elle a découvert la réalité du monde des ténèbres hors de l'enceinte du camp et de la chaleur des feux qui éloignent les esprits des morts qui n'ont pas encore été apaisés. À chaque pas, elle s'attendait à être foudroyée par les puissances de la nuit. Parfois la terreur la submergeait. Ses jambes refusaient d'avancer. Elle avait l'impression que son esprit affolé voulait s'échapper. Les sons et les ombres se transformaient en images d'animaux terrifiants qui défilaient devant ses yeux. Pourtant rien ne se passait. Ne subsistait que l'accablante sensation de solitude. Alors elle finissait par se remettre en marche, petite silhouette difforme égarée sur le territoire du vent.

Au lever du jour, elle avait repris courage. Son choix était le bon. Comme elle l'espérait, les hommes oiseaux avaient dû suivre la piste opposée à la sienne, celle qui longe la rivière jusqu'au fleuve. Malgré l'épuisement, elle progresse d'un bon pas dans l'espoir de maintenir une partie de son avance. Les chasseurs n'auraient aucune peine à la rattraper en terrain découvert.

Il faut qu'elle rejoigne le cours inférieur du fleuve, suffisamment loin en aval pour pouvoir escompter que ses poursuivants auront renoncé à la poursuivre. Là-bas, elle pourra trouver de la nourriture et se cacher dans les taillis qui jalonnent ses berges pour mettre son enfant au monde.

Mais la surface désolée du plateau s'étend à perte de vue.

Des nuages obscurcissent le ciel. Le vent se lève. La pluie se met à tomber, d'abord doucement, puis de plus en plus dru. Des éclairs zèbrent l'horizon. Le tonnerre gronde. Des bourrasques lui fouettent le visage et l'obligent à courber la tête. Elle doit lutter de toutes ses forces pour avancer.

Âki-naâ sent qu'elle ne pourra pas continuer longtemps dans ces conditions. Elle est exténuée. La peur et les efforts terribles qu'elle a consentis pendant deux jours ont déclenché de violentes contractions qui la contraignent à s'arrêter presque à chaque pas.

Un liquide chaud coule entre ses jambes. Âki-naâ gémit d'angoisse.

Elle est en train de perdre les eaux. L'enfant veut sortir maintenant, dans la tempête. Les contractions ne vont pas tarder à s'intensifier.

Affolée, la jeune femme cherche désespérément un abri. La pluie redouble. Elle sait que les hyènes rodent la nuit sur le plateau. L'odeur du sang les attirera inévitablement. Elle ne peut pas accoucher là, sans quoi elle mourra avec son enfant.

Pliée en deux par la douleur, Âki-naâ se dirige vers un amas de rochers dans l'espoir d'y trouver un abri.

Le cœur battant à tout rompre, suffoquée, elle se tapit dans le premier trou qu'elle trouve. Elle découvre qu'il se prolonge sous les blocs de pierre, formant un étroit passage. Elle se faufile le plus loin possible, pataugeant dans l'eau d'un ruisseau que la pluie a fait naître. Elle parvient à un endroit plus spacieux. Elle n'ira pas plus loin car elle est à bout de forces. Au moins est-elle à l'abri du déluge qui continue de s'abattre sur le plateau !

Elle se traîne jusqu'au recoin le plus élevé, épargné par le ruissellement de l'eau. La fréquence des contractions s'accentue. La bouche ouverte pour tenter de happer un peu d'air, la jeune femme s'accroupit et pousse de toutes ses forces.

Une contraction plus violente lui arrache un cri de douleur. L'enfant arrive.

V

Aô est de mauvaise humeur. Un violent orage a interrompu sa quête de gibier. Accroupi sous le maigre couvert d'un pin égaré au milieu de la morne étendue caillouteuse, il râle. La nuit est tombée. Il pourrait être bien à l'abri, à se reposer, et il est là, à grelotter sous une pluie diluvienne. La tempête le nargue en redoublant d'ardeur. Les éclairs zèbrent le ciel, illuminant le plateau désertique. Aô sait que la foudre peut frapper l'arbre isolé. Il se résout à abandonner cet abri, s'éloigne de quelques pas et se recroqueville sous la fourrure de l'ours pour attendre la fin de la tempête. Aô a déjà connu la colère du ciel mais jamais une telle furie. Le ciel se déchire pour se vider de son eau. Le pin solitaire subit, lui aussi, les assauts de l'orage. Il se tord sous les terribles rafales de vent. Sa chétive ramure est secouée en tous sens et ses aiguilles sont impitoyablement dispersées dans la tourmente. Pourtant, il résiste. Une fois encore, la foudre va peut-être l'épargner. Aô est saisi de respect et de compassion pour ce compagnon d'infortune. Il grogne des encouragements à son intention. L'arbre lui répond en s'agitant de plus belle, comme s'il raillait les bourrasques en dansant à la lueur des éclairs.

Aô se lève. La lourde peau souillée de boue vole autour de lui dans le vent. Il se tortille et gesticule pour imiter la danse de l'arbre. Pendant le reste de la nuit, il répond aux grondements du tonnerre par des cris. Dépité, l'orage finit par s'éloigner, accompagné du vent qui emmène la pluie avec lui. L'aube se lève sur le plateau détrempé.

Aô salue l'arbre et reprend son errance à la recherche du rare gibier. Il longe maintenant une gorge encaissée, noyée par un cours d'eau tumultueux qui charrie des flots d'eau boueuse.

Impossible de traverser ce canyon. Il faudra attendre plusieurs jours pour que la rivière s'apaise. Aô est las. Il reviendra pêcher ici quand le niveau de l'eau aura suffisamment baissé. Il lui reste assez de poisson pour tenir plusieurs jours. Jusque-là, il dormira bien au sec, dansla petite grotte. Il se hâte, pressé de s'abandonner au sommeil que son corps réclame. Des coups de tonnerre retentissent encore dans le lointain. À la faveur de quelques éclaircies, le soleil réchauffe l'atmosphère.

L'eau s'évapore rapidement, formant un léger brouillard qui flotte au-dessus du sol. Aô marche d'un bon pas. Il compte bien rejoindre son abri avant la nuit. Grâce aux repères qu'il a pris soin de relever, il retrouve facilement l'entrée de la grotte.

Il s'arrête sur le seuil, les narines frémissantes. Des

odeurs familières s'exhalent de la caverne. Perplexe, il reconnaît l'odeur humaine mêlée à celle, âcre et puissante, du sang frais. Un homme blessé ou porteur de gibier s'est probablement abrité de l'orage. Est-il encore là ?

Aô se risque prudemment sous les rochers. Les émanations persistent à l'intérieur du passage qui mène à la petite cavité. Contrarié, il hésite à s'engager plus avant. Aujourd'hui, il n'aspire qu'à se reposer. La perspective de combattre un homme oiseau ne le réjouit pas. La sagesse serait de chercher un autre abri. Mais la curiosité l'emporte. Muni de son gourdin, il se glisse silencieusement dans le boyau. L'odeur humaine est de plus en plus forte. Un faible cri lui parvient, le cri d'un nourrisson. Stupéfait, Aô pénètre dans la petite pièce. Il distingue la femme et l'enfant tapis dans le coin où il comptait s'installer.

Au même moment, la femme lève les yeux et aperçoit la silhouette trapue qui se découpe vaguement dans la pénombre. Ses yeux s'agrandissent de terreur. Elle voudrait hurler mais aucun son ne sort de sa bouche. Voilà donc l'origine des faibles effluves qu'elle avait sentis en s'enfonçant sous les rochers sans parvenir à les identifier précisément ! Elle est dans l'antre du monstre !

Aô ne bouge pas. Lui aussi l'a reconnue. C'est la femme enceinte qu'il a bousculée lors de son incursion chez les hommes oiseaux. Que fait cette femelle ici toute seule, loin du camp ?

Âki-naâ serre son enfant dans ses bras. C'est un beau garçon, parfaitement formé. Elle recule autant qu'elle peut vers l'extrémité de la grotte, comme si elle espérait pouvoir s'échapper à travers la roche. Tapie contre la paroi, elle se recroqueville autour de son bébé. Terrifiée, elle regarde avec des yeux exorbités cette créature mi-homme, mi-animal, dont elle est à la merci.

Immobile, Aô réfléchit. Cette femme a fui les hommes oiseaux, sans aucun doute. Il se remémore l'hostilité des autres femelles à son égard, son allure différente, les tâches pénibles auxquelles elle était astreinte malgré sa grossesse avancée.

Il avance d'un pas. Âki-naâ claque des dents, convaincue de l'imminence de sa mort. L'enfant s'agite et geint. Il sent la peur de sa mère. La plainte de son petit réveille les instincts de la jeune femme. Elle doit défendre sa progéniture. Elle pose délicatement le bébé derrière elle et cherche à tâtons sa précieuse sagaie. Sa main ne trouve que le poignard. Elle s'en contentera. Le souffle court, elle se redresse, cherchant ses appuis sur le sol humide et irrégulier.

Aô avance encore d'un pas. Il ne fait aucun geste brusque, gardant sa massue au sol pour ne pas l'effrayer davantage.

Âki-naâ vacille, prise de vertiges. Sa longue marche et l'accouchement l'ont épuisée. Cette créature ne se comporte pas comme un prédateur. Elle devrait déjà avoir bondi sur elle. Pourquoi cette attente ?

Aô continue d'observer la jeune mère. Il apprécie sa vaillance. Il ne ressent aucune colère contre elle. Sa présence l'ennuie. Il voudrait se reposer mais elle a pris sa place. Il admire la longue et fine lame qu'elle tient dans sa main. Jamais il n'a vu une arme aussi remarquable. Comment a-t-elle abouti entre les mains de cette femme ? Aô sait qu'il n'aurait aucun mal à s'en emparer. Pourtant il ne le fait pas.

Âki-naâ attend l'assaut. Le courage lui revient. Elle défendra son petit comme une louve. Ils restent un long moment immobiles, face à face. Fatiguée, Âki-naâ baisse le bras. Elle jette des coups d'œil furtifs sur l'intrus. De près, il n'a absolument rien d'un ours, mis à part peut-être son crâne massif et cette puissance animale qui émane de tout son être. Les ours sont grands, lui est plutôt petit. Son visage et son corps sont velus mais cela n'a rien à voir avec la fourrure d'un ours. La face s'allonge vers l'avant sans ressembler pour autant au mufle de la bête. La bouche et les dents sont celles des hommes. Même enfoncés profondément dans leurs orbites, les yeux ont une expression humaine. Les ours ne portent pas de vêtement. Les ours n'utilisent pas de massues.

Qui est-il ? D'où vient l'immense fourrure blanche d'un seul tenant qui le couvre ? Âki-naâ n'a jamais vu d'animal de cette taille avec une telle fourrure ! On dirait celle d'un ours gigantesque, mais Âki-naâ ignorait qu'il existait des ours blancs !

De quelles régions lointaines et inconnues cet être étrange est-il originaire ?

Âki-naâ se souvient des histoires racontées par Napa-mali à propos des anciens hommes qui peuplaient autrefois le monde. Des chasseurs prétendaient que certains d'entre eux avaient survécu et vivaient encore de l'autre côté des montagnes. Cette créature est sans doute l'un de ceux-là.

Une sueur glacée coule le long de son dos. L'ancien homme n'a peut-être pas de femelle. Il voudra la prendre pour compagne. Elle frissonne en songeant à l'étreinte avec cet être bestial. Qu'adviendra-t-il de son bébé ? La peur s'insinue de nouveau en elle. Une vague de désespoir la submerge. Ses yeux s'embuent. Elle ne reverra plus le lac et ceux de son clan, son jeune frère, toujours si tendre avec elle, Wagal-talik, son père, Napa-mali, le chaman dont les paroles éloignent le malheur et la peur, et tous les autres dont les visages sont gravés dans son esprit ! Quel triste destin que le sien ! Elle aimait l'existence rude mais paisible qui était la sienne. Les hommes de son peuple étaient pacifiques, les femmes respectées, bien mieux traitées qu'au sein du clan des hommes oiseaux. Les hommes écoutaient leur parole. Son compagnon était un chasseur brave et attentif. Il ne l'avait jamais brutalisée. Sa faim était toujours rassasiée. Âki-naâ ne retrouvera jamais tout cela. Il ne lui reste sans doute plus qu'à combattre jusqu'à la mort.

Aô n'a toujours pas décidé quelle contenance adopter. Il a conscience de la terreur qu'il inspire à cette femme. Il continue de l'examiner attentivement. Il n'a encore jamais eu l'occasion de voir d'aussi près un représentant de cette espèce. Il observe la finesse du corps et du visage, la peau lisse et brune. Elle n'a pas la robustesse des femmes de son peuple. Le visage étroit et plat est étrange. Ses yeux saillants prennent beaucoup de place de chaque côté du nez, mince et long. Ils brillent dans l'obscurité. La femme a de la fièvre. Elle est épuisée. Elle tremble de fatigue et de peur. Elle craint pour sa vie et celle de son enfant. Aô pose délicatement ses armes à terre. Cette femme ne représente aucun danger pour lui. Ne devrait-il pas s'en aller en lui abandonnant la caverne ? Il trouvera bien un autre abri en attendant la décrue. Il n'a de toute façon pas l'intention de s'attarder ici. Cependant la présence de cette femme oiseau est une aubaine. N'est-ce pas là l'occasion d'en apprendre beaucoup plus sur les ennemis de son peuple ? Mais comment communiquer avec elle ?

Âki-naâ n'en peut plus. Rester debout est devenu une torture. Ses jambes sont molles. Pourquoi reste-t-il là sans bouger, à l'observer ? Il pourrait la tuer d'un seul geste. Pourtant, il ne manifeste aucune hostilité envers elle ou l'enfant.

Il continue de la dévisager fixement, ce qui la rend encore plus mal à l'aise. Elle n'ose pas soutenir son regard, de peur d'éveiller sa colère. Le bébé commence à s'agiter. Il a faim.

Cette situation insolite se prolonge. Âki-naâ lutte pour se maintenir debout. Elle perd peu à peu conscience du présent. Elle n'entend pas le bébé crier de plus en plus fort. Son corps se balance doucement. Son regard se perd dans le vague.

Aô se décide à intervenir. Il grogne sèchement à l'intention de la jeune femme en désignant l'enfant avec son bras tendu. Ce n'est qu'un grognement étouffé mais il résonne dans la petite caverne et ramène brutalement Âki-naâ à la réalité. Le bébé hurle à présent. Le regard plein d'effroi de la jeune femme croise celui de l'homme. Une nouvelle fois, elle ne lit aucune agressivité dans son regard. Elle voit le bras tendu vers le bébé. Elle obéit mécaniquement à cette injonction et se déplace lentement vers l'enfant qui gigote par terre.

Satisfait, Aô va s'asseoir à l'autre extrémité de la grotte. Lui aussi est très fatigué. Il bâille. Il aimerait bien s'allonger quelque part. Mais il est dans la partie basse de la grotte, partiellement inondée.

Il finit par trouver un endroit un peu moins humide. Il s'en contentera. Sans plus se soucier des deux autres occupants du lieu, il se couche en grognant de plaisir et s'endort paisiblement sous l'œil interloqué de la jeune femme.

Âki-naâ a pris son enfant dans ses bras. Ses seins gonflés de lait lui font mal. Le visage rouge d'avoir tant crié, affamé, le petit trouve enfin le téton nourricier. Dans sa précipitation, il boit trop goulûment, manquant de s'étouffer.

Âki-naâ n'a plus la force de réfléchir. Toutes ces émotions l'ont épuisée. Accablée de fatigue, elle n'a qu'une idée en tête, fermer les yeux, s'abandonner à son tour au sommeil.

On n'entend plus que les bruits de succion du bébé rythmés par la respiration profonde de l'homme. Enfin rassasié, l'enfant s'endort, bientôt imité par sa mère.

Âki-naâ se réveille la première. L'homme ours n'a pas bougé et dort tranquillement. L'esprit encore embrumé, elle se remémore pêle-mêle les derniers événements. Elle a faim et soif. Sa gourde est encore à moitié pleine et il lui reste un dernier morceau de viande séchée qu'elle mâche longuement. La hâte de son bébé à quitter son ventre a contrarié ses plans. Elle espérait atteindre le fleuve pour constituer une réserve de nourriture avant cette échéance. Perdue avec son enfant sur ce plateau désolé, affaiblie, désormais sans nourriture, à la merci de cette créature effrayante qu'elle hésite encore à qualifier d'être humain, sa situation est terriblement précaire. Mais elle a retrouvé un peu d'énergie en dormant. Elle luttera jusqu'à ses dernières forces. Elle doit profiter du sommeil de l'homme ancien pour lui échapper et chercher un autre abri.

Âki-naâ se lève sans bruit. Le bébé s'est réveillé et joue avec ses doigts contre sa poitrine. Elle attend que son vertige s'estompe un peu puis se dirige doucement vers la sortie. Elle doit enjamber le corps de l'homme. Au moment où elle passe au-dessus de lui, elle s'aperçoit que ses yeux sont ouverts et qu'il l'observe en silence. Terrifiée, elle se précipite vers la sortie de la grotte, heurtant son torse au passage avec son pied. Aô se contente de la suivre des yeux. Âki-naâ est persuadée qu'il va se jeter sur elle. Dans sa hâte, elle se cogne brutalement aux aspérités. Son cœur cogne dans sa poitrine. Le passage lui paraît interminable. Elle parvient enfin à la sortie. Elle n'entend aucun bruit derrière elle. Elle aspire goulûment l'air frais qui lui cingle le visage. Il pleut à verse. Désemparée, la jeune femme scrute l'horizon désertique. L'homme n'aura aucun mal à la rattraper. Il va sans doute sortir d'un moment à l'autre. Il faut qu'elle trouve une autre cachette. Frénétiquement, elle entreprend de fouiller le moindre recoin susceptible d'abriter une anfractuosité.

Il n'y a rien, pas le moindre trou où elle puisse se terrer, au mieux quelques abris ouverts à tout vent ! Ses vêtements sont déjà imbibés d'eau.

Elle a froid. C'est alors qu'elle l'aperçoit. Juché sur un rocher, il la regarde tranquillement. Elle fait mine de s'éloigner. Il ne bouge pas. Elle marche longtemps avant de se retourner. Il pleut toujours aussi fort. Le bébé réclame son lait.

Âki-naâ réalise qu'elle n'ira pas plus loin. Elle doit encore se reposer. Résignée, elle rebrousse chemin. L'homme a quitté son perchoir. Il est probablement retourné dans la grotte. Son attitude déconcerte la jeune mère. Pourquoi cette passivité ?

En attendant, la pluie redouble d'intensité. S'il avait voulu lui faire du mal, il l'aurait déjà fait. Il n'y avait aucune agressivité dans son regard, juste de la curiosité. Un accès de faiblesse l'oblige à s'asseoir quelques instants. Elle est trempée de la tête aux pieds. L'eau dégouline sur la tête du nourrisson qui proteste.

Vaincue, Âki-naâ regagne l'abri de la caverne.

L'homme s'est installé là où elle était auparavant ! Il dort tranquillement. La jeune femme n'en revient pas ! Non seulement il ne lui a fait aucun mal, mais il a attendu son départ pour prendre la meilleure place !

Aô avait d'abord accueilli avec un certain soulagement le départ de la mère et de son petit. Leur présence risquait d'attirer les hommes oiseaux. Mais la curiosité l'avait une nouvelle fois emporté. Où pouvait-elle aller avec ce nouveau-né ? Où était la famille de cet enfant ? Comment se nourrirait-elle ? Il n'y avait aucun être humain à des journées de marche ! Une femme ne pouvait pas vivre seule, encore moins avec un bébé !

Une fois sorti de la grotte, il avait suivi ses tergiversations d'un œil perplexe. Elle était manifestement à bout de forces. Comme lui, cette femme avait fui les hommes oiseaux. Sans doute avait-elle profité de l'agitation que lui-même avait provoquée. Pourquoi fuyait-elle ? Aô n'en avait aucune idée, mais ses raisons devaient être particulièrement impérieuses pour qu'elle se décide à partir seule, sur le point d'enfanter ! Il était évident que seule l'intervention d'un esprit puissant avait pu lui permettre d'arriver jusqu'ici. Cette femme appartenait sans doute à un autre clan qu'elle tentait désespérément de retrouver. Mais elle n'ira plus très loin. Il ne se fait pas d'illusion sur son sort. Si les hommes oiseaux ne la rattrapent pas rapidement, elle mourra de faim et d'épuisement ou dévorée par un animal. Il aurait peut-être dû la tuer. C'est le sort qui l'attend, de toute façon. Il a tout intérêt à ce que les hommes oiseaux continuent à le croire mort. Or, à cause d'elle, les chasseurs sauront qu'Aô est toujours en vie. Elle leur montrera sa cachette ou les remettra sur sa piste. Il grogne. Que cette femelle suive son chemin, Aô ne lui veut aucun mal ! Il ne ressent pas à son égard l'hostilité qu'il éprouve envers les hommes oiseaux. La perspective d'un possible affrontement avec eux ne l'inquiète pas outre mesure. Il va dormir encore un peu puis il s'en ira. Ils ne le rattraperont plus. Sans en avoir pleinement conscience, il ressent une vague compassion pour cette femelle solitaire et son enfant, un certain respect aussi, pour le courage hors du commun dont elle a fait preuve en décidant de fuir seule, dans son état.

Indécis, contrarié sans trop savoir pourquoi, il s'attarde quelques instants avant de se mettre à l'abri. Il se couche à l'emplacement abandonné par la jeune femme, nettement plus confortable que le sien. Rapidement, il sombre dans un sommeil réparateur.

Âki-naâ doit se contenter du coin de dalle occupé précédemment par l'homme. Elle essaie de ne faire aucun bruit, de crainte de le réveiller et de le mettre en colère. Elle aimerait tant qu'il s'en aille !

Elle nourrit son bébé affamé. L'angoisse ne la quitte pas. Même si ce monstre la laisse vivre, sa situation restera désespérée. Le peu qu'elle mange lui permettra de tenir quelque temps, mais aura-t-elle la force de marcher jusqu'au fleuve et de chasser ? Sans nourriture, son lait ne tardera pas à se tarir. Et si elle y parvient malgré tout, comment pourra-t-elle survivre, seule, au terrible hiver arctique ?

Sa lassitude est extrême. Elle somnole.

Aô dort longtemps. Son jeune corps récupère des épreuves des jours précédents et reconstitue ses forces. Ce sont les petits cris du bébé qui le réveillent. La femme est revenue. Elle lui jette un regard timide avant de baisser la tête. Curieusement, Aô se réjouit du retour de la jeune mère.

Il extirpe une truite de son sac, la coupe en deux et grogne. Âki-naâ lève les yeux et voit l'homme agiter le morceau de poisson en la regardant. Elle n'en croit pas ses yeux !

La plus grande confusion règne dans son esprit. Elle a très faim. Elle sait que la survie de l'enfant et la sienne dépendent peut-être de ce morceau de chair que l'homme lui tend.

Mais quel sera le prix à payer pour cette offrande ? Elle n'ose l'imaginer ! L'homme ours est seul. Il n'a pas de compagne. Quelles seront ses exigences ? Peut-être laissera-t-il vivre le petit ? Il ne semble pas avoir de mauvaises intentions à son encontre. N'est-elle pas prête à tout pour que son enfant vive ?

Aô s'impatiente. La femme ne veut-elle pas manger ? Comment espère-t-elle pouvoir continuer à nourrir son enfant si elle ne s'alimente pas ? A-t-elle mal interprété son geste ?

Âki-naâ le regarde s'approcher le cœur battant. De près il est encore plus impressionnant. Elle sent son odeur puissante. Ses longs bras épais sont nus. Ses muscles saillent sous sa peau velue. Il se penche vers elle. Son visage est tout proche du sien. Ses yeux ronds et profonds ne reflètent toujours aucune animosité, seulement de la curiosité, peut-être même de la gaieté. Il lui tend le poisson. Elle s'en saisit doucement. Il ne part pas immédiatement. Il regarde avec insistance le couteau. Âki-naâ n'a aucune envie de lui donner l'arme. Mais d'un geste vif, il s'en saisit et va s'asseoir à quelques pas.

La jeune femme mange lentement en observant l'homme à la dérobée. Il examine l'arme sous tous ses angles, comme s'il essayait de comprendre comment elle a été réalisée. Il n'a vraiment pas le comportement d'un animal.

Au fur et à mesure de son examen, son attitude change. Il gronde et serre les mâchoires. Une expression dure s'impose dans son regard. Âki-naâ sent son cœur cogner dans sa poitrine. Elle serre son petit tellement fort qu'il se met à hurler. Mais l'homme se contente de jeter le couteau à côté d'elle d'un air dédaigneux et regagne sa place.

Il s'assoit en face d'elle mais ne la regarde pas. Il continue de vociférer en gesticulant. Les traits de son visage se déforment au gré des sombres pensées qui traversent son esprit. La tension qui l'habite est palpable. Les grimaces se succèdent sur son visage comme les images d'une très longue histoire. La jeune femme est troublée. Elle s'étonne de ne plus avoir peur.

VI

Le jour et la nuit s'écoulent, identiques, rythmés par le martèlement lointain et monotone de la pluie sur les rochers formant la voûte de la petite caverne. L'eau s'insinue par les moindres interstices et ruisselle sur la dalle. Âki-naâ s'est déplacée pour trouver un endroit moins humide.

L'homme et la femme alternent les périodes de somnolence avec des phases de profond sommeil. Chacun profite de l'assoupissement de l'autre pour l'observer en silence. Parfois leurs regards se croisent quelques instants. Âki-naâ ne baisse plus les yeux.

Aô continue de partager sa nourriture avec la jeune femme.

Sa plaie à la hanche est correctement cicatrisée. Il se sent en pleine forme. Il a hâte que la pluie s'arrête pour s'en aller. La réserve de poisson diminue rapidement.

Ce matin, l'eau ne coule presque plus dans la caverne. Âki-naâ observe Aô. Comme chaque jour, il s'apprête à sortir se dégourdir sur le plateau. Mais cette fois, il a rassemblé ses maigres biens. En partant, il pose le dernier poisson à côté d'elle.

La pluie a cessé. Une brise légère chasse les nuages.

La jeune femme ne lui a pas fait part de ses intentions. A-t-elle décidé de rester ici ? Les hommes oiseaux ne trouveront peut-être pas la grotte. La rivière n'est pas très loin. Elle pourra pêcher. Aô n'a aucune raison de s'attarder davantage. Pourtant il semble indécis. Il scrute l'entrée de l'abri comme s'il espérait voir surgir la jeune femme. Mais elle ne vient pas. À contrecœur, il finit par s'éloigner lentement.

Âki-naâ devrait se réjouir du départ de l'homme ours. Mais ce n'est pas le cas. Elle se surprend même à espérer son retour, sans y croire vraiment. Elle l'a vu prendre ses affaires et poser ostensiblement le poisson sur le haut de la dalle. Il l'a abandonnée à son sort. Qu'espérait-elle donc ? Elle n'a pas manifesté de gratitude à son égard, seulement de la méfiance et de la peur. Il a partagé sa nourriture avec elle. Il l'a laissée tranquille. Il n'a même pas pris le magnifique couteau. Maintenant il lui cède la place ! Que pouvait-il faire de plus ?

La jeune femme s'en veut. Elle regrette de n'avoir pas cherché à communiquer. Il aurait peut-être consenti à ce qu'elle le suive jusqu'au fleuve.

Sans lui, elle serait sans doute morte de faim. En récupérant des forces, elle a repris espoir. Elle constate le vide laissé par son départ. Seule avec son enfant, la caverne lui paraît sinistre. En l'espace de quelques jours, elle s'était habituée à la compagnie de cet être taciturne. En partageant sa nourriture avec elle, il avait fait preuve de compassion à son égard. Elle ne doutait plus de l'humanité de cette créature d'apparence bestiale. Son calme et l'impression de force extraordinaire qui émanaient de lui la rassuraient. En sa présence, elle se sentait en sécurité.

L'angoisse la saisit à nouveau.

Elle réalise soudain qu'elle est peut-être en train de laisser échapper son unique chance de survie. Il ne doit pas être loin. Elle le suivra à distance. Elle s'affole. Il faut faire vite.

Ses jambes sont encore lourdes mais elle n'a plus de vertiges. Dehors, le soleil brille généreusement. Elle voit la silhouette trapue de l'homme ours se dessiner nettement vers le couchant. Par chance, il a pris la direction qu'elle aussi doit suivre. Sans hésiter, elle s'élance sur ses pas.

Soudain, des cris retentissent. Son sang se glace dans ses veines. Les hommes oiseaux sont derrière elle, trois hommes qui avancent rapidement entre les rochers. Ils l'ont vue et pointent leurs doigts dans sa direction en hurlant. Âki-naâ n'a pas beaucoup d'avance. Elle ne leur échappera pas. Apparemment ils n'ont pas encore repéré l'homme ours. Il faut qu'elle les amène jusqu'à lui pour le contraindre à les affronter. Avec l'énergie du désespoir, elle court dans sa direction.

Aô est déjà loin mais il a entendu les éclats de voix. Les hommes oiseaux n'ont pas relevé sa présence. Ils n'ont d'yeux que pour leur proie. Ils sont trois. Ils ne forcent pas l'allure, convaincus que la femme ne peut plus leur échapper. Âki-naâ redouble d'ardeur. Elle n'a pas la prétention de distancer ses poursuivants mais elle a vu qu'Aô s'était arrêté. Elle a conscience de mettre la vie de l'homme en péril. Mais c'est sa seule chance de leur échapper.

Aô a compris son manège. Il voit la jeune femme courir vers lui. En partant tout de suite, il sait qu'il a suffisamment d'avance pour s'esquiver et éviter le combat. Il n'a rien à craindre pour peu qu'il ne tarde pas trop. Pourtant il ne bouge pas. La scène qui se joue derrière lui ne le laisse pas indifférent. Les hommes oiseaux sont ses ennemis. Il n'a pas tellement envie de fuir devant eux.

Âki-naâ n'en peut plus. Elle a l'impression qu'Aô est toujours aussi loin. La gorge en feu, hors d'haleine, elle est au bord de l'asphyxie. Le bébé, secoué par cette course folle, proteste en s'égosillant. Le sol est jonché de cailloux. Elle trébuche une fois, deux fois, tente de conserver son équilibre mais, ne pouvant utiliser ses bras pour se rattraper, chute lourdement vers l'avant. Elle roule sur le côté pour protéger son enfant. Les chasseurs la rejoignent avant qu'elle ne puisse se relever. Ils n'ont toujours pas vu Aô, tapi derrière un repli de terrain, à peine à deux portées de sagaie. Ils tournent autour d'elle en ricanant.

Âki-naâ se redresse. Une rage froide l'habite. Elle vendra chèrement sa peau. Ils ne l'auront pas vivante. Son bébé maintenu d'une main contre sa poitrine, elle les menace de l'autre avec son poignard. Son air farouche et déterminé lui procure un court répit qu'elle met à profit pour retrouver son souffle. Les trois hommes gardent leurs distances. Ils se méfient de cette femelle enragée qui se comporte de façon aussi invraisemblable. Qu'une femme, de surcroît sur le point d'accoucher, ait osé affronter la solitude et le monde hostile, et qu'elle ait survécu si longtemps, dépasse leur imagination !

Maintenant, au lieu de supplier qu'on épargne sa vie, elle les défie !

Ils ne peuvent se départir d'un certain respect pour son incroyable courage. Elle ressemble si peu aux femelles soumises qu'ils côtoient ! Est-elle seulement une femme ? Ses yeux sont pleins de fureur. Ce sont les yeux d'une louve.

Ils ont reçu l'ordre de la ramener vivante. Ils ont tout leur temps. Pour l'instant, ils se contentent de l'observer comme s'ils redoutaient quelque chose, peut-être l'intervention du puissant esprit qui protège cette femme belliqueuse.

Âki-naâ regarde dans la direction empruntée par l'homme ours. Une petite butte masque l'horizon et elle ne le voit plus. Il est sans doute déjà loin. Pourquoi l'aurait-il attendue ? Son plan a échoué. Sa fuite désespérée s'achève ici. Une rage démentielle, à la mesure de son impuissance, s'empare d'elle, balayant l'épuisement et la peur. Avec une vigueur insoupçonnée, elle se jette brusquement sur l'homme le plus proche et frappe de toutes ses forces. La pointe dure perce l'épais vêtement et pénètre profondément dans son ventre. Son sang se répand rapidement. Incrédule, l'homme la regarde d'un air étonné tandis qu'elle arrache violemment le couteau de la plaie. Elle lève la main pour frapper une nouvelle fois. Mais l'un des deux autres chasseurs a réagi. Il attrape son bras et le tord brutalement, l'obligeant à lâcher l'arme. Le troisième tente de lui arracher le bébé. En se débattant de toutes ses forces, Âki-naâ réussit à se dégager. Elle reprend sa course folle. Les deux hommes se ruent derrière elle en hurlant. Elle sent leur souffle dans son dos.

Aô a suivi toute la scène. La vaillance de la jeune femme l'impressionne. Il se réjouit de la tournure des événements. Elle passe à côté de lui sans le voir. Les deux chasseurs sont sur ses talons. Mais ils ne rattraperont jamais la jeune femme. Leur appréhension était justifiée. Comme par magie, Aô surgit devant eux en hurlant férocement. Emporté par son élan, le premier des poursuivants le percute brutalement. Solidement planté au sol, Aô encaisse le choc sans broncher. D'une main, il attrape l'homme par le bras, de l'autre il lui assène un coup brutal avec une pierre qu'il a ramassée.

L'homme s'effondre, le crâne défoncé. Le troisième individu, le seul encore valide, s'est arrêté à quelques pas. Effaré, il tarde à réagir. Aô en profite pour ramasser son épieu. Projeté presque à bout portant, il transperce sa poitrine de part en part.

Âki-naâ a suivi les péripéties du terrible affrontement qui n'a duré que quelques instants. Soudain, elle voit le chasseur qu'elle a blessé grièvement se dresser péniblement derrière Aô. Elle ouvre la bouche pour hurler une mise en garde. Aô a senti la présence de l'homme. Au moment où il se retourne, une pierre le frappe sèchement au front. Ébranlé par le choc, la vue brouillée, il sent une douleur fulgurante lui traverser la cuisse. Une seconde pierre heurte sa tempe. Le garçon sent ses jambes se dérober sous lui. Il sombre dans l'inconscience et chute lourdement en arrière.

Malgré le sang qu'il perd en abondance et la mort qui plane déjà au-dessus de lui, l'homme oiseau esquisse une grimace de triomphe.

Il ramasse la sagaie de l'un de ses compagnons et se dirige vers Aô pour l'achever. Il marche très lentement. Chaque pas lui arrache un grognement de douleur. Il veut être sûr de frapper au cœur car il sent qu'il n'aura pas la force de le faire une seconde fois.

Accablé de souffrance, aveuglé par la haine qui le maintient en vie, il ne prête pas attention à la jeune femme venue se placer juste derrière lui. Elle soulève le pesant gourdin d'Aô le plus haut possible et l'abat sur la tête de l'homme. Elle manque légèrement sa cible. La massue heurte la tempe droite du blessé, écrasant l'oreille avant de rebondir lourdement sur son épaule. Le choc est rude. Le manche trop épais vibre douloureusement entre ses mains. L'arme lui échappe. Le coup n'est pas mortel mais suffit à déséquilibrer le blessé. Il tombe à genou. La brutalité du choc lui a fait lâcher la sagaie. Âki-naâ ramasse prestement la massue. Cette fois la position basse de l'homme lui permet de mieux viser et de frapper beaucoup plus fort. Il n'a pas le temps de se retourner. Le coup, porté au sommet du crâne, interrompt brutalement son hurlement de douleur et de rage. En proie à une véritable hystérie, Âki-naâ s'acharne sur le corps sans vie.

Ce n'est que lorsque son bras refuse de lui obéir qu'elle s'arrête, haletante. Hébétée, elle contemple l'œuvre de sa fureur. La tête de l'homme n'est plus qu'un amas de chair et de sang. Le visage n'existe plus. Prise de tremblements convulsifs, Âki-naâ reste prostrée un long moment, les yeux absents.

Elle a tué un homme. Elle s'attend à encourir la colère des esprits. Pour les siens, celui qui prend la vie d'un être humain est passible de graves sanctions car il expose le clan à la rancune du mort, de sa famille et de leurs esprits apparentés.

Des rites compliqués et aléatoires doivent être mis en œuvre pour apaiser cette légitime colère en tenant compte des exigences de la famille du défunt qui peuvent aller jusqu'à réclamer la mise à mort de l'auteur des faits. C'est au chaman qu'il appartient d'évaluer les forces en présence et de tenter d'apaiser le courroux des esprits.

La jeune femme essaie de raisonner. Elle se dit qu'elle a tué pour défendre sa vie et celle de son enfant. Mais le chasseur était blessé à mort. Il ne pouvait rien contre elle. Il lui suffisait de partir avec son enfant. Elle a agi pour préserver la vie de l'homme ours. La frénésie meurtrière dont elle a fait preuve l'effraie.

Son regard se porte sur les corps qui gisent dans leur sang. Aô vit encore. Elle voit sa poitrine se soulever régulièrement. Le côté gauche de son visage est très enflé. L'œil disparaît presque entièrement sous les boursouflures violacées.

La pointe de l'épieu est restée fichée dans sa cuisse. Un filet de sang s'écoule de la blessure. Âki-naâ réussit à briser la hampe de l'arme. L'homme gémit. Elle décide de traîner le corps jusqu'à la caverne. Son poids est impressionnant. Elle s'arc-boute au sol et tire de toutes ses forces. Il semble rivé au sol. Elle s'acharne, sourde aux braillements de son bébé affamé, attaché sur son ventre. La tête de l'homme heurte les cailloux. Il geint faiblement.

Survivra-t-il à un tel traitement ?

Elle doit se dépêcher. Dès la tombée de la nuit, alertées par l'odeur du sang qu'elles perçoivent à des distances fabuleuses, les hyènes vont rappliquer. Elle poursuit son effort, ne s'accordant que de courtes pauses pour reprendre son souffle et reposer ses bras.

Il fait de plus en plus sombre. Elle n'est qu'à mi-distance entre le lieu du combat et l'entrée de la grotte lorsqu'elle aperçoit les yeux des grands charognards briller dans l'obscurité. Silencieusement, ils ont formé un cercle qui se resserre lentement autour des cadavres des hommes oiseaux.

Affolée, Âki-naâ est tentée d'abandonner Aô. Il ne bouge plus. Il est peut-être mort. Elle a fait ce qu'elle a pu pour lui. Mais elle ne peut s'y résoudre. Elle lui doit la vie. Alors qu'il pouvait tranquillement s'éclipser, cet être étrange, qui grogne comme un ours, s'est résolu à affronter trois hommes pour la sauver. Malgré sa force, il ne pouvait ignorer que la mort était l'issue probable de ce combat inégal !

Homme ancien, esprit ou animal, peu importe ! Âki-naâ ne laissera pas les hyènes le dévorer.

Elle dispose d'un sursis. Pour l'instant, ils ne s'intéressent pas à elle. Dans un concert de claquements de mâchoires et d'os brisés, entrecoupé de ricanements stridents, les hyènes ont entamé leur festin. Âki-naâ redouble d'ardeur. Pas après pas, elle s'approche de son objectif.

Alors qu'elle s'apprête à se glisser sous les rochers, un grand mâle s'enhardit dans sa direction. Elle lâche un instant le corps inerte et se dresse devant lui en criant. L'animal recule un peu. Elle ramasse une pierre et la jette vivement vers lui. Touchée au museau, l'hyène se replie prudemment. Âki-naâ en profite pour tirer Aô à l'intérieur du passage. Elle l'abandonne quelques instants pour aller mettre son bébé à l'abri dans la grotte afin d'être plus libre de ses mouvements. À son retour, elle voit la bête se profiler dans l'ouverture. Elle sent son odeur nauséabonde. Les vociférations de la jeune femme et les pierres qui s'abattent sur elle la contraignent une nouvelle fois à battre en retraite. Âki-naâ ne perd pas de temps. D'autres hyènes ont rejoint leur congénère. Elle entend leur souffle et distingue les silhouettes massives qui défilent devant l'entrée. Heureusement, une seule à la fois peut pénétrer dans le tunnel. Elle tire et pousse, s'efforçant de préserver la tête de l'homme inanimé des chocs contre les rochers. Malgré la fraîcheur de la nuit, la sueur ruisselle sur son visage. Elle parvient à franchir le passage le plus étroit. À l'aide des nombreux fragments de roche qui jonchent le sol, elle obture tant bien que mal la voie derrière elle. Après quelques incursions, les hyènes renoncent à ces proies. Elles retournent s'acharner sur les restes des trois hommes oiseaux.

Exténuée, Âki-naâ atteint enfin le seuil de la petite grotte où résonnent les cris rageurs du bébé. Le vêtement de l'homme ours a été arraché par les arêtes rocheuses. Il est entièrement nu. La vie est toujours en lui mais sa respiration est saccadée. L'œil gauche de l'homme disparaît dans la boursouflure de la partie de son visage percutée par une des pierres. Elle palpe doucement sa tête pour déceler une éventuelle fracture. L'homme gémit mais son crâne est intact.

Rassurée, la jeune femme extrait d'un geste vif la pointe en silex profondément enfoncée dans la cuisse. Le sang ruisselle. Elle coupe un morceau de son propre vêtement et l'applique fermement sur la plaie. Elle contemple le corps de l'homme blessé, ses muscles noueux, ses longs bras aux articulations épaisses. Elle ne le trouve plus aussi monstrueux. Le pelage est plutôt soyeux et ne recouvre pas entièrement le corps. La peau est un peu plus claire que la sienne. Le sexe de l'homme est semblable à celui des autres hommes. Lorsque le saignement s'atténue un peu, elle va chercher la grande fourrure blanche en lambeaux et le sac d'Aô restés dans le passage. Elle sectionne la bandoulière et l'utilise pour ligaturer le pansement sur la plaie.

Puis la jeune femme recouvre délicatement le corps du blessé avec la peau de l'ours. L'homme ouvre les yeux et la dévisage quelques instants en silence avant de les refermer.

Le bébé continue de réclamer son dû. Après l'avoir nourri, elle ne tarde pas à s'endormir, exténuée. C'est la faim qui la réveille. Tout son corps est endolori. L'homme gît toujours à la même place.

Âki-naâ laisse couler un filet d'eau entre ses lèvres. La gourde sera bientôt vide. Avec l'arrêt de la pluie, les ruisseaux se sont taris. Il va falloir qu'elle parte à la recherche d'eau et de nourriture. En attendant, elle s'occupe de son petit qu'elle a négligé ces derniers temps. Entre deux tétées, elle somnole. Ce n'est que lorsqu'elle a bu la dernière goutte d'eau qu'elle se résout à partir.

Le jour est levé depuis longtemps. Les hyènes sont parties. Seuls les crânes et quelques os épais ont échappé à leurs puissantes mâchoires. Un couple de renards blancs dispute aux grands corbeaux noirs les rares lambeaux de chair oubliés. Âki-naâ récupère son couteau et la sagaie de l'un des chasseurs tués par Aô. Elle marche dans la direction qui devrait la mener au fleuve. Le bébé dort paisiblement, bercé par le pas de sa mère.

Le soleil a disparu derrière l'horizon lorsqu'elle parvient au bord du canyon où s'était arrêté Aô. Elle passe la nuit sans dormir dans les plus hautes branches d'un vieux pin planté à mi-pente dans la rocaille. Au moins est-elle à l'abri des bêtes féroces dont elle entend les cris !

À l'aube, des animaux viennent boire dans les petites vasques du torrent. Les premiers sont une maman ours avec ses petits. Âki-naâ rit en voyant les deux oursons chahuter dans l'eau sous l'œil indulgent de leur mère. Ils cèdent la place à un renard furtif. Puis c'est au tour d'une harde d'antilopes de s'approcher timidement de la rivière. Les mères essaient tant bien que mal d'encadrer leur progéniture en les poussant vers le cours d'eau. Elles n'ont pas repéré Âki-naâ. Elle descend par paliers, se dissimulant derrière le tronc. Elle sait qu'elle n'a pas beaucoup de temps. Les craintifs animaux ne vont pas s'attarder.

Une branche craque légèrement. C'est plus qu'il n'en faut pour provoquer la débandade. Un très jeune faon est resté en arrière. Désorienté, il hésite quelques instants. Sa mère l'appelle à grands cris. Âki-naâ se laisse glisser le long du tronc rugueux. Le petit faon l'a vue. Il se décide enfin à sortir de l'eau. Il n'ose pas rejoindre sa mère car l'inquiétant bipède lui barre le passage. Il émet une longue plainte angoissée et s'élance dans la direction d'où émanent les appels.

Âki-naâ retient sa respiration et jette la sagaie dans sa direction. L'arme, lancée maladroitement, ricoche sur son dos. Mais le coup suffit à le faire choir sur son arrière-train. Âki-naâ ne lui laisse pas le temps de se relever. Elle bondit vers lui et l'achève à coups de pierres. L'antilope est toujours là et continue d'appeler son petit. Âki-naâ s'émeut de la détresse de la jeune mère. Elle prononce les paroles rituelles des chasseurs. Elle demande pardon à l'esprit du faon d'avoir pris sa vie.

L'animal n'est pas très lourd. Elle n'a aucun mal à le hisser sur ses épaules. Cette viande redonnera des forces à l'homme ours. Elle rit.

Elle est de retour à la caverne à la tombée de la nuit. Aô est toujours en vie. La sueur inonde son visage. Sa peau est brûlante. Il est conscient. Ses yeux brillants se posent sur elle. Il boit goulûment l'eau qu'elle fait couler dans sa bouche. Âki-naâ observe la plaie à la cuisse. La plaie suppure. Mais elle ne sent pas l'odeur qui annonce la mort. L'homme ours est jeune. Il survivra.

Sa soif apaisée, l'homme ferme les yeux et retourne à sa léthargie. Par moments, il s'agite sur sa couche pour affronter des ennemis invisibles. Il ouvre les yeux chaque fois qu'Âki-naâ vient lui donner à boire. Pour plus de commodité, elle s'est installée à côté de lui. Après plusieurs jours, la fièvre décroît lentement.

Aô se sent mieux ce matin. Il parvient à mouvoir délicatement sa jambe raide et douloureuse. Il essaie de se lever mais doit renoncer car la douleur est trop forte. Il se recouche avec d'infinies précautions. Il est encore très faible. Il revit les péripéties du combat avec les hommes oiseaux.

Il n'est pas parti lorsque les hommes oiseaux sont arrivés. Il s'est comporté comme si la femme et l'enfant avaient appartenu à son clan. Il renonce à comprendre pourquoi. Malgré sa blessure, il est content. Il regarde longuement Âki-naâ, recroquevillée à côté de lui, le corps lové autour de son petit. Ils dorment paisiblement.

Il était à la merci du troisième chasseur. Seule l'intervention de cette femme peut expliquer le fait qu'il soit toujours en vie. Il mesure l'opiniâtreté dont elle a dû faire preuve pour le traîner jusqu'ici. Une odeur de viande fraîche flatte ses narines, provoquant un cataclysme dans son estomac vide.

Le bébé s'agite. Il tente furieusement de s'extirper de sa prison de bras et de fourrure. Sa petite tête rouge pointe et son regard aveugle se pose sur le garçon qui l'observe. Il cherche son pouce mais chaque fois qu'il est sur le point d'y arriver, il le perd. Délicatement, Aô saisit la minuscule main entre ses gros doigts et l'approche de la bouche du bébé. Âki-naâ se réveille brusquement. Elle a un mouvement de recul en voyant l'homme ours penché sur elle. Aô retire aussitôt sa main et s'écarte pour lui laisser la place, conscient de l'effroi qu'il a lu dans ses yeux. Âki-naâ veut dissiper la gêne qui s'est instaurée entre eux. Elle lui tend son bébé à bout de bras avec un sourire engageant pour l'inciter à le prendre. Intimidé, Aô saisit gauchement l'enfant. Nullement impressionné, le bébé se met à triturer le visage encore tuméfié de l'homme. Aô gronde. Le bébé lui répond par de grands sourires ponctués de gazouillements de satisfaction.

L'homme pousse quelques grognements qui font la joie du petit. Âki-naâ rit.

Aô se réjouit de son alliance avec cette femme. Il remercie mentalement les esprits qui ont organisé cette rencontre insolite.

Désormais, la femme et son petit sont sous la protection d'Aô. Lorsqu'il aura suffisamment récupéré, il chassera pour eux.

Mais la blessure est profonde et l'homme sait qu'il devra patienter encore de nombreuses journées avant de retrouver toute sa mobilité.

Âki-naâ l'observe avec attention. Elle se rend compte qu'il est encore très jeune !

Il lui tarde de connaître l'histoire de sa vie et de savoir où se trouve le mystérieux territoire de son clan, peuplé de grands animaux à l'épaisse fourrure blanche. Elle essaie de l'interroger.

Aô la regarde s'agiter en écoutant les sons incompréhensibles qui sortent de sa bouche.

La jeune femme s'impatiente. Elle répète plusieurs fois son nom en articulant les syllabes et en montrant sa poitrine.

« Â-ki-na…â »

Il a beau tenter d'imiter le mouvement de bouche de son interlocutrice, Aô n'arrive pas à prononcer le son « i ». Il a aussi du mal à associer les trois syllabes.

« Aâ…kaaa »

Mais la jeune femme est ravie de ses efforts et se contente visiblement de ce résultat. Elle manifeste bruyamment sa joie en tapant des mains sur ses cuisses. Encouragé, le garçon lui indique son propre nom ou du moins celui qu'elle pourra lui donner, le nom des anciens hommes.

« Aô »

Ainsi, ils ont aussi des noms ! C'est facile à prononcer !

« Aô ! »

Avec force gestes, elle lui demande :

– D'où viens-tu Aô ?

La jeune femme se méprend sur son silence.

Elle se dit qu'elle doit faire preuve de patience. Si leur association se prolonge, elle aura le temps de lui apprendre des rudiments du langage de son clan.

Aô a très bien compris. Mais comment lui répondre sans évoquer le sort tragique des siens ? Pour faire revivre tous les événements qui l'ont conduit jusqu'ici, Aô doit attendre d'avoir retrouvé toute sa capacité de se mouvoir.

En attendant, il mange avec appétit et s'astreint quotidiennement à des exercices et à des séances de marche de plus en plus longues.

Âki-naâ est retournée chasser plusieurs fois sur les berges du torrent. Grâce aux pièges qu'elle a tendus dans la végétation qui borde certaines parties moins escarpées du rivage, elle ne revient jamais bredouille. Aujourd'hui, le panier qu'elle a confectionné est rempli de baies et deux canards sont suspendus à une perche qu'elle porte sur son épaule.

Âki-naâ aperçoit Aô qui marche dans sa direction. De sa blessure, ne subsiste plus qu'une légère claudication. Le garçon la soulage du poids des deux oiseaux et du panier. Elle se réjouit de voir qu'il a retrouvé l'usage de sa jambe. Sans l'avouer, les longues marches à travers le plateau avec les fardeaux que constituent le bébé, de plus en plus lourd, qu'elle est contrainte d'emmener pour pouvoir l'allaiter, l'eau, le gibier et le fruit de ses cueillettes, l'épuisent. Elle passe le reste du temps à dormir pour reprendre des forces avant l'expédition suivante ! Elle a désormais hâte que l'homme prenne le relais pour pouvoir récupérer et consacrer plus de temps à son petit.

Aô s'agite à ses côtés pour capter son attention. Il a posé son chargement et lui fait signe de s'arrêter. Aujourd'hui, il veut répondre à sa question. Elle ne comprend pas tout de suite ses intentions. Les yeux du garçon se plongent dans les siens, comme s'il voulait l'inviter à l'accompagner quelque part, à pénétrer dans un monde inconnu. Ses premiers gestes sont un peu lents, suspendus à travers l'espace. Cela fait longtemps qu'il n'a plus dansé et sa cuisse, bien que correctement guérie, a conservé une certaine raideur. Mais, peu à peu, son corps retrouve sa souplesse et sa puissance évocatrice. Ses bras, ses jambes, ses mains, ses yeux, sa bouche, son corps tout entier se mobilise pour faire revivre l'histoire des premiers hommes qui se sont installés aux abords de la toundra.

Âki-naâ connaît les danses rituelles pratiquées au sein de son clan. Mais elle n'a jamais vu une telle danse !

Les gestes se multiplient, tantôt lents, tantôt rapides, ponctués de grognements, donnant vie à des êtres différents qui se succèdent.

Elle voit les anciens hommes, les femmes, les enfants, les vieux.

Ils marchent fièrement le long du fleuve et s'aventurent loin dans la toundra derrière les chevaux, les bisons et les rennes, plus rarement les gigantesques mammouths. Ils sont nombreux et les chasseurs ne rentrent pas bredouilles. Avec eux, elle passe l'hiver dans les vallées abritées où vivent aujourd'hui les hommes oiseaux. Elle participe aux cueillettes et se gave de miel et de baies sucrées.

Elle subit l'arrivée des hommes oiseaux. Ils s'installent à leur tour dans les vallées. Ils ne comprennent pas les gestes et les grognements des anciens hommes. Peut-être n'ont-ils aucune envie d'essayer de les comprendre. Ils sont belliqueux et féroces. Ils profitent de l'absence des chasseurs pour tuer des femmes, des vieillards, des enfants, pour surprendre un ou deux hommes isolés.

Elle participe à l'errance du clan. Elle ressent, elle aussi, le froid et la faim. Elle les voit mourir les uns après les autres. Aô s'attarde sur le formidable combat mené par son père contre l'ours blanc. Il ne reste plus que lui. Elle comprend qu'il est revenu sur l'ancien territoire de son peuple et qu'il cherche ceux qui ont survécu. Elle s'étonne de la facilité avec laquelle elle interprète les événements mimés par son compagnon.

Elle revit l'incursion de l'homme ours dans le camp des hommes oiseaux. Elle suit Aô dans sa fuite à travers les gorges et disparaît avec lui dans les entrailles de la terre.

La jeune femme est émue. Elle compatit au sort tragique des anciens hommes. Songeuse, elle s'attarde parmi eux. Elle voudrait exprimer son sentiment, encourager Aô, lui dire que ceux de son peuple ne sont pas comme les hommes oiseaux, qu'ils ne tuent pas leurs semblables. Mais ses gestes sont gauches. Ils n'ont pas le pouvoir d'évocation de ceux de son compagnon.

Elle essaie néanmoins de lui faire comprendre qu'elle aussi a fui les hommes oiseaux, qu'elle compte retrouver son clan, en bordure d'un grand lac, au pied des montagnes qui touchent le ciel. Avec anxiété, elle lui demande s'il va par là.

Aô acquiesce. Il répond qu'il accompagnera la femme jusqu'au territoire des siens. Il chassera pour elle et les nourrira, elle et son petit. Il les protégera de la fureur des hommes oiseaux et de l'avidité des prédateurs.

Un immense soulagement envahit la jeune femme. Les mots qui expriment la gratitude sont sur ses lèvres mais elle ne dit rien. Aô ne connaît pas ces mots. Ils cheminent silencieusement jusqu'à la caverne. Elle réalise soudain à quel point elle est épuisée. Avec délice, elle s'allonge sur sa couche. Elle n'entend plus que la paisible respiration de son enfant qui dort sur sa poitrine. Pour la première fois depuis son départ, elle s'abandonne sans réserve au sommeil.

VII

Aô et Âki-naâ cheminent tranquillement le long du fleuve qu'ils ont atteint la veille. Cela fait longtemps qu'ils ont quitté leur refuge sous les rochers. Il fait chaud. C'est le cœur de l'été. Les grands troupeaux d'herbivores sont partis vers le nord se soustraire un peu aux myriades d'insectes et profiter du retrait de la neige pour brouter le lichen et les graminées qui tapissent la steppe nordique.

La faune est suffisamment abondante et variée autour du fleuve pour assurer leur subsistance. Les berges abritent plusieurs espèces d'oiseaux ainsi que des petits mammifères. On y trouve aussi certaines plantes comestibles, sous forme de feuilles, de racines et de baies.

Ils avancent lentement, profitant de cette relative abondance pour ne pas s'encombrer de provisions, se nourrissant au jour le jour au gré des opportunités et n'hésitant pas à s'arrêter de longs moments pour nettoyer les vêtements du petit et lui permettre de se dégourdir et de barboter dans les petites vasques des torrents réchauffées par le soleil.

Plus tard, ils chercheront un abri pour passer la mauvaise saison. Il sera encore temps d'accumuler des réserves pour deux personnes.

Âki-naâ est joyeuse. Elle ne manque pas de lait. Son bébé grandit à vue d'œil.

Pour échapper au harcèlement des moustiques, très nombreux aux alentours du fleuve et des marécages qui s'étendent parfois sur ses berges, ils s'enduisent de boue mélangée à de la graisse animale.

La nudité de la jeune femme ne semble pas éveiller le désir du garçon. En toute occasion, il maintient ses distances.

Âki-naâ est partagée entre le soulagement et le dépit. Elle a conscience de ses attraits, de son corps robuste, de sa vivacité, de son entrain et de sa dextérité dans l'accomplissement des tâches dévolues aux femmes, qui la rendent désirable aux yeux des hommes de son clan. Bien des femmes auraient souhaité partager la couche d'Atâ-mak, le père de l'enfant qu'elle a mis au monde !

Elle s'étonne de l'apathie d'Aô. À cet âge, les garçons sont pleins de sève et manifestent généralement beaucoup d'intérêt pour les filles ! Âki-naâ n'a peut-être pas, pour lui, l'attrait des femmes de son peuple ! Ou alors doit-elle y voir un témoignage de respect à son encontre ?

Elle a pourtant du mal à imaginer tant d'égards de la part de cet homme fruste et primitif qui n'aurait aucun mal à la contraindre et dont les exigences seraient par ailleurs parfaitement justifiées !

N'est-il pas désormais l'homme qui la nourrit et la protège, elle et son enfant ?

Parfois, elle sent qu'il l'observe longuement, en silence. Elle se surprend à guetter un signe ou une attitude qu'elle puisse interpréter comme une invitation, une marque d'envie. Un peu dépitée, elle ne lit rien d'autre dans son regard que de la curiosité.

Elle se rend compte qu'elle ignore tout des coutumes des siens, de leur comportement et des relations qu'ils entretiennent entre eux.

Mais ces considérations plus ou moins conscientes ne l'affectent pas vraiment. Même au rythme où ils progressent, quand ils s'arrêteront pour passer la mauvaise saison, ils ne seront plus très loin du territoire du clan. Lorsque la neige aura fondu à nouveau, il leur faudra moins d'une lune pour rejoindre le territoire de son clan. L'évocation de cette perspective encore lointaine la réjouit. La présence rassurante de l'homme ours à ses côtés renforce ses certitudes. Sous sa protection, rien ne peut lui arriver. Les hommes oiseaux ont probablement abandonné la poursuite. Ils attendent sans doute encore le retour des trois chasseurs envoyés à sa recherche sur le plateau ! Comment pourraient-ils imaginer une alliance entre elle et l'homme ours, alors qu'ils ignorent qu'il est toujours en vie ? Ou encore qu'une femme seule, de surcroît enceinte ou affaiblie par la maternité, soit capable de tuer des chasseurs aguerris ?

Âki-naâ et Aô ont pris soin d'effacer toute trace de leur passage. Il est peu probable qu'ils découvrent jamais les restes des trois chasseurs réduits à quelques fragments osseux soigneusement enfouis sous les pierres ! Leur disparition restera un mystère ! Ils finiront par conclure que la jeune femme est morte car aucun d'eux ne serait capable de concevoir la survie d'une femme seule au-delà de quelques jours. Âki-naâ jubile en se représentant la fureur et la perplexité de ces hommes cruels. Ils n'ont pas fini de s'interroger et d'interpeller les esprits à propos de cet événement inexplicable !

Aô et Âki-naâ parviennent maintenant à communiquer en utilisant un jargon rudimentaire qu'ils inventent au jour le jour en associant des sonorités à des gestes extraits de leurs langages respectifs.

Chacun tente de pénétrer à sa façon dans le monde inconnu de l'autre, mystérieux et parfois incompréhensible, mais aussi étonnamment semblable. Ils prennent conscience que le gouffre qui semble les séparer n'est pas aussi profond qu'ils le croyaient.

Aô est impressionné par l'habileté et les compétences de sa compagne. Certaines des techniques dont elle use sont cependant voisines de celles utilisées par les siens.

Les procédés de conservation des aliments auxquels ils ont recours sont les mêmes. Les substances qu'ils utilisent pour traiter les peaux et les rendre imputrescibles sont de nature comparable.

Bien que ne disposant pas de la totalité des connaissances précises accumulées par les siens au cours des générations, Aô compense cette carence relative par une curiosité et une faculté de mémorisation au moins égales à celles de sa compagne. L'un et l'autre se réfèrent respectivement à un système de classification complexe qui leur est propre, au sein duquel les choses animées et inanimées appartenant à leur environnement trouvent leur place. Par contre, Aô s'est vite rendu compte qu'il ne pouvait rivaliser avec la dextérité manuelle de sa compagne. En dépit d'une pratique jusque-là limitée à la confection de certains objets destinés à l'usage des femmes, ses aptitudes à la taille de la pierre et de l'os lui permettent de réaliser des armes ou des outils affectés à des fonctions diverses et précises. Quelques manipulations ont suffi à convaincre le garçon que leur fragilité n'était qu'apparente et que leur finesse n'enlevait rien, bien au contraire, à leurs performances, largement équivalentes, voire supérieures, à celles de ses propres réalisations, beaucoup plus laborieuses et généralement polyvalentes. Pourtant la jeune femme paraît souvent insatisfaite de son œuvre, comme si elle cherchait autre chose que son seul aspect utilitaire, une finalité esthétique qui échappe encore à son compagnon.

Aô est captivé par les gestes avec lesquels cette femme semble imposer sa volonté à la matière, parvenant à faire surgir de la pierre et de l'os des lames acérées, des pointes et des fines épingles dont elle se sert pour fermer les vêtements. À chaque réalisation correspond un usage particulier.

La jeune femme n'est pas avare de sa science. Elle ne montre aucun mépris pour les œuvres plus rudimentaires de son compagnon dont elle n'a pas manqué de relever l'efficacité et parfois l'originalité. Elle manifeste beaucoup d'intérêt pour la fabrication des *bolas*, sortes de boules façonnées dans la roche, patiemment piquetées jusqu'à l'obtention d'un volume proche de la sphère, qui, reliées entre elles par des lanières en cuir, deviennent des armes redoutables, capables d'enrayer la course d'un herbivore à distance.

Âki-naâ apprend à son compagnon la technique du nœud coulant utilisée par les hommes de son clan pour piéger le petit gibier. Aô découvre aussi comment entrelacer les rameaux de saules pour confectionner de solides récipients destinés au transport de la nourriture.

Le garçon a été très impressionné par la pierre à feu qui provoque une gerbe d'étincelles lorsqu'on la heurte contre un rognon de silex.

Il ignorait que le feu se cachait aussi dans la pierre.

Aô est capable de faire naître le feu. Mais c'est une opération fastidieuse qui consiste à échauffer du bois par friction en faisant tournoyer un bâton au creux d'un morceau de bois plus tendre jusqu'à l'obtention de minuscules braises. Souvent elles s'éteignent et il faut recommencer. Dès leur plus jeune âge, les anciens hommes sont initiés à cette méthode.

Pendant l'hiver, les feux brûlent sans interruption dans les camps. Le feu est l'objet de toutes les attentions de la part des anciens hommes. C'est un membre du groupe à part entière. Sa nourriture préférée est le bois mais il s'accommode des bouses ramassées dans la toundra. Il peut aussi se contenter de la graisse des animaux. Aô se souvient de l'angoisse des anciens hommes lorsqu'au cœur de l'hiver, ils n'avaient plus rien à donner à manger au feu.

Aô continue de fasciner et d'étonner Âki-naâ. Il semble ressentir ou lire ses émotions les plus intimes. Elle se rend peu à peu compte que ce qu'elle prenait pour une forme d'apathie est, au contraire, un état permanent d'éveil et d'attention, qui le rend réceptif aux plus subtiles modifications de son environnement.

Ses sens sont particulièrement développés. Il voit, entend et sent ce qui n'existe pas encore pour elle.

Paradoxalement, elle a parfois le sentiment qu'il ne comprend pas certaines questions, pourtant simples, qu'elle s'évertue à lui poser, que ce soit en utilisant les mots rabâchés à longueur de journée à son intention ou en essayant maladroitement d'utiliser son langage à lui. Son comportement la laisse perplexe. Elle a l'impression de se heurter à un mur d'incompréhension. Le plus souvent, il demeure le regard absent, comme s'il n'était pas concerné, alors qu'il ne l'a pas quittée des yeux pendant qu'elle le questionnait. Parfois il rit ou la dévisage fixement d'un air interrogateur. En d'autres occasions encore, il affiche un air consterné, grommelle et gesticule, apparemment contrarié. Il lui pose peu de questions, se contentant de l'observer longuement et de suivre attentivement ses moindres faits et gestes.

Pour transmettre une information ou raconter un événement, les anciens hommes utilisent largement le mime et la danse en reproduisant des scènes qui interpellent directement l'imaginaire de leurs congénères. Certaines émotions sont exprimées et perçues sans nécessiter le recours à la parole.

Jusque-là, Aô a survécu. Il a assimilé des connaissances dans l'urgence, mais il a surtout laissé se développer son instinct et son comportement ne reflète pas nécessairement l'attitude ordinaire d'un ancien homme. Certaines pratiques ancestrales, reléguées dans la mémoire des anciens, ne lui ont pas été transmises, des tabous ont été transgressés. Contraints de faire face à l'hostilité des hommes nouveaux, de se déplacer sans cesse et d'essayer de s'adapter à un environnement extrême, les siens avaient adopté des comportements uniquement liés à leur survie. En même temps, l'incursion de ces êtres différents sur leur territoire les avait conduits à s'interroger davantage sur des concepts comme l'avenir de leur espèce et sa place sur la terre. Des certitudes avaient été délibérément ignorées ou remises en question, obligeant ces hommes à reconsidérer leur position dans le monde.

Ainsi, l'esprit d'Aô n'a pas la rigidité de celui de ses congénères qui ont vécu avant l'arrivée des hommes nouveaux. Habitué depuis ses plus jeunes années à réfléchir pour inventer des moyens de survivre au jour le jour, il a développé une faculté d'adaptation libérée du poids de certaines croyances.

Aô se tait mais rien ne lui échappe. Il est comme la mousse qui se gorge d'eau au printemps. Il s'imprègne des informations que la jeune femme lui dispense généreusement, consciemment ou parfois à son insu. Il s'efforce d'enregistrer le plus possible de mots. Même s'il ne parvient pas toujours à les répéter, il saisit déjà le sens de nombre d'entre eux et de quelques associations simples, essayant d'y découvrir comment les créatures arrogantes et belliqueuses auxquelles elle ressemble ont obtenu la faveur des esprits.

Aô ressent clairement la frustration d'Âki-naâ. S'il a encore du mal à saisir le sens de ses questions ou à formuler des réponses, parfois il ne sait tout simplement pas quoi répondre, soit que la question lui paraisse étrange ou saugrenue, soit qu'elle suscite en lui des réflexions nouvelles auxquelles il s'abandonne, laissant son esprit se perdre et vagabonder dans des contrées inexplorées, indifférent à l'impatience et aux efforts de sa compagne pour capter à nouveau son attention.

Plutôt que de manifester son impuissance à satisfaire sa curiosité, il préfère s'isoler dans un mutisme qu'elle interprète à sa manière.

Il arrive que le harcèlement dont il fait l'objet de sa part l'exaspère et qu'il se fâche. Elle se comporte comme les femmes avec leur progéniture. Aô n'est pas un enfant. Il appartient à l'ancien peuple des chasseurs de la toundra.

Pour l'instant, Aô n'a décelé aucun signe de présence humaine dans le voisinage du fleuve. Âki-naâ espère qu'il l'accompagnera jusque sur le territoire de son clan. Elle lui a assuré que les siens ne lui témoigneraient pas d'hostilité.

Aô a confiance en elle. Il s'est attaché à cette femme et à son nourrisson. Désormais, celui-ci lui témoigne sa joie chaque fois qu'il le prend dans ses bras.

Il éprouve un sentiment confus à l'égard de sa compagne.

Au sein des clans, les hommes et les femmes connaissaient rarement une intimité comparable à la leur. Chez les anciens hommes, les couples n'ont pas la possibilité de s'isoler. La promiscuité est totale.

À l'intérieur d'un territoire immense, peu nombreux, disséminés par petits groupes, ils se déplaçaient au rythme de l'épuisement des ressources, des mouvements du gibier ou encore de modifications climatiques. Le nombre d'individus à l'intérieur d'un clan fluctuait en fonction des circonstances. De nouveaux groupes se formaient. Certains fusionnaient ou se scindaient. Tous ces clans étaient apparentés. Mais au-delà des parentés directes, les liens qui unissaient les individus n'étaient pas mémorisés. Constitués autour de l'association de deux ou trois couples et de leur progéniture, ces groupes, dans certaines conditions particulières, se rassemblaient pour former des clans assez importants qui se maintenaient parfois au-delà de rassemblements éphémères, permettant l'organisation de chasses collectives. Mais ce genre d'association ne perdurait généralement pas car les tensions entre individus se multipliaient. Les hommes anciens n'avaient pas développé de structure sociale qui leur permette de maintenir une cohésion à l'intérieur de grandes communautés. Un groupe ne dépassait pas une trentaine de membres et se réduisait le plus souvent à quelques individus.

L'équilibre vital était préservé de nombreuses façons. Cela allait de l'élimination pure et simple des enfants et des vieillards quand les pourvoyeurs estimaient qu'ils ne pouvaient assurer leur subsistance sans mettre la leur en péril, à des échanges d'individus entre clans. Seule l'union entre l'homme et la femme se maintenait généralement jusqu'à la mort de l'un des partenaires.

Sans donner lieu à des cérémonies particulières, cette alliance était le lien qui fondait toute la société des anciens hommes. Cette relation correspondait à une véritable association, avec une répartition précise des tâches induisant des aptitudes nettement différenciées qui entraînaient une étroite dépendance de l'un envers l'autre. Mais les exigences vitales, inhérentes à un environnement particulièrement rude, contraignaient souvent les hommes et les femmes à adopter, pour survivre, de manière transitoire ou durablement, des comportements particuliers, habituellement prohibés. Parfois deux chasseurs pouvaient être amenés à partager la même femme, comme il arrivait aussi, beaucoup plus rarement, qu'un seul homme soit uni à plusieurs femmes. Ces situations faisaient suite à la mort de l'un des partenaires. Les rencontres avec d'autres clans permettaient généralement de rééquilibrer la situation.

L'intégration d'un nouveau couple, formé par deux membres de clans différents, se réalisait en fonction des besoins du groupe et de sa capacité à s'étendre. Si un endroit était particulièrement giboyeux et riche en végétaux comestibles, le groupe s'agrandissait jusqu'à ce que l'appauvrissement du site, qui s'effectuait parfois pendant plusieurs générations, ne le contraigne à diminuer ou à se scinder.

Lorsque le surnombre de l'un ou l'autre sexe était le fait d'individus âgés qui ne pouvaient être absorbés par d'autres groupes, leur survie individuelle était principalement dépendante de leur capacité à participer à l'approvisionnement de la communauté. Mais là encore, il existait des cas particuliers. Il n'était pas rare que des enfants en surnombre ou des individus âgés, constituant une charge pour le clan, soient épargnés, obligeant les adultes à accroître leurs propres activités ou à restreindre leur consommation pendant un certain temps. Mais les pourvoyeurs gardaient toujours le contrôle de la situation et le pouvoir de décision leur appartenait.

Malgré une implantation très ancienne, l'existence des anciens hommes restait précaire. Leur dépendance envers l'environnement était supérieure à celle des nouveaux arrivants, dotés d'une organisation sociale, d'instruments et de méthodes, leur permettant un accès à des ressources plus diversifiées, avec une dépense d'énergie moindre.

La quête quasi permanente de nourriture impliquait la mobilisation du groupe tout entier. Il restait peu de temps à consacrer à des activités non vitales. Les rencontres avec d'autres clans, très appréciées, étaient mises à profit pour organiser des chasses collectives, échanger des informations sur le gibier, les végétaux et les gisements de silex ou de matériaux dont ils avaient l'usage, mais aussi pour danser et raconter les visions, les événements marquants et les exploits individuels, ce qui permettait par ailleurs aux hommes de se mettre en valeur devant les femmes.

La danse était aussi un moyen d'accès privilégié au rêve considéré comme un voyage de l'esprit en compagnie du vent, être fantasque et omnipotent régnant sur le monde des vivants et celui des morts entre lesquels les anciens hommes ne faisaient pas de distinction.

Certaines individualités du clan étaient consultées plus que d'autres mais sans que des privilèges ou une place particulière leur soit accordée au sein de la communauté.

Les conflits à l'intérieur des groupes étaient rares. Des affrontements violents survenaient parfois entre des chasseurs qui convoitaient la même femme. Mais même en cas de victoire, l'intéressé n'avait pas la certitude de la conquérir car il ne pouvait la contraindre à accepter l'association qu'il lui proposait. Le consentement de la femme était la règle.

La relation entre l'acte sexuel et la procréation n'existait pas.

Le compagnon habituel de la mère était toujours considéré comme le père de ses enfants.

Les enfants bénéficiaient de l'indulgence et de l'affection de leurs parents. Le couple n'existait pas sans une attirance réciproque et les accouplements n'étaient pas exempts de tendresse.

Restée seule, une femme jeune pouvait être prise en charge par un groupe sans s'allier nécessairement avec un chasseur.

Aô n'ignore pas les signes par lesquels les hommes et les femmes se témoignent mutuellement l'envie qu'ils ont de s'accoupler. Il n'en a relevé aucun de la part de sa compagne ou tout autre qu'il eût pu interpréter en ce sens.

Certains signes annoncent l'approche de la mauvaise saison. Les nuits sont de plus en plus froides, les insectes moins virulents. Par petits groupes, les grands herbivores commencent à se diriger vers le sud pour passer le long hiver nordique dans les vallées boisées qu'on rencontre dans cette direction.

Pour Aô et Âki-naâ aussi, le moment est venu de chercher un lieu propice pour affronter la mauvaise saison. Il leur reste encore suffisamment de temps pour trouver un abri et amasser des réserves, mais il ne faut plus tarder. Dans ces régions septentrionales, l'hiver survient brutalement.

L'homme et la femme ont profité d'un gué pour traverser le cours d'eau et explorer le secteur vallonné qui s'étend de l'autre côté. En remontant un affluent qui serpente entre les collines, ils ont trouvé un vallon où s'est implantée une colonie de bouleaux. En l'absence de grottes ou d'abris sous roche, ils ont choisi de s'installer là. La présence d'une quantité inhabituelle de ces arbres courageux, réputés bienveillants pour les humains, leur semble être un signe favorable. Sur les hauteurs des pentes peu escarpées, les bouleaux ont cédé la place à des pins. Postés à intervalles réguliers à la périphérie de la vallée, on dirait qu'ils montent la garde. Quelques saules se sont établis le long du cours d'eau. La situation est paisible. À certains endroits, l'espacement entre les bouleaux est plus important qu'ailleurs. Âki-naâ et Aô jettent leur dévolu sur une petite clairière, cernée par des arbres vigoureux, idéalement positionnés pour constituer les piliers d'un abri.

Âki-naâ caresse les troncs lisses. Elle a de l'affection pour ces créatures pacifiques. Elle écoute le murmure des feuillages. Ici, ils seront en sécurité, sous la protection de l'un des plus anciens habitants de la terre.

En associant habilement la pierre, la terre, le bois et des peaux accumulées depuis un certain temps, ils érigent un abri spacieux et solide entre les arbres en ménageant une large ouverture au sommet pour l'évacuation de la fumée du foyer. À l'intérieur, ils disposent des branches prélevées dans la ramure des pins qui les isoleront de la froideur du sol.

Aô a relevé les traces de petits troupeaux de rennes dans les vallées voisines. Ils ont tôt fait de repérer un groupe de quelques individus. Aô fait un large détour pour ne pas être éventé par ces animaux craintifs tandis qu'Âki-naâ tente de les rabattre vers lui. Mais les sommets dénudés des collines et l'absence d'obstacles naturels permettent aux rennes de déjouer le piège qui leur est tendu en s'égayant dans toutes les directions. Patiemment, Aô et Âki-naâ renouvellent l'opération. Leur persévérance finit par être couronnée de succès. Une partie des animaux se dirige droit vers la crête derrière laquelle s'est dissimulé Aô.

Lorsque les premiers d'entre eux parviennent jusqu'à lui, il se dresse brusquement, provoquant une débandade. Mais pendant un court instant, les animaux formant l'avant-garde se sont immobilisés sous l'effet de la surprise avant de refluer vers l'arrière, suffisamment pour permettre au chasseur de lancer ses bolas d'une main sûre dans les pattes arrière de l'animal le plus proche. Le renne, fauché en plein élan, s'abat et roule sur le côté. Aô se précipite vers lui et plonge profondément son épieu dans son flan, le tuant sur le coup.

Il accomplit les gestes rituels, témoignant à l'esprit du renne sa gratitude pour avoir accepté de lui offrir sa chair. Le volumineux animal est saigné et dépecé sur place. Les jours suivants, ils parviennent encore à tuer trois autres rennes.

L'acheminement de la viande jusqu'au camp ne se fait pas sans mal. Découpée en morceaux, elle est suspendue au-dessus du foyer pour être séchée et enfumée. Ainsi, elle se conservera pendant l'hiver, dans des trous garnis de pierres, creusés autour du camp.

L'été s'attarde. Âki-naâ et Aô en profitent pour récolter et stocker des racines comestibles et les dernières baies de camarine épargnées par les oiseaux.

Prévoyants, ils accumulent d'impressionnantes quantités de bois mort à proximité. Bientôt, les silos regorgent de nourriture.

Le vent du nord pénètre dans la vallée. Son retard semble l'avoir mis en colère et il souffle avec violence. Il apporte avec lui le froid et la neige. Il se faufile à travers les troncs, s'acharne contre les parois de l'abri.

Grâce aux pièges tendus dans les taillis de saules qui bordent la rivière, ils disposent encore de viande fraîche pendant un certain temps. Ainsi économisent-ils leurs réserves de nourriture. Puis le froid s'intensifie, les prises se raréfient.

L'un et l'autre se réjouissent de l'efficacité de leur association.

Le choix de cette petite vallée était judicieux. Le

vent y souffle moins fort qu'ailleurs. Avec le feu qui brûle en permanence, bien nourris, ils ne souffrent pas du froid.

Aô passe de longs moments à jouer avec le bébé de sa compagne.

Ils mettent à profit leur confinement pour remettre en état leurs armes et leurs outils. Âki-naâ confectionne un manteau pour son compagnon avec ce qui est encore utilisable de la peau de l'ours blanc.

Après une longue période de tempête, le vent est tombé depuis plusieurs jours. Aô est sorti pour se dégourdir un peu les jambes comme il le fait chaque matin. C'est le cœur de l'hiver. Le ciel est couvert mais l'absence de vent atténue la sensation de froid. La fine couche de neige crisse sous ses pas. Son errance solitaire le mène jusqu'au fleuve. Il déblaie la neige qui recouvre sa surface gelée. La glace est solide. Il peut s'y aventurer sans risque. Il n'y a pas âme qui vive. Il règne un silence total. Aô retrouve les sensations qu'il a connues l'hiver précédent au cours de son long périple solitaire à travers la toundra déserte et gelée. Une petite brise parcourt le fleuve. Il aspire à pleins poumons l'air glacial.

Quelque chose attire son attention. Il y a des empreintes de pas sur l'autre rive. Peut-être est-ce l'occasion de se procurer de la viande fraîche ?

Les traces forment une ligne droite dans la neige. Intrigué, il s'approche. Il pousse un cri de stupeur en voyant la forme des empreintes. Ce sont celles de pieds humains.

VIII

Aô est très excité. Il étudie les traces avec soin. La neige a cessé de tomber depuis peu. Trois humains sont passés par là ce matin même. Deux d'entre eux sont lourdement chargés car leurs pas s'enfoncent profondément dans la couche neigeuse. Le troisième, un enfant ou une femme, légèrement distancé, s'applique à marcher dans leurs traces, vraisemblablement soucieux d'économiser ses forces.

En aval, dans la direction des pas, le fleuve bifurque nettement vers la droite. Au-delà de cette courbe, Aô sait que la vue porte très loin. Si les trois humains n'ont pas quitté la surface gelée du cours d'eau, il les verra. Effectivement, sitôt franchi le coude en question, il les aperçoit. Ils sont tout près. Le garçon se dissimule derrière la végétation enneigée qui borde le fleuve pour les observer. Ils ne sont pas trois mais quatre. L'un d'eux est blessé. Il est couché sur un brancard maintenu par ses deux compagnons. Une femme ferme la marche. Ils ne transportent pas de gibier. Ils se sont arrêtés pour se reposer. Ils ne parlent pas et semblent abattus. Ce ne sont pas des anciens hommes mais ils n'ont pas non plus l'apparence des hommes oiseaux.

Perplexe, Aô hésite à se manifester. Il craint une réaction d'hostilité à sa seule vue. Il décide d'aller informer Âki-naâ. Avec le blessé, ils n'iront pas bien loin. Il rebrousse chemin et s'éloigne silencieusement. Dès qu'il est hors de vue, il court vers le camp.

Âki-naâ l'accueille avec un sourire. Elle est en train de jouer avec son bébé, qui gigote, tout nu, sur un tapis d'épaisses fourrures. L'enfant s'esclaffe en apercevant Aô.

La fébrilité du garçon n'échappe pas à Âki-naâ. Curieuse, elle le presse de l'informer des causes de son agitation.

Les longues journées en tête-à-tête leur ont permis d'améliorer le jargon qu'ils utilisent pour communiquer.

Aô relate sa rencontre insolite.

– Il y a des hommes sur le fleuve, tout près. Ils sont trois avec une femme. L'un d'eux est blessé.

Intriguée, la jeune femme interroge son compagnon.

– Des hommes oiseaux ?

– Je ne crois pas.

– Décris-les-moi.

– Ils étaient loin. Je ne me suis pas approché pour éviter d'être repéré. Je n'ai pas bien vu. Il y avait un homme grand, déjà âgé. Le blessé et le troisième étaient plus jeunes. Le visage de la femme était en partie masqué par une bande de fourrure qui la protégeait du froid. Leur chevelure est longue et noire. Ils n'ont pas de gibier. Ils sont fatigués.

Âki-naâ se tait, songeuse.

Qui sont ces gens ? Aô et elle ont sillonné les collines environnantes et les berges du fleuve. La présence d'un campement humain à proximité n'aurait pu leur échapper. Qu'est-ce qui a poussé ces hommes et cette femme à s'aventurer hors de leur territoire au cœur de la mauvaise saison ? Leur situation semble précaire, peut-être désespérée. Pourtant, ils n'ont pas abandonné le blessé !

Âki-naâ est curieuse. Ils n'ont rien à redouter de ces hommes. Si le vent se remet à souffler, à moins de trouver sans tarder un abri, ils ne survivront pas longtemps. Et encore faudrait-il qu'ils se procurent rapidement de la nourriture ! Leur vie ne tient qu'à un fil.

Aô et Âki-naâ peuvent les aider. Leurs réserves de nourriture sont abondantes. Leur hutte est suffisamment spacieuse pour les abriter tous, au moins le temps de permettre au blessé de se rétablir.

– Tu as bien fait de ne pas te manifester. Ils n'ont peut-être jamais vu d'anciens hommes. Il est préférable que ce soit moi qui me montre la première.

Elle emmaillote soigneusement le bébé sous plusieurs couches de fourrure avant de le faire disparaître sous son manteau, maintenu par des lanières contre sa poitrine.

– Allons-y, décrète-t-elle.

Aô reprend la direction du fleuve. Âki-naâ lui emboîte le pas.

Ils avancent rapidement. En peu de temps, ils rejoignent l'endroit où Aô les a vus. Âki-naâ scrute l'horizon. Elle distingue de minuscules points noirs sur le long corridor blanc.

Leur avance est faible. Ils progressent lentement.

Aô et Âki-naâ ont traversé le fleuve gelé. Ils marchent sur la rive opposée, courbés en deux, partiellement masqués par la ramure dénudée des taillis. Ils parviennent ainsi à la hauteur des trois hommes. C'est seulement là qu'elle les reconnaît.

Stupéfaite, Âki-naâ écarquille les yeux. Elle secoue la tête pour dissiper ce qui ne peut être qu'une vision. Son cœur bat férocement dans sa poitrine. L'enfant, sensible à l'émotion de sa mère, s'agite énergiquement dans son nid de fourrure. Sa petite tête emmitouflée dans une cagoule surgit par intermittence le long du cou de sa mère. Aô observe la jeune femme avec étonnement. Il l'interroge du regard. Mais elle ne le voit pas. Sa bouche s'entrouvre pour émettre quelques balbutiements incompréhensibles.

Soudain, elle retrouve l'usage de son corps. Sans se soucier d'Aô, elle se fraye frénétiquement un passage entre les arbustes et s'engage à découvert sur le fleuve gelé en direction du petit groupe. Des cris finissent par s'échapper de sa gorge nouée. Ce sont des noms.

– Atâ-mak ! I-taâ ! Ma-wâmi ! Kâ-maï ! C'est moi, Âki-naâ !

Les deux hommes et la femme se figent brusquement. Ils se retournent et observent d'un air ahuri cette jeune femme surgie de nulle part qui court vers eux en criant leurs noms.

I-taâ, la première, reconnaît Âki-naâ. Elle lève les bras au ciel et s'élance à sa rencontre.

– Âki-naâ, c'est Âki-naâ !

À leur tour, les trois hommes s'animent, manifestant bruyamment leur stupeur. Âki-naâ serre son ancienne compagne de captivité dans les bras.

Puis elle s'approche timidement des trois hommes qui la dévisagent, médusés. Le blessé se tient péniblement debout en s'appuyant sur les épaules de ses deux compagnons.

Sa jambe est très abîmée. Sa forme bizarre révèle plusieurs fractures. Mais un sourire illumine son visage livide. Ses yeux brillent tandis qu'il murmure, incrédule, le nom de la jeune femme :

– Âki-naâ !

Il le répète machinalement à plusieurs reprises pour se convaincre de la réalité de cette apparition. Il approche lentement la main de sa tête. Son regard exprime à la fois le doute et l'espoir.

– Âki-naâ !... Âki-naâ !... C'est toi !...

Ses doigts suivent le contour de son visage.

La jeune femme acquiesce. Ses yeux brillent de fierté et de joie.

Elle dégrafe le haut de sa pelisse et plonge les mains sous les fourrures pour s'emparer du nourrisson qui se trémousse comme un ver. Ébahi, l'homme contemple ce bébé gras et joufflu qui gigote énergiquement devant ses yeux.

– Ton fils ! dit-elle simplement.

Atâ-mak s'empare de l'enfant sans un mot. Il est bien vivant.

Comment sa femme a-t-elle pu parvenir jusqu'ici avec son bébé ? Il n'en revient pas de les voir là, devant lui, resplendissant de santé et de joie, au beau milieu d'un fleuve gelé, à des jours de marche du territoire de leur clan et encore bien plus de celui des hommes oiseaux ! Quel est donc ce prodige ?

Pourtant, c'est elle. Il reconnaît son odeur. Kâ-maï et Ma-wâmi la voient aussi.

Âki-naâ salue les deux hommes qui la contemplent, incrédules. Ils sont pâles et amaigris. Malgré son épuisement, I-taâ ne cache pas sa joie.

– Que faites-vous ici ? interroge Âki-naâ.

C'est Kâ-maï, le plus âgé, qui se charge de répondre. Il parle d'un ton hautain où perce la contrariété.

– Ce serait bien à nous de te poser la question ! Ta présence ici relève d'un grand mystère ! Ne vois-tu pas I-taâ ? Nous avons trouvé le camp des hommes oiseaux. Il n'y avait que des femmes, des enfants et des vieux. Ils ne se sont pas opposés à nous. I-taâ était là mais pas toi ! Nous t'avons cherchée longtemps, bien plus que de raison, et nous avons trop tardé à quitter leur territoire.

Il jette un regard sans concession sur le blessé.

– C'est lui qui a insisté pour que nous poursuivions les recherches. Alors ce que je craignais est arrivé ! Ils ont retrouvé notre trace et nous ont tendu une embuscade. J'en ai tué un et nous avons pu nous échapper. Mais Atâ-mak a été blessé. Nous avons marché sans répit dans l'espoir d'atteindre notre territoire avant les grands froids. Malheureusement, Atâ-mak ne pouvait pas marcher. Nous avons dû le porter, ce qui nous a considérablement retardés. Nous avancions trop lentement. L'hiver nous a devancés. Nous nous sommes abrités dans une grotte. Mais nous avons rapidement manqué de nourriture. Aussi, à la première accalmie, nous avons décidé de repartir en comptant sur les esprits pour retenir le vent et favoriser notre quête de gibier.

L'homme reprend son souffle. Il a parlé d'un trait, d'une voix basse et fatiguée. Une sourde colère, difficilement contenue, transparaît dans ses paroles. Il jette un nouveau regard désapprobateur au blessé, le désignant ostensiblement comme le responsable de la situation.

Âki-naâ considère les mines abattues de ses congénères d'un regard ému. Elle s'attarde sur le visage gris d'Atâ-mak, défiguré par la souffrance. Ma-wâmi la regarde sans la voir. Incapable de demeurer debout plus longtemps, il s'est affalé à côté du blessé et reste prostré. Seul Kâ-maï semble avoir conservé une partie de sa vigueur.

– Vous êtes épuisés. Le vent peut se remettre à souffler d'un moment à l'autre. Notre abri est tout proche. Nos réserves sont abondantes, de quoi nous nourrir tous pendant au moins une lune.

– Notre abri ? Parlerais-tu de toi et l'enfant ? s'étonne Kâ-maï.

– Je ne suis pas seule.

Âki-naâ se dirige vers les bosquets derrière lesquels Aô se dissimule et les observe. Elle l'appelle.

– Viens Aô. Approche. Ce sont Atâ-mak, Ma-wâmi, Kâ-maï et I-taâ. Ils font partie de mon clan. Atâ-mak est le père de mon enfant. Il est blessé. Montre-toi. Tu n'as rien à redouter.

Aô obtempère.

À sa vue, les trois hommes et la femme ne peuvent réprimer un mouvement de recul. La femme pousse un cri d'effroi.

– C'est, c'est... l'homme ours ! balbutie-t-elle.

Kâ-maï saisit son épieu qu'il brandit d'un air menaçant.

– Âki-naâ ! Reviens ! s'écrie Atâ-mak.

La jeune femme ne réagit pas immédiatement, prise au dépourvu par la réaction hostile de ses congénères. Elle voit Kâ-maï et Ma-wâmi courir vers elle en poussant des cris puis la dépasser.

Impassible, Aô les suit des yeux, prêt à esquiver les sagaies. Il ne craint pas d'affronter ces deux chasseurs exténués. Troublés par son assurance, les deux hommes ralentissent l'allure. Aô les défie. Il pousse des rugissements de colère en roulant des yeux furieux. Puis il se met à trépigner sur place en frappant violemment le sol avec son énorme massue, faisant jaillir la neige.

Ma-wâmi et Kâ-maï se figent, impressionnés.

Leur ardeur belliqueuse se dissipe rapidement. Ils n'ont aucune envie d'affronter ce fauve déchaîné. Conscient de l'effroi que suscitent ses manœuvres d'intimidation, Aô décide de profiter de son avantage et s'avance en direction des deux hommes apeurés.

Âki-naâ se ressaisit. Elle court vers Aô et va se placer devant lui. Elle pose une main sur son épaule dans un geste apaisant. Elle réalise qu'il joue. Elle le gronde gentiment. À la grande surprise des deux hommes, la créature se calme immédiatement.

La jeune femme s'adresse à eux d'une voix ferme :

– Voici Aô. C'est un homme (Elle appuie sur le mot homme), un homme de l'ancien peuple qui nous a précédés dans cette partie du monde. Il m'a protégée. Il a chassé pour moi et l'enfant. Il a tué les hommes mauvais. Pourtant il n'était pas menacé. Rien ne l'empêchait de s'en aller. Nous avons marché ensemble car nous allions dans la même direction. Il est à la recherche des siens. Je l'ai assuré que les hommes du lac ne lui seraient pas hostiles.

– Est-ce bien un homme ? interroge I-taâ d'une voix hésitante.

– Mais oui ! Bien sûr ! s'écrie Âki-naâ, exaspérée. Je vous répète que sans lui, je ne serais pas ici. Maintenant, vous allez nous suivre. Notre camp est tout proche. Il y a du feu et de la nourriture pour vous. Nous parlerons là-bas.

Sa joie de retrouver les siens est gâchée par leur réaction inamicale envers Aô. Elle lit la peur et la répulsion dans les yeux d'I-taâ. Mais elle s'efforce de faire preuve d'indulgence envers les siens. Elle se remémore sa propre terreur lorsque Aô a surgi dans la caverne. Seules des circonstances exceptionnelles ont rendu possible un rapprochement aussi improbable. L'attitude des siens n'a rien d'étonnant. Il leur faut un peu de temps.

Sans plus se préoccuper d'eux, elle tire Aô par le bras et s'en retourne résolument vers le camp.

Aô lui emboîte le pas. Ces hommes et cette femme

appartiennent au clan d'Âki-naâ. Il ne leur fera pas de mal. S'il reste vigilant, il n'a rien à craindre d'eux. Ils sont fatigués. Ce ne sont pas des hommes oiseaux. Leurs yeux n'ont pas le même éclat. Les trois hommes restent sans réaction. Aussi incroyable que cela puisse paraître, l'homme ours obtempère aux injonctions de la jeune femme. Ils se concertent du regard. Mais aucun ne sait quoi dire. Âki-naâ se retourne. D'un geste impatient, elle les invite une nouvelle fois à les suivre. Ils s'observent en silence. Atâ-mak est rongé par la fièvre. Ses deux compagnons sont épuisés. Ils ont froid. La faim les tenaille. C'est de leur survie qu'il est question. Résignés, ils se mettent en marche en direction du couple.

Âki-naâ prend place à côté de Ma-wâmi. D'autorité, elle le soulage d'une partie du poids en saisissant un côté du brancard. L'homme ne proteste pas.

Malgré ce renfort, le petit groupe progresse lentement. La jeune femme réalise les terribles efforts consentis jour après jour par ces hommes sous-alimentés, contraints à une marche forcée pour tenter de devancer l'hiver, s'épuisant à porter un compagnon qu'ils se refusaient à abandonner. Personne ne parle. Chacun est concentré sur son effort solitaire. On entend seulement les respirations haletantes.

Aô marche devant. Chaque fois qu'il a pris un peu d'avance, il s'arrête et observe cette curieuse procession. La journée est déjà bien avancée lorsqu'ils rejoignent le camp.

En se serrant, chacun parvient à se faire une place sous l'abri. Aô attise les flammes. Âki-naâ va chercher de la nourriture dans un silo et la distribue. Malgré la fatigue, les mâchoires se mettent en action.

Seul Atâ-mak ne mange pas. Il contemple sa femme avec des yeux brillants et rougis par la fièvre. Son corps puissant résiste depuis plus d'une lune mais il sent que la fin est proche. Sa jambe boursouflée a l'odeur de la mort. Il ne se fait pas d'illusions. Il souffre terriblement et doit lutter pour sortir de la torpeur dans laquelle la douleur et la fièvre le plongent. Aô est assis en face de lui. Leurs regards se croisent longuement. Atâ-mak est le seul qui ose le regarder dans les yeux. Il le dévisage sans agressivité. Derrière son masque de souffrance, Aô croit lire une sorte de joie.

Bien plus tard, lorsque tout le monde est rassasié, Âki-naâ prend la parole. Les regards convergent dans sa direction. Sans l'avouer, chacun a hâte d'entendre le récit des événements vécus par la jeune femme. D'une voix calme et posée, elle raconte le long voyage jusqu'au camp des hommes oiseaux, leur brutalité, la mort de Kî-mi, la vie dans le camp, le harcèlement et la méchanceté des femmes, l'incursion providentielle d'Aô, sa fuite, l'orage sur le plateau, la naissance précoce de son enfant, la découverte de l'abri sous les rochers, l'irruption d'Aô dans la grotte…

Elle parle de ses émotions, de sa terreur, de sa surprise lorsqu'il a manifesté de la sollicitude à son égard en partageant sa nourriture avec elle. Elle relate dans les moindres détails sa fuite précipitée pour échapper aux chasseurs qui avaient retrouvé sa trace.

Elle s'attarde longuement sur l'attitude stupéfiante de l'homme ours qui a choisi de les affronter à un contre trois alors qu'il avait tout loisir de leur échapper en l'abandonnant à son sort. Elle décrit les péripéties du terrible combat. Elle évoque leurs efforts communs pour communiquer, la longue marche le long du fleuve. Elle cite Aô avec respect, comme le nom d'un homme de grande valeur. Elle loue son courage, sa force et son habileté à la chasse.

Mais ses efforts pour susciter un sentiment favorable à son égard ne produisent pas l'effet escompté. Aô observe le chasseur le plus âgé, celui que les autres nomment Kâ-maï. L'homme semble excédé. Il a de plus en plus de mal à contenir son indignation.

Il finit par exploser.

Il se lève d'un bond, interrompant brutalement la jeune femme :

– Femme, comment oses-tu parler ainsi devant ton mari mourant ? Crois-tu que son esprit connaîtra la paix après avoir contemplé la créature qui a pris possession de sa compagne et de son fils ? Tu parles de lui comme d'un chasseur valeureux de notre peuple ! Ouvre tes yeux, femme stupide ! Ce monstre a volé ton esprit et celui de ton enfant ! Avec lui, c'est le malheur que tu as ramené sur notre peuple. Il faudrait le tuer pour t'arracher à ses griffes !

Aô a compris le sens de ses paroles. Il gronde avec une férocité animale, les narines frémissantes, les lèvres retroussées, semblable à un fauve qui s'apprête à bondir sur sa proie. L'inquiétude qu'il lit dans les yeux du chasseur ne fait qu'attiser sa fureur.

Âki-naâ lui fait signe de se calmer. Elle s'insurge contre les dures paroles du vieux chasseur.

– Âki-naâ n'appartient pas à l'homme ours. Ils ont uni leurs forces pour combattre l'ennemi commun. Ils ont voyagé dans la même direction mais leur destination n'est pas la même. Kâ-maï ne doit pas parler ainsi.

La colère qui monte en elle défigure les traits de la jeune femme. Son ton se fait méprisant :

– Crois-tu pouvoir prendre la vie de cet homme ! Faibles comme vous l'êtes, il n'aurait aucun mal à vous tuer tous ! Il m'a traité mieux que certains d'entre vous leurs propres femmes ou filles !

Elle se tourne vers Atâ-mak.

– Sans lui, je ne serais pas là aujourd'hui, et cet enfant, ton fils, serait mort ! Vous êtes ici chez lui, à l'abri du froid, et vous mangez la viande des animaux qu'il a chassés ! Lorsqu'il vous a vus, car c'est lui qui a découvert vos traces, votre situation était désespérée ! Vous lui devez la vie !

Folle de rage, elle saisit brusquement son fils qui se trémoussait paisiblement sur une fourrure moelleuse, à côté de son père, auquel il ne témoignait qu'un intérêt limité, et se rue vers Aô.

Interloqué, le garçon reçoit le nourrisson dans les bras. Bien que surpris par la rudesse de sa mère, l'enfant reconnaît aussitôt Aô et glousse de plaisir.

L'assistance est pétrifiée. Âki-naâ regrette déjà son geste dont elle n'a pas immédiatement mesuré la portée. Ne vient-elle pas d'apporter du crédit aux mauvaises paroles de Kâ-maï ?

Dépitée, elle se recroqueville dans son coin et se tait. Un silence pesant s'installe. I-taâ et Ma-wâmi gardent obstinément la tête basse. Abasourdi par la fureur de cette femelle, Kâ-maï quête une réaction de la part du blessé. Jamais une femme n'a osé lui parler sur ce ton ! Il n'est pas prêt de l'oublier. Mais l'hostilité du monstre le contraint à la retenue. Son regard désapprobateur se pose une nouvelle fois sur Atâ-mak. Cet homme ne devrait pas tolérer que sa femme s'adresse ainsi à un ancien de son clan. Mais que peut-on attendre d'un homme aussi peu raisonnable, par la faute duquel ils doivent maintenant s'en remettre au bon vouloir de cette créature bestiale ?

Il hausse les épaules. À quoi bon s'en prendre à lui ? Il est au seuil du grand voyage. Âki-naâ rendra compte de son attitude devant le conseil du clan. Kâ-maï dira que l'homme ours n'appartient pas au peuple humain. Le chaman est un homme sage. Il confirmera ses paroles car la présence d'un tel être ne peut que provoquer la colère des esprits et apporter le malheur parmi les vrais hommes.

Aô a pleinement conscience de l'animosité qu'il suscite mais cela ne l'affecte pas vraiment. Il joue à se mettre en colère. L'effet qu'il produit sur ces hommes et cette femme l'amuse. Il sait qu'il pourrait tous les chasser de cet abri. Mais il n'en fait rien. Il se contente d'observer avec attention l'attitude des uns et des autres, saisissant quelques mots, assez pour comprendre les difficultés éprouvées par la jeune femme pour faire accepter aux autres son alliance avec lui. Son intérêt pour elle n'a pas varié. Elle garde toute sa confiance. Il est sensible à la loyauté dont elle fait preuve à son égard. Quelle femme oserait s'adresser comme elle le fait à des chasseurs de son clan ?

Le comportement du blessé l'intrigue. Bizarrement, c'est lui, le père de l'enfant, le propre mari d'Âki-naâ, qui lui témoigne le moins d'hostilité. L'autre femme garde les yeux baissés. Il a surpris la désapprobation et la peur dans son regard fuyant. Elle se tait. Âki-naâ ne lui ressemble pas. Elle est favorisée par des esprits plus puissants. Aô ignore les raisons de sa rencontre avec elle. Il sait seulement qu'il s'est attaché à cette femme qui se comporte comme une louve.

Atâ-mak tente de se lever, au prix d'un effort surhumain. Son visage est marqué par la souffrance. Il gémit sourdement lorsque sa jambe blessée prend appui sur le sol. Âki-naâ se lève précipitamment pour l'aider. Il accepte de bonne grâce. Un vague sourire se dessine sur ses traits crispés. Ses yeux ont une expression lointaine, celle de ceux qui contemplent déjà le monde des esprits. Adossé à la paroi rocheuse, il peine à retrouver son souffle. Son regard se pose sur Aô et l'enfant qu'il tient dans ses bras. Aô ne lit ni la haine, ni la peur, sur le visage décharné.

S'adressant plus particulièrement à sa femme, il entreprend de raconter d'une voix lasse comment ils sont arrivés jusqu'ici.

Il répète en partie ce qu'a déjà dit Kâ-maï en apportant quelques précisions.

– Nous sommes partis quelques jours après l'agression des hommes oiseaux. Nous avons suivi leur piste en direction du soleil levant. Nous n'avons pas trouvé leur camp et nous avons passé l'hiver dans une grande caverne percée dans les falaises qui bordent le fleuve à proximité de leur territoire. Le printemps venu, nous avons chassé et accumulé quelques réserves en prévision d'un retour difficile. Nous avons parcouru des collines et de nombreuses vallées avant de trouver leur camp. Les chasseurs étaient absents. I-taâ nous a raconté la mort de Kî-mi, la venue de l'homme ours et ta fuite. Nous ne nous sommes pas attardés car les chasseurs pouvaient revenir d'un moment à l'autre. Nous t'avons longtemps cherchée. Kâ-maï voulait partir et il avait raison. Mais j'espérais encore te retrouver. Nous avons trop tardé. Par ma faute, les hommes oiseaux nous ont surpris. Ils n'étaient que trois mais leur férocité et leurs armes les rendaient redoutables. L'un d'eux utilisait une lourde massue en os dans laquelle avaient été taillées des pointes aiguisées. D'un coup de cette arme terrible, il a brisé ma jambe. Kâ-maï a tué celui qu'il affrontait avec son épieu. La mort de leur congénère a rendu les deux autres prudents. Ils se sont repliés en emportant son corps. Kâ-maï et Ma-wâmi se sont relayés pour me porter. Les hommes oiseaux ont sans doute renoncé provisoirement à nous poursuivre du fait de l'imminence de la mauvaise saison. Il faisait de plus en plus froid. Nous n'avancions pas assez vite à cause de moi. L'hiver nous a pris de vitesse. Nous nous sommes arrêtés dans une petite grotte mais les réserves de nourriture que nous avions récupérées au passage ont été rapidement épuisées. Dès que le vent s'est calmé, nous sommes repartis. Si l'homme ours n'avait pas relevé les traces de notre passage, nous étions condamnés. Le territoire du clan est encore loin. Affamés et épuisés comme nous l'étions, nous n'aurions pas résisté longtemps au retour du vent.

Atâ-mak se tait, essoufflé. Ce long discours l'a épuisé.

Âki-naâ est allé reprendre son petit puis revient se placer à côté de lui. Le chasseur caresse la tête du bébé.

Âki-naâ examine sa jambe. La chair est violacée sur toute la longueur. Les plaies profondes n'ont pas cicatrisé et suppurent. Une odeur infecte en émane. Atâ-mak est condamné. Il souffre atrocement et attend la mort comme un bienfait.

Leurs regards se croisent. Âki-naâ lit la résignation dans ses yeux mais aussi la tendresse et la gratitude.

Il reprend la parole.

– Atâ-mak va mourir. Mais son esprit est en paix.

En disant cela, son regard s'attarde un moment sur Kâ-maï.

– Ma femme et mon fils sont en vie. Grâce à cet homme-là !

Il pointe sa main tremblante en direction d'Aô. Sa voix se fait plus ferme pour marquer l'importance de ses propos.

– Qui il est et d'où il vient importe peu ! Cet homme a nourri mon fils et ma femme. Il a protégé leurs vies. Quiconque s'en prendra à lui offensera mon esprit.

Il s'adresse plus particulièrement au jeune chasseur silencieux.

– Vous répéterez mes paroles à Napa-mali pour que cet homme soit accueilli parmi les nôtres comme il le mérite.

Le chasseur se laisse glisser le long de la paroi. Il ne dira plus rien. Pourtant, son agonie sera encore longue. La fièvre le fait délirer. Il faut encore plusieurs jours avant que la mort ne vienne mettre un terme à ses souffrances.

Le corps est enseveli sous un amoncellement de pierres. De la nourriture est placée à côté de lui pour que son âme puisse se nourrir au cours du long voyage qui doit la mener jusqu'aux montagnes où demeurent les esprits du clan. Âki-naâ a invoqué l'esprit du loup et l'a supplié de guider son mari vers le territoire des ancêtres. Elle a placé dans sa main le magnifique couteau que lui a donné I-taâ. Elle espère que cette arme superbe apaisera le mort et lui permettra de prouver sa valeur et de chasser aux côtés des ancêtres dans le monde où vivent les esprits. Même si elle s'était préparée à cette échéance, la disparition d'Atâ-mak l'attriste profondément. C'était un homme bienveillant dont elle appréciait le tempérament réfléchi. Elle sait qu'elle ne restera pas longtemps seule avec son enfant. La présence d'un fils augmente la valeur d'une femme. Les prétendants ne vont pas manquer. Mais elle n'éprouve aucune joie à cette perspective. Elle n'a pas de désir envers un autre homme. Son cœur se serre à l'évocation des souffrances endurées par le chasseur pour la rechercher. Au moins est-il mort en paix après avoir revu sa femme et connu son fils dont il ignorait l'existence !

Elle a lu la gratitude sur son visage, non seulement pour elle mais aussi pour Aô. Atâ-mak était un homme intelligent. Il respectait Âki-naâ et lui accordait sa confiance. Il a compris ce qu'il devait à l'homme ours. Avant de mourir, il lui a rendu hommage. Âki-naâ honorera sa mémoire. Son fils connaîtra son père à travers les paroles de sa mère. Jusqu'à ce que les esprits lui indiquent son propre nom, il portera celui de son père.

Les journées sont longues. Aô profite de la moindre accalmie pour échapper à la promiscuité et à l'atmosphère pesante qui règne dans l'abri. Chaque fois que le temps le permet, il va chasser. Il ne sollicite jamais l'aide des deux hommes envers lesquels il affiche la plus totale indifférence. Pourtant sa vigilance ne faiblit pas. Aucun de leurs moindres faits et gestes ne lui échappe.

Après la mort d'Atâ-mak, Kâ-maï a tenté d'imposer son autorité. Il ne semble pas vouloir tenir compte des paroles du mourant concernant Aô. À plusieurs reprises, il a manifesté sa désapprobation envers Âki-naâ. Il persiste à affirmer qu'une créature telle qu'Aô, dont l'aspect évoque à la fois un homme et un animal, ne peut se mêler aux vrais hommes. Il est convaincu que sa présence entraînera la désolation au sein du clan et que la faute rejaillira sur lui, Kâ-maï, s'il consent à le laisser venir avec eux. Il répète que sans lui, Âki-naâ aurait été là à leur arrivée. Ils auraient pu fuir rapidement, évitant cette rencontre fatale avec les chasseurs de ce clan belliqueux qui a coûté la vie à Atâ-mak.

Âki-naâ rétorque que son enfant serait né avant qu'ils n'arrivent et que personne n'aurait pu empêcher sa mise à mort.

Mais il refuse d'entendre raison. Il dit qu'Aô partira avec le retour des beaux jours. Qu'il aille donc retrouver les siens ! Âki-naâ se désole de l'obstination du vieux chasseur. Pour autant, elle n'oublie pas que, malgré les griefs qu'il avait contre lui, il s'est refusé à abandonner Atâ-mak alors que cette obstination mettait en péril sa propre vie et celle de leurs deux autres compagnons. Elle garde espoir. Elle le croit sincère. Il finira bien par changer d'opinion. Mais elle est inquiète. L'attitude du vieil homme laisse augurer un retour difficile. Elle craignait des réticences de la part de certains des siens. Elle n'avait cependant pas envisagé une réaction de rejet aussi vive.

En attendant, elle se rend compte du malaise d'Aô. Malgré les récriminations de Kâ-maï, elle n'hésite pas à l'accompagner lors de ses sorties de chasse, laissant son bébé à I-taâ. Aô ne cache pas sa joie lorsqu'il l'entend courir derrière lui. Ils prennent plaisir à chasser tous les deux comme ils l'ont fait au cours de l'été. Pendant ces moments-là, Âki-naâ ressent moins la tristesse causée par la mort d'Atâ-mak. Elle se rend compte aussi qu'elle aura du mal à accepter sa condition au sein du clan. Elle a goûté à l'ivresse de la chasse, au plaisir de découvrir et de fouler librement les espaces infinis qui composent le monde. Elle sait maintenant que les femmes peuvent agir comme les hommes sans provoquer la colère des esprits.

IX

Les jours s'allongent. La glace fond en surface. Pourtant l'hiver n'est pas encore fini. Les hommes savent avec quelle vigueur le froid peut reprendre l'offensive avant de lâcher enfin prise sous les assauts du soleil printanier.

Les relations restent tendues. Kâ-maï continue de manifester son mécontentement en critiquant sévèrement Âki-naâ lorsqu'elle sort avec Aô, parfois pendant des journées entières. Après avoir vainement tenté, à maintes reprises, de plaider la cause de son compagnon, Âki-naâ a pris le parti de se taire pour ne pas envenimer la situation. Mais elle reste sourde aux injonctions du vieux chasseur.

Elle dit simplement :

– Âki-naâ va chasser avec Aô.

Cette seule phrase suffit pourtant à déclencher le courroux du vieux chasseur qui maugrée :

– Âki-naâ sait qu'elle ne doit pas tuer d'animaux. Kâ-maï et Ma-wâmi sont là pour ramener le gibier. Âki-naâ doit s'occuper de son fils.

Mais la jeune femme fait la sourde oreille.

Ce matin, l'homme est particulièrement irrité. Malgré le temps clément, cela fait deux jours que Mawâmi et lui rentrent bredouilles de la chasse. Une fois de plus, Âki-naâ s'apprête à partir avec Aô. Aujourd'hui, elle a décidé d'emmener son bébé.

Kâ-maï sent une bouffée de rage l'envahir. Cette femelle est d'une effronterie inouïe ! Il est temps de la remettre à sa place une fois pour toutes.

Aô est sorti. Il attend la jeune femme à l'extérieur. Kâ-maï en profite pour donner libre cours à sa colère. Il se dresse devant la jeune femme en grondant :

– Quand cesseras-tu d'offenser les esprits, femelle !

Âki-naâ se redresse. Elle sent que l'homme est hors de lui. Elle repose prudemment son petit sur son lit.

– Je te forcerai à obéir ! rugit l'homme.

Son avant-bras heurte violemment la tempe de la jeune femme. Âki-naâ s'écroule en laissant échapper un cri de douleur. Kâ-maï se baisse et lève son bras pour frapper une seconde fois. Il n'a pas entendu Aô rentrer et se glisser derrière lui. Il sent sa présence au moment où un étau se referme sur son poignet.

Malgré son âge, Kâ-maï a conservé la force de sa jeunesse. Peu d'hommes peuvent se vanter de lui avoir déjà tenu tête. Il parvient à se retourner et tente de déséquilibrer son adversaire en le poussant vigoureusement avec son épaule. Mais Aô ne bouge pas, rivé au sol, insensible aux coups de boutoir que lui assène son adversaire. L'homme a l'impression de se heurter à un arbre. L'autre bras du garçon vient enserrer son cou. L'air ne parvient plus dans ses poumons. Il se tortille et bat frénétiquement des mains sans parvenir à s'arracher à l'étreinte mortelle. La peur s'empare de lui. Ses muscles s'amollissent.

Ma-wâmi et I-taâ contemplent la scène, saisis d'effroi. Âki-naâ reprend ses esprits. Elle réalise ce qui se passe.

Elle hurle :

– Aô, non ! Laisse-le ! Ne le tue pas !

Mais il reste sourd à ses cris. Encore étourdie par le coup qu'elle a reçu, elle peine à se remettre debout. Ma-wâmi réagit enfin, aiguillonné par les hurlements de la jeune femme. Il se jette sur Aô qu'il percute de tout son poids. Le garçon est à peine ébranlé par cet assaut furieux. Ma-wâmi sait que la vie du vieux chasseur est en jeu. Il agrippe le bras de son adversaire et tente de desserrer la prise sur le cou du malheureux Kâ-maï dont le visage cramoisi et les yeux exorbités annoncent déjà l'imminence de la mort.

Ma-wâmi réalise qu'il n'arrivera à rien de cette manière. L'homme ancien est beaucoup trop fort. Il entend I-taâ crier derrière lui. Elle s'est emparée d'un épieu. Ma-wâmi lui arrache l'arme des mains. Pendant un court instant, Aô lui tourne en partie le dos. Il pourrait frapper mais il ne le fait pas. Il répugne à tuer Aô. Il espère encore pouvoir l'éviter. D'un ton menaçant, il intime :

– Lâche-le.

Aô sent la résolution dans la voix du jeune chasseur. Il s'est prestement retourné pour lui faire face. Protégé par le corps inerte du vieux chasseur, il écarte la pointe de l'épieu de sa main libre.

Ma-wâmi tourne autour de lui, l'arme brandie, résigné à passer à l'acte car la vie de Kâ-maï ne tient désormais plus qu'à un fil. Mais Aô pivote en même temps que lui, utilisant le corps du chasseur comme un bouclier.

Entre-temps, Âki-naâ s'est relevée. Elle se jette entre les deux hommes. Elle parvient à capter le regard d'Aô. Elle se cramponne à son poignet et le supplie de lâcher prise.

Aô écarte brusquement les bras. Kâ-maï s'affaisse.

I-taâ et Ma-wâmi se précipitent sur lui. L'homme n'est pas mort. Un léger râle s'échappe de sa bouche entrouverte. L'air pénètre difficilement dans sa gorge malmenée. Ils le traînent vers le fond de l'abri.

Prudent, Ma-wâmi rassemble leurs armes pour les avoir à portée de main. Un silence pesant s'établit. On n'entend que la respiration sifflante de Kâ-maï.

Le chasseur met un long moment à revenir parmi les vivants.

Âki-naâ est debout au milieu de l'abri. Elle regarde Aô d'un air consterné. Elle en veut à Kâ-maï mais aussi à lui. Pourquoi n'a-t-il pas obéi lorsqu'elle a crié ?

Le visage d'Aô ne traduit aucune émotion apparente. Accroupi à l'autre extrémité de la hutte, il surveille tranquillement le trio ennemi.

Kâ-maï ouvre les yeux. Sa gorge le brûle. La tête lui tourne. Il prend conscience qu'il vient d'échapper de peu à la mort.

Tous les yeux sont braqués sur lui.

D'une voix rauque, s'interrompant à plusieurs reprises pour aspirer de l'air, sans un regard pour

Âki-naâ, il s'adresse à Ma-wâmi et I-taâ :

– La mauvaise saison touche à sa fin. Demain, nous partirons. Cette femme n'a plus sa place parmi nous. Elle appartient à l'esprit de cette créature qui a tenté de prendre la vie de Kâ-maï. S'ils se présentent sur le territoire de notre clan, ils seront refoulés.

Âki-naâ est atterrée. Ses invocations silencieuses pour solliciter l'intervention des esprits des ancêtres n'ont pas été entendues. L'homme, qui vient d'échapper de peu à la mort, n'a pas prononcé les paroles d'apaisement tant espérées. Il a décrété le terrible bannissement. Mais peu à peu, l'accablement fait place à la colère. Comment le chasseur ose-t-il parler au nom de tous ?

Il n'a aucun droit sur Âki-naâ. Pourtant, il s'est permis de la frapper ! Elle ne lui obéira pas. Elle se présentera devant les siens et défendra sa cause. Elle s'apprête à se faire entendre lorsque la voix de Ma-wâmi s'élève.

Les regards étonnés des autres convergent vers lui. C'est la première fois que le jeune homme prend la parole devant tout le groupe. Jusqu'à présent, il a toujours semblé prendre parti pour son aîné. Du moins, n'a-t-il jamais exprimé d'avis contraire au sien !

Il est ému mais s'efforce de parler d'une voix ferme.

Il s'adresse plus particulièrement au vieux chasseur.

– Ma-wâmi n'est pas d'accord avec les paroles de Kâ-maï. L'homme ours a bâti l'abri qui nous a protégés du froid. Nous avons mangé la chair des animaux qu'il a chassés. Kâ-maï n'aurait pas dû frapper Âki-naâ.

Il se tourne vers Aô :

– Ma-wâmi remercie Aô pour sa générosité. Il regrette ce qui s'est passé.

Il ajoute encore en guise de conclusion, de nouveau à l'intention de Kâ-maï :

– Ma-wâmi n'est pas pressé de repartir. Le temps n'est pas encore venu.

Âki-naâ lui adresse un regard éperdu de reconnaissance.

Elle est persuadée que les ancêtres se sont exprimés par la bouche du jeune homme. Finalement, ses incantations n'ont pas été vaines. Elles sont parvenues jusqu'à leurs oreilles. Du coin de l'œil, elle observe Kâ-maï.

L'intervention de son compagnon l'a complètement pris au dépourvu. Il bafouille d'indignation.

I-taâ n'a pas non plus apprécié le discours de Ma-wâmi, comme l'indiquent les regards outrés qu'elle lui adresse.

Âki-naâ se dépêche de prendre la parole pour ne pas laisser à Kâ-maï le temps de se ressaisir.

– Âki-naâ a hâte de retrouver les siens. Dès le retour des cygnes, Aô et elle se mettront en marche.

Sans attendre de réponse, elle prend son bébé dans ses bras et fait signe à Aô de la suivre à l'extérieur.

L'homme et la femme cheminent côte à côte. Chacun revit à sa manière les derniers événements. Âki-naâ s'agite comme si elle voulait parler mais c'est finalement Aô qui rompt le silence :

– Aô a entendu les paroles du vieux chasseur. Cet homme est son ennemi mais il a raison. Aô n'ira pas jusqu'au lac où vivent ceux de ton clan. Le chasseur a parlé comme parleront les autres. Aô n'est pas le bienvenu.

Il s'interrompt quelques instants pour chercher ses mots :

– Les anciens hommes ne sont pas là-bas. Aô n'a rien à y faire. En favorisant la rencontre avec les tiens, les esprits ont voulu lui rappeler sa mission. Aô sait maintenant qu'aucune alliance n'est possible avec les hommes nouveaux.

– Mais non ! s'écrie Âki-naâ, exaspérée. Les esprits voulaient seulement permettre à un chasseur de connaître son fils et de se séparer des vivants, l'âme en paix ! Kâ-maï ne parle qu'en son nom et il n'a aucun pouvoir pour décider quoi que ce soit. Ce n'est qu'un vieux chasseur borné ! Les autres membres de mon clan sont accueillants et pacifiques. Rares sont ceux qui se comportent avec une femme comme il l'a fait avec moi. Habituellement, les femmes sont écoutées. C'est vrai qu'elles ne doivent pas tuer d'animaux ! Mais tous comprendront pourquoi Âki-naâ a dû le faire pour préserver sa vie et celle de son enfant. Ils seront reconnaissants envers Aô ! Il pourra demeurer parmi les miens jusqu'à ce qu'il décide lui-même de partir. Et chaque fois qu'il reviendra, il sera toujours le bienvenu. Personne n'écoutera les sermons de Kâ-maï ! Ce vieux radoteur n'a jamais cessé de prédire des catastrophes qui ne se produisent jamais ! Par contre, il n'avait pas prévu la venue des hommes oiseaux ! N'as-tu pas écouté les sages paroles de Ma-wâmi ? Tes oreilles ne comprennent que ce qu'elles veulent bien entendre ! Écoute-moi ! Rien n'est changé. Âki-naâ a entièrement confiance en Wagal-talik, son père, celui qui mène la chasse, et en Napa-mali, le chaman. Leur influence est prépondérante sur les décisions qui engagent l'avenir du clan. C'est à Napa-mali que s'adressent les esprits. Lui seul est capable d'interpréter les signes et de comprendre leur volonté.

Elle s'interrompt pour observer l'effet de ses paroles sur son interlocuteur. Aô garde le silence. La jeune femme prend ça comme un encouragement.

– Napa-mali a vécu plus longtemps qu'aucun homme. Sa mémoire se souvient d'événements très anciens que les autres n'ont pas connus. Autrefois, les nôtres vivaient avec des clans apparentés, très loin d'ici, à l'opposé de l'endroit où naît le vent froid. Un jour, la nourriture a commencé à manquer. Les miens ont erré à travers d'immenses territoires avant d'arriver jusqu'au lac, sur les berges duquel ils ont décidé de s'installer. Au cours de leur longue errance qui a duré une grande partie de la vie d'un être humain, ils ont rencontré des hommes étranges qui parlaient avec les mains. Les nôtres étaient affamés. Ils mouraient de faim. Ces hommes ont partagé leur nourriture avec eux et leur ont permis de s'abriter dans leur camp. Âki-naâ pense que ces hommes ressemblaient peut-être à Aô. Napa-mali le dira. Il dira aussi où se situait leur territoire.

Aô grogne pour manifester son intérêt.

Stimulée, elle poursuit son effort de persuasion.

– Je te le répète. Tu ne dois pas tenir compte de l'attitude hostile de Kâ-maï. Je crois qu'il a compris la leçon. Désormais il connaît ta force. Il a senti le souffle de la mort sur sa nuque. Il n'osera plus lever la main sur moi...

Elle marque une courte pause avant d'ajouter.

– ... si tu es là !

Aô tressaille. L'argument a porté.

Il s'arrête de marcher et la considère un long moment d'un air indécis. Finalement il se décide à parler.

– Aô n'a pas dit qu'il voulait se séparer de la femme et de l'enfant !

Âki-naâ se tait, décontenancée par cette remarque. Elle a senti un vague reproche dans sa voix. Elle se rend compte qu'elle n'a considéré la question que selon son propre point de vue. Jamais l'hypothèse de ne pas retourner chez les siens ne l'a effleurée.

Pourtant Aô a raison. Rien ne l'oblige à demeurer parmi eux.

Quelle que soit sa décision, elle sait maintenant qu'il peut en être autrement et que lui, Aô, a envisagé cette possibilité, que peut-être même, il en espère la concrétisation !

Par lui, elle sait que les anciens hommes vivent la plupart du temps en petites communautés de deux ou trois couples. Veut-il qu'Âki-naâ devienne sa femme ?

Elle se souvient de l'indifférence qu'elle lui prêtait à son égard. Se peut-il qu'elle ait mal interprété son attitude ? Comment imaginer qu'il parle ainsi sans envisager qu'elle ne devienne véritablement sa compagne et non une alliée de circonstance ? Mesure-t-il la portée de ses paroles ?

La jeune femme réfléchit. Elle ne sait pas quoi dire.

Elle essaie de se projeter dans l'avenir. Elle ne doute pas de l'affection réciproque entre Aô et le petit Atâ-mak.

Combien de fois, en se réveillant, n'a-t-elle pas cherché son enfant à tâtons dans l'obscurité pour le découvrir blotti contre Aô endormi ! Le bébé ne manque jamais de manifester sa joie à chaque retour de celui qu'il considère, sans aucun doute, comme son père.

Ses sentiments à elle sont plus confus. La promiscuité et leur étroite collaboration dans l'accomplissement des tâches quotidiennes ont créé une situation de dépendance mutuelle et d'intimité qui ne lui permet pas de prendre beaucoup de recul. Elle se sent en sécurité avec lui. Elle a pris goût à cette existence précaire mais intense. À travers sa relation avec Aô, elle jouit d'une liberté qu'elle n'a jamais connue, loin des interdits et des règles contraignantes qui régissent la vie des hommes et des femmes de son clan. Elle apprécie cette sorte d'ascendant qu'elle exerce sur lui, leur complicité, l'indulgence qu'ils se témoignent l'un l'autre, la joie qu'ils ont à se retrouver tous les deux. Mais pourrait-elle vivre de la sorte sans la perspective de retrouver un jour les siens, eux dont les visages n'ont jamais cessé de lui apparaître, avec la certitude de ne plus revoir le lac et les montagnes qui touchent le ciel ? Ne risque-t-elle pas d'attirer sur eux la colère des esprits ? Une femme du clan peut-elle s'unir à un ancien homme ? À sa mort, que deviendrait son âme, loin du territoire des siens ?

Troublée, elle ne trouve pas de réponse satisfaisante. Elle ne sait qu'une chose avec certitude : Elle ne veut pas qu'Aô s'en aille. Il faut qu'il vienne avec eux.

Elle a foi en la sagesse de Napa-mali. Le vieil homme saura éclairer ses pensées. Aujourd'hui, elle regrette l'insouciance des journées passées à déambuler sans fin le long du fleuve, les moments paisibles qu'ils ont partagés tous les trois, loin des contraintes de la vie communautaire et des mauvais présages.

Elle voudrait ne pas songer aux difficultés qui l'attendent.

Elle essaie de se raccrocher à la confiance qu'elle éprouve envers le chaman. Quelles que soient les réticences des autres, aucun n'osera contester sa décision car il parle au nom des esprits. Pourtant, elle a du mal à évacuer l'angoisse qui lui noue l'estomac. Elle ne sait plus quoi ajouter pour le convaincre de rester avec eux.

D'un ton las, elle dit simplement :

– Âki-naâ doit retourner parmi les siens. Mais Atâmak et elle ont besoin d'Aô. Il ne doit pas les abandonner maintenant. Aô n'a rien à craindre. Il ne regrettera pas d'être venu.

Aô prend le temps de réfléchir.

Au bout d'un long moment, il dit :

– Aô rencontrera le chaman.

Âki-naâ ressent un immense soulagement.

Ils ne disent plus rien et reprennent le chemin de l'abri.

À leur retour, les deux hommes et la femme sont toujours là. Le soir, personne ne parle. On entend seulement le babil du bébé. L'atmosphère est tendue à l'extrême. Âki-naâ soupire. Le temps sera encore long jusqu'au départ.

Kâ-maï s'est rapidement rétabli. Il se comporte comme si Âki-naâ et Aô n'existaient pas. I-taâ s'est réfugiée dans le mutisme. Son aversion pour Aô est patente. Elle est sous l'emprise de la peur et continue de lui refuser obstinément le statut d'humain. Les regards d'épouvante qu'elle lui adresse, dès qu'il s'agite ou s'approche de l'un d'entre eux, expriment sans ambiguïté son sentiment. Elle voit en lui l'incarnation du mal, une créature conçue et animée par de mauvais esprits. Depuis les événements qui ont failli coûter la vie à Kâ-maï, elle est convaincue qu'Aô a l'intention de tuer ses deux compagnons et de prendre possession d'elle, comme il l'a fait avec son ancienne compagne d'infortune.

Âki-naâ a beau s'évertuer à lui expliquer qu'Aô ne leur veut aucun mal et qu'il n'a fait que prendre sa défense, elle refuse de l'entendre, allant jusqu'à se boucher ostensiblement les oreilles avec les mains chaque fois qu'elle commence à parler. Exaspérée par son entêtement, Âki-naâ ne rate pas une occasion de la houspiller ou de lui manifester son impatience, insensible à sa détresse.

Mais le comportement d'I-taâ exacerbe son appréhension du retour parmi les siens. Comment espérer un témoignage cohérent et objectif de sa part ? Nul doute qu'elle fera écho au ressentiment et à la haine du vieux chasseur !

Heureusement, il reste Ma-wâmi. Depuis son intervention courageuse, Âki-naâ mise beaucoup sur lui. Âki-naâ est persuadée que Kâ-maï n'a pas digéré l'affront que lui a infligé son jeune compagnon. Il ne semble pourtant pas lui en tenir rigueur. Il ne s'attendait sans doute pas à un tel désaveu de la part de ce chasseur réservé, habituellement peu porté à s'opposer aux décisions de ses aînés. D'abord mortifié, il a vite compris qu'il risquait de perdre définitivement son appui en lui témoignant son ressentiment. Il a pris le parti de ravaler son indignation. Depuis cette affaire, il ne lui laisse aucun répit, s'employant patiemment à lui démontrer la nécessité de se soustraire à l'emprise de cette créature qui tient déjà Âki-naâ en son pouvoir, sous peine de devoir assumer la responsabilité des malheurs qui ne manqueront pas d'accabler le clan tout entier.

Âki-naâ craint que ces pressions ne finissent par altérer son objectivité et qu'il ne se rallie à la cause de Kâ-maï. Comme tous les chasseurs, il est respectueux envers ses aînés. L'homme est aussi le père de celle qu'il avait prise pour femme et dont la mort l'a beaucoup attristé. Parviendra-t-il à se libérer de l'ascendant qu'il exerce sur lui pour oser, cette fois devant le conseil du clan, apporter un témoignage impartial des faits ?

Elle relève qu'il ne réagit pas lorsqu'elle intervient parfois pour contredire les propos malveillants et injustes de Kâ-maï. Quant au vieux chasseur, apparemment sûr de son fait, il l'ignore superbement.

Pourtant, Âki-naâ garde espoir. S'il ne lui adresse

pas la parole en présence de Kâ-maï, Ma-wâmi ne cherche pas non plus à l'éviter. Bien qu'aussi distant envers Aô que le sont I-taâ et Kâ-maï, Âki-naâ ne lit pas d'animosité dans son regard lorsque ses yeux se posent sur lui. Elle croit même y surprendre de l'intérêt. Elle a remarqué que le jeune homme cherchait à entretenir une certaine complicité avec elle, profitant de chaque occasion pour lui manifester sa sympathie par des sourires timides ou quelques mots échangés furtivement à l'insu des autres, comme s'il tenait à lui faire comprendre qu'il ne s'associait pas à ses deux compagnons pour la condamner. Elle se persuade qu'il continue de désapprouver l'attitude de Kâ-maï et qu'il déplore la situation.

Âki-naâ ne lui en veut pas d'avoir porté secours au vieux chasseur et d'avoir menacé Aô. Bien au contraire, elle trouve qu'il s'est bien comporté. Il aurait pu tuer Aô. Il ne l'a pas fait. Il a agi avec sang-froid. Son intervention a sans doute contribué à éviter l'irréparable.

La jeune femme a toujours éprouvé de l'affection pour ce grand garçon, plutôt timide. En dépit de sa minceur et de son allure juvénile, c'est un chasseur confirmé, apprécié pour sa vélocité et son endurance. Âki-naâ n'oublie pas les épreuves qu'il a endurées dans l'espoir de retrouver sa compagne et de l'arracher aux hommes oiseaux. Elle sait qu'il a été très affecté par sa mort. Elle compatit à son désarroi. Elle n'oublie pas non plus l'amitié qui le liait à Atâ-mak.

Mais l'optimisme d'Âki-naâ est fluctuant. Malgré ces quelques signes encourageants, l'avenir lui paraît bien incertain. Elle s'attend à des jours difficiles. La proximité du retour ne la réjouit plus autant qu'auparavant. Elle en arrive parfois à se persuader qu'Aô a raison, qu'il vaudrait mieux qu'ils se séparent avant leur arrivée sur le territoire du clan. Mais tout son être s'insurge contre cette idée. Renoncer maintenant ne ferait que confirmer les mauvaises paroles de Kâ-maï. Cela reviendrait à désavouer sa relation avec Aô, à reconnaître qu'elle est coupable de quelque chose !

Non ! Quelle qu'en soit l'issue, elle doit affronter le verdict du clan ! Elle préfère s'exposer à la désapprobation ou au rejet plutôt que de manquer de loyauté envers son compagnon. Jamais elle n'acceptera d'apporter le moindre crédit aux élucubrations de Kâ-maï. Aô est un homme véritable. Elle fera en sorte que ses qualités soient reconnues. Elle refusera toute compromission ! Elle n'a aucune honte à avoir. Elle était prête à perdre la vie pour donner à son enfant une chance de survie, si infime soit-elle ! Une vague de reconnaissance la submerge. Cette chance, c'était lui !

Âki-naâ se sent parfois plus proche d'Aô que de ses congénères, auxquels il lui arrive, dans les moments d'abattement, de prêter le caractère suspicieux et intolérant d'I-taâ et de Kâ-maï, l'asservissement à des préjugés et à des croyances qui les empêchent de faire preuve d'objectivité.

Aô n'est pas sujet aux inquiétudes de sa compagne. Depuis qu'Âki-naâ l'a convaincu de l'accompagner jusqu'au territoire des siens, il a repris sa place sous l'abri comme s'il ne s'était rien passé. Il continue d'épier les comportements des uns et des autres, s'efforçant de deviner ce qu'ils disent à partir des mots que lui a enseignés la jeune femme, en s'aidant de leurs mimiques pour interpréter le sens de ceux qu'il ne connaît pas. Au fil des jours, il enrichit son vocabulaire, à tel point qu'il est désormais capable de comprendre l'essentiel de ce qu'il entend, alors que les autres sont encore convaincus qu'il n'en saisit que quelques bribes.

Le printemps finit par s'imposer. Les saules bourgeonnent. La neige évacue la toundra pour laisser place aux marécages et aux vastes étendues grisâtres, recouvertes de lichen. La jeune femme retrouve quelque joie à regarder passer les premiers petits troupeaux d'animaux amaigris qui se précipitent en meuglant à travers les gués, désormais libérés par les glaces, avides de brouter les premières pousses tendres dans la steppe.

Le départ est décidé pour le lendemain. D'après Kâ-maï, ils devront encore marcher jusqu'à ce que la lune soit ronde avant de rejoindre le territoire du clan.

Les préparatifs ne sont pas très longs. Les charges sont réparties entre les membres du groupe. Chacun emporte ses propres armes et outils. Ma-wâmi et Kâ-maï sont pressés de partir. Ils scrutent les alentours comme s'ils craignaient l'arrivée des hommes oiseaux. Ils sont convaincus qu'ils n'ont pas renoncé à les attaquer.

X

Il s'est passé autant de jours que les doigts des deux mains depuis qu'ils ont atteint l'endroit où l'affluent qu'ils suivaient se jette dans le grand fleuve. Après avoir profité d'une portion où le courant était plus faible pour le traverser à la nage, ils ont entrepris de remonter l'imposant cours d'eau en direction du nord. Les versants abrupts des montagnes se rapprochent de plus en plus. Aô est fasciné par ces parois vertigineuses dont les parties les plus élevées se confondent avec les nuages. Le fleuve s'est considérablement élargi après avoir recueilli l'eau des torrents grossis par la fonte des parties inférieures des glaciers qui recouvrent les sommets des montagnes.

La veille, c'était la pleine lune. Les voyageurs ont quitté les berges du cours d'eau et sont parvenus aux confins du territoire de chasse du clan.

Aô chemine tranquillement à l'arrière du groupe. Pour le rejoindre, Âki-naâ se laisse distancer par les trois autres qui avancent d'un pas alerte, revigorés par la perspective d'une arrivée imminente. Elle lui adresse un sourire crispé. Sa voix tremble. Elle est émue.

– Aô, ce soir nous camperons en vue du lac. Demain, je vais retrouver les miens. Je ne sais pas comment les choses vont se passer.

Sa voix se raffermit.

– Mais tu dois avoir confiance en moi. Aucun d'eux n'a jamais vu d'homme tel que toi. La plupart ignorent jusqu'à leur existence. Ils seront impressionnés. Les paroles de Kâ-maï trouveront un écho favorable chez certains d'entre eux. Il connaît celles qui font naître la crainte dans le cœur des miens. Sous l'influence de la peur, ils te manifesteront peut-être des marques d'hostilité. Mais aucun ne cherchera à prendre ta vie. Tu dois me faire confiance. Ils appréhendent la colère des esprits mais ce sont des hommes pacifiques. Sois indulgent avec eux. Garde ton calme. C'est la meilleure façon de répondre aux accusations de Kâ-maï. Il faut leur laisser un peu de temps. Quelle que soit leur première réaction, ils écouteront la parole du chaman. Tous le respectent et nul ne doute qu'il parle au nom des esprits.

Aô pose la main sur la tête de la jeune femme, geste familier auquel il a recours quand il souhaite rassurer son amie.

– Aô ne fera rien contre ceux de ton clan. S'ils n'acceptent pas sa présence, il partira.

Il n'est pas inquiet. Il restera sur ses gardes. Il n'a rien à perdre. Jamais il n'aura meilleure occasion d'approcher un clan d'hommes semblables à ceux qui ont décimé son peuple, de partager leur existence quotidienne et de comprendre comment ils ont obtenu la faveur d'esprits puissants au détriment des anciens hommes.

Il regarde devant lui. Les autres sont en train de gravir une petite éminence derrière laquelle le soleil est sur le point de disparaître. Sans doute vont-ils s'arrêter là pour aujourd'hui.

Âki-naâ se détend un peu, apaisée par le calme et l'assurance qui émanent de son compagnon.

Ils se remettent en marche en silence. Il fait presque nuit quand ils parviennent au sommet du petit mamelon. Un feu gigantesque crépite. Kâ-maï ne craint plus de montrer sa présence. Ils sont désormais sur le territoire du clan.

Aô se réveille le premier. Le soleil se lève. Une légère brume flotte au-dessus du sol. Il fait froid. Il se redresse d'un bond. Son regard perçant embrasse l'immense cuvette, cernée à l'ouest par les pentes escarpées des montagnes où la rocaille dispute la place à des coulées de glace qui descendent jusqu'aux rives du lac.

Il considère avec respect la vaste étendue bleue qui scintille sous les rayons du soleil levant. Il n'a jamais vu autant d'eau. L'impression d'immensité est accentuée par la brume qui l'enveloppe et empêche de situer précisément le rivage.

L'homme sent un souffle chaud sur sa nuque. Âki-naâ s'est levée sans bruit pour le rejoindre. Elle se serre contre lui en frissonnant dans la fraîcheur de l'aube. Ils restent un long moment immobiles et silencieux.

Un grognement les tire de leur contemplation.

Kâ-maï s'est réveillé. Il souffle sur les braises pour ranimer le feu puis secoue sans ménagement Ma-wâmi et I-taâ. Le charme est rompu.

Âki-naâ et Aô vont s'asseoir près du feu. Ma-wâmi dégage une pierre plate de sous les braises et y jette les restes d'une oie abattue la veille. Impatient, Kâ-maï s'en empare le premier. Il prélève une portion avec son couteau. Les autres l'imitent. Seule Âki-naâ dédaigne la chair à demi cuite de l'animal. Elle n'a pas faim. Son estomac est noué par l'angoisse. Kâ-maï et I-taâ mangent rapidement. Ils pressent Ma-wâmi d'en faire autant. Celui-ci rechigne.

– Pourquoi se hâter ? Avant la mi-journée nous aurons rejoint le camp ! Laissez-moi manger tranquillement !

– Reste donc là, si tu veux ! I-taâ et moi, nous partons, rétorque sèchement le vieux chasseur en le foudroyant du regard.

Ma-wâmi soupire. À regrets, il se soumet à la volonté de son aîné.

Âki-naâ se lève et tourne nerveusement autour du feu en s'arrêtant pour scruter l'horizon comme si elle s'attendait à voir le clan tout entier surgir des brumes et escalader la colline en courant.

Kâ-maï et I-taâ se mettent en marche les premiers. Ils ne lui prêtent pas la moindre attention. Ma-wâmi s'attarde un peu. Il lui sourit d'un air contrit. Il ouvre la bouche pour parler puis se ravise et s'en va sans un mot.

Indifférent à cette agitation, Aô continue de manger tranquillement.

Âki-naâ le réprimande.

– Allez ! Viens Aô ! Il ne faut pas que Kâ-maï nous distance ! Viens maintenant ! Tu as assez mangé.

Aô perçoit la tension dans sa voix. Il obéit. En quelques instants, ils sont prêts à partir. Ils dévalent à leur tour la pente. Les trois autres sont déjà loin. Kâ-maï force l'allure. À plusieurs reprises, il se retourne dans leur direction. Âki-naâ n'est pas dupe. Malgré le rythme soutenu qu'elle impose à son compagnon, la distance qui les sépare ne diminue pas. L'homme espère les devancer.

Âki-naâ se contraint à ralentir. À quoi bon se dépêcher maintenant ? En agissant ainsi, le vieux chasseur démontre qu'il n'est pas aussi sûr de son fait qu'il y paraît. Après tout, cette précipitation pourrait le desservir. Âki-naâ n'a pas besoin de se hâter. Qu'il parle donc le premier ! Au moins les autres seront-ils prévenus de l'arrivée d'Aô !

Kâ-maï espère sans doute convaincre les chasseurs de refuser l'entrée du camp à son compagnon avant qu'elle puisse intervenir. S'il parvient à créer immédiatement un climat d'hostilité envers Aô, en suscitant par ailleurs leur désapprobation pour sa propre conduite, elle aura du mal à se faire entendre. Aô risque d'être refoulé d'emblée et elle-même sommée de reconnaître son égarement et de se conformer aux lois du clan.

Au lieu de l'inquiéter, cette perspective renforce sa détermination. De quoi devrait-elle se justifier ? De son obstination à préserver la vie de son enfant et à vouloir rejoindre les siens ? D'y être parvenue grâce à la protection de cet homme étrange que les esprits ont placé sur son chemin alors qu'elle était condamnée à mourir de faim ou à être rattrapée par ses ravisseurs ?

Elle refusera de s'imputer des torts qui n'en sont pas. Ses craintes se dissipent pour laisser place à une froide colère. Elle lève la tête et serre les poings. Elle n'a pas à rendre de comptes et n'acceptera aucun reproche. Si l'accès du camp est refusé à son compagnon, elle partira avec lui.

Des cris et des rires interrompent ses réflexions. Elle a beau s'y être préparée, elle sursaute et son cœur s'emballe. Elle saisit machinalement le poignet d'Aô et enfonce ses ongles dans sa peau. Il ralentit l'allure pour lui permettre de se ressaisir. Il n'est plus temps de renoncer.

Âki-naâ sent ses résolutions s'évanouir. La peur s'insinue en elle, la peur d'être rejetée par les siens, de leur mépris ou pis encore, d'être confrontée à des choix impossibles.

Aô a identifié les auteurs de ces cris. Ce sont des enfants venus à leur rencontre. Sans doute le feu a-t-il été repéré la nuit précédente. Ils ne regardent pas vers le haut de la colline. Ignorant leur présence, ils escortent les deux hommes et la femme en direction du camp. Le groupe disparaît derrière un bosquet. Aô et Âki-naâ atteignent à leur tour le fond du ravin. Ils suivent le sentier qui remonte à travers les arbres. Âki-naâ a pris les devants. Le camp est là, tout proche, sur les hauteurs qui surplombent le lac. Les huttes de branchages et de peaux surgissent brusquement derrière le sommet. L'endroit est plaisant, une vaste étendue plane parsemée de rochers et d'arbustes. Une source jaillit entre des pierres, formant un ruisseau qui s'écoule vers le lac dont on aperçoit les eaux sombres en contrebas.

Âki-naâ reconnaît Wagal-talik, son père, Kipa-koô, son frère et Napa-mali le chaman parmi les hommes et les femmes regroupés autour du trio qui les a devancés. Alertés par les cris des enfants qui les ont repérés, les têtes se tournent dans leur direction. Kipa-koô est le premier à reconnaître Âki-naâ.

Il pousse un hurlement de joie et se rue à sa rencontre. Le cœur de la jeune femme se serre en le voyant claudiquer. Son handicap n'altère cependant pas sa vélocité. En quelques instants, il se retrouve en face de sa sœur.

Sans un regard pour Aô dont il ne semble même pas avoir remarqué la présence, le garçon se précipite sur elle comme un lynx sur sa proie, manquant de la faire tomber. Âki-naâ rit de joie.

La vue d'Aô met brusquement un terme à leurs effusions.

Bouche bée, Kipa-koô laisse retomber ses bras le long du corps. Les yeux écarquillés de stupeur, il dévisage cette étrange créature, immobile à quelques pas de sa sœur.

– Qui es-tu ? interroge-t-il.

Âki-naâ répond brièvement à sa place. Guidé par Kâ-maï dont les vociférations parviennent jusqu'à eux, le clan tout entier se porte à leur rencontre.

– C'est Aô. Il nous a protégés, moi et le petit. Il est notre ami.

Elle exhibe l'enfant encore endormi.

Ahuri, le jeune homme s'apprête à dire quelque chose mais la voix sèche de Kâ-maï claque brutalement.

– Viens ici Kipa-koô, intime-t-il.

Surpris par le ton péremptoire de l'homme, le garçon obéit machinalement. Mais brusquement il se ravise et va se placer entre sa sœur et l'homme ours.

La jeune femme pose sa main sur son épaule et le retient fermement à son côté. Aô n'a pas bougé. Il attend calmement.

Le visage rouge de colère, Kâ-maï réitère son ordre.

– Tu m'as entendu ! Reviens par ici.

Mais le garçon reste sourd à cette nouvelle injonction. Il soutient crânement le regard furieux du vieux chasseur.

L'attitude de Kipa-koô a raffermi le courage d'Âki-naâ. Elle se sent prête à affronter l'ensemble du clan.

D'un geste, elle invite Aô à se rapprocher.

La quasi-totalité du clan s'est rassemblée en face d'eux.

Âki-naâ parcourt des yeux l'assemblée. Elle lit l'étonnement dans les regards, l'inquiétude, la suspicion, la crainte.

Le moment qu'elle a imaginé tant de fois, tantôt appréhendé, tantôt espéré, est enfin arrivé. Conformément aux règles de la politesse, elle attend que les anciens lui donnent la parole.

Elle entend les battements de son cœur, plus forts que le fracas du tonnerre sur le plateau. Mais son regard est ferme. Ses yeux glissent lentement de l'un à l'autre.

Kâ-maï désigne Aô et rugit.

– Voyez le monstre que cette femme a amené jusqu'ici contre ma volonté ! C'est lui qui a provoqué la mort d'Atâ-mak pour s'emparer de sa femme et de son fils. Sachez qu'il a failli me tuer ! Sans l'intervention de Ma-wâmi, Kâ-maï aurait rejoint le peuple des ancêtres !

Il adresse un coup d'œil autoritaire à l'homme dont il vient d'évoquer le nom, l'invitant à confirmer ses propos.

Mais celui-ci baisse la tête et garde le silence.

Un brouhaha fait écho aux paroles du chasseur. Chacun commente à sa manière les paroles inquiétantes qu'il a proférées.

Rendu furieux par la défection de Ma-wâmi, il crie pour dominer la rumeur.

– Écoutez tous !

Il agite la tête et trépigne en brandissant les poings vers le ciel pour prendre les esprits à témoin.

– Cette femme prétend qu'il appartient à l'ancien peuple des hommes de la toundra ! Mais c'est faux ! Il n'existe qu'une sorte d'êtres humains ! Je ne sais qui il est et d'où il vient mais il n'en fait pas partie. Il ne doit pas se mêler aux vrais hommes sous peine de mécontenter les esprits. Voyez ses armes ! Ce ne sont que de grossières imitations de celles des hommes ! Ne vous fiez pas à son vêtement. C'est sa femelle que voilà qui l'a confectionné !

Il pointe son doigt vers Âki-naâ.

Quelques murmures de protestation font écho à ses paroles méprisantes. Il les balaie d'un geste rageur et poursuit :

– Sa voix est celle des animaux dont la toison recouvre en partie sa peau. Il n'est ni homme, ni animal. Sa présence est nuisible. Il faut le tuer ou le renvoyer d'où il vient car il met le clan en danger. N'écoutez pas les paroles de cette femelle. Elle lui appartient désormais. Il a fait d'elle un chasseur ! Son fils le considère comme son propre père !

Un silence pesant fait suite aux propos accablants de l'homme.

Personne n'ose se manifester. On attend l'intervention du chaman. Les regards convergent vers lui. Conscient de l'attente qu'il suscite, le vieillard prend néanmoins tout son temps, comme il sied à un homme qui dialogue avec les esprits.

Immobile, un peu à l'écart, Aô reste impassible sous les regards inquiets qui le dévisagent furtivement. Les yeux se baissent lorsqu'ils rencontrent les siens.

Le chaman se décide à intervenir. Il s'avance vers Aô de son pas bondissant. Les autres s'écartent respectueusement devant lui. Aô le regarde s'approcher sans manifester d'émotion apparente. Le chaman ne s'arrête que lorsqu'il se retrouve nez à nez avec lui.

Malgré sa haute taille, il paraît insignifiant en face de cette masse de chair et de muscles, plantée devant lui. Mais le vieillard ne semble nullement intimidé. Ses mains osseuses jaillissent de sous son vêtement et se mettent à palper le visage et les épaules du garçon. Aô esquisse un léger mouvement de recul. Inquiète, Âki-naâ lui adresse quelques mots pour l'engager à ne pas réagir. Aô la rassure d'un geste. Il ne se sent pas menacé par le vieillard. Il respectera ses engagements.

Imperturbable, il le laisse poursuivre son examen. L'homme scrute maintenant son visage, apparemment satisfait. Il marmonne quelques mots avant de se décider à l'interroger.

– Parles-tu notre langue ?

Comme Aô garde le silence, le chaman se tourne vers Âki-naâ.

– Peut-il comprendre ?

– Oui, sans aucun doute.

Aô ne répond toujours pas.

Le vieillard ne manifeste aucune impatience. Il continue de le dévisager tranquillement. Aô soutient son regard. Il a très bien entendu la question. Il repousse le vieillard sans ménagement, émet un grognement et fait quelques gestes rapides.

Un grondement, de peur et de colère mêlées, s'élève de l'assistance. Âki-naâ traduit à l'intention du chaman en haussant la voix pour être entendue de tous.

– Il dit qu'il parle le langage des siens.

Le vieux chaman hoche la tête d'un air entendu. D'un geste, il intime le calme aux chasseurs inquiets.

– Il nous faut maintenant entendre les paroles d'Âki-naâ.

Kâ-maï voudrait s'insurger mais la main de Wagaltalik se pose sur son épaule. D'un plissement de paupières, il indique au chasseur que lui aussi aimerait écouter sa fille. Des voix s'élèvent pour appuyer la requête du chaman. Kâ-maï se résigne à se taire.

Alors Âki-naâ raconte. Une nouvelle fois, elle évoque la férocité des hommes oiseaux, la fin tragique de Kî-mi, la dureté des femmes, la perspective de la mise à mort de son enfant. Elle revient sur l'agitation provoquée par l'arrivée d'Aô, sur sa fuite. Elle dépeint la colère du ciel sur le plateau désert, la naissance de son fils dans la caverne, la deuxième rencontre avec Aô. Elle prend le temps d'exprimer d'abord sa terreur, puis sa surprise devant la générosité de l'homme. Elle décrit précisément sa situation pour bien faire comprendre aux siens que ses chances de survie étaient dérisoires.

Elle évoque son désarroi lors du départ d'Aô, sa décision de le suivre. Elle détaille les différentes phases du combat avec les hommes mauvais, mime l'intervention inespérée de son compagnon. Elle décrit les graves blessures de l'homme, sa détermination à le soustraire à la voracité des hyènes. Elle explique pourquoi elle a été contrainte de chasser pour les nourrir tous les trois. Longuement, elle relate leurs efforts pour communiquer et sans cesse, elle revient sur la gentillesse de cette créature envers elle et le petit Atâ-mak, sur le respect témoigné à sa personne.

Elle n'omet pas de leur transmettre toutes les informations qu'elle a pu recueillir sur Aô, l'origine et les coutumes de son peuple, le destin tragique de son clan, sa quête.

À plusieurs reprises, elle rappelle son engagement, pris en leur nom à tous, de l'accueillir dans le camp.

Sa voix se fait plus dure. Elle aborde la rencontre avec Kâ-maï, Atâ-mak, Ma-wâmi et I-taâ. Elle raconte la mort paisible d'Atâ-mak, sa gratitude envers Aô qui lui a permis de connaître son fils avant de mourir. Puis elle s'attarde sur la colère de Kâ-maï, son intolérance, la violence dont il a fait preuve à son égard. Elle ne cherche rien à dissimuler. Oui, Âki-naâ a chassé avec l'homme ours. Oui, Aô a failli tuer Kâ-maï. Mais il ne l'a pas fait. Il a agi pour la défendre car les hommes de son clan ne frappent pas les femmes.

Essoufflée par ce long monologue, elle s'accorde quelques instants de répit.

Kâ-maï est rouge de colère. Aô n'a pas bougé. Il a compris l'essentiel du discours d'Âki-naâ. Il observe la réaction des autres. Les chasseurs veulent entendre Ma-wâmi. Tous les regards se tournent vers lui.

Napa-mali invite le jeune homme à prendre la parole :

– Ma-wâmi doit parler.

L'intéressé vient se placer à côté du chaman. Il fait face à ses congénères. Ses yeux vont d'Âki-naâ à Kâ-maï en passant par Aô. Kâ-maï lui décoche un regard noir. Le pouls d'Âki-naâ s'accélère. Son témoignage sera déterminant. Le sourire un peu crispé qu'il lui adresse la rassure. Il savait qu'il n'échapperait pas à cette épreuve et s'y est préparé. Sa voix est ferme. Son discours est concis. Il ne s'embarrasse pas de fioritures, visiblement pressé d'en finir avec cette corvée.

– Âki-naâ dit vrai. Notre situation était désespérée.

L'homme ours nous a accueillis dans son abri. Il a partagé sa nourriture et il a chassé pour nous tous. Plus tard, Kâ-maï a frappé Âki-naâ. L'homme ours aurait pu le tuer mais il ne l'a pas fait. Il a écouté Âki-naâ.

Kâ-maï hurle de rage.

– Il ment. Pourquoi ne dis-tu pas qu'il n'a cédé que parce que tu le menaçais avec ton épieu ! Toi aussi, tu es en son pouvoir ! Écoutez plutôt I-taâ. Allez parle, toi ! Raconte-leur comment cela s'est passé !

La jeune femme reste muette. L'attitude digne d'Aô, le discours d'Âki-naâ et les paroles de Ma-wâmi ont ébranlé ses convictions. Elle sait que ce dernier a dit la vérité. Mais elle n'ose pas contrarier Kâ-maï.

Celui-ci vocifère de plus belle. Il menace les siens de mille maux et les met en garde contre la colère des esprits. Il annonce le déferlement de hordes d'hommes ours. Certains, parmi les plus craintifs, semblent accorder quelque crédit à ses terribles prophéties.

Le clan est maintenant divisé.

Le chaman réclame de nouveau le silence. Il s'approche d'Âki-naâ et tend les bras vers le bébé.

Il se tourne lentement vers l'assemblée en brandissant l'enfant.

– Voici Atâ-mak, un chasseur pour le clan.

Il pointe sa main vers Âki-naâ.

– Voici Âki-naâ, une femme de notre clan. Ils nous reviennent vivants.

Des cris de joie font écho à ses paroles.

Ses yeux de rapace se posent maintenant sur Kâ-maï. Le vieux sage sait qu'il doit ménager la susceptibilité du chasseur. L'homme a perdu sa fille. Malgré l'aveuglement de la colère et de la haine, il est de bonne foi.

Il dit qu'il comprend les craintes de l'homme.

–Kâ-maï a peur pour les siens. C'est un homme respecté. Sa parole n'est pas prise à la légère. Mais qu'il se rassure, l'homme que voilà est bien un homme et non une créature maléfique. Et il n'est pas venu seul !

Il désigne ceux qui sont arrivés avec lui.

–Il nous les a ramenés !

Soudain sa voix tonne et roule au-dessus des têtes, cette voix qui est le signe de son pouvoir, une voix incroyablement puissante, totalement inattendue, qui jaillit de son corps chétif comme la parole des esprits.

–Lequel d'entre vous oserait refuser à cet homme les égards et l'hospitalité qui lui sont dus ? Qui oserait remettre en cause les promesses d'Âki-naâ ?

Un silence pétrifié suit ses paroles. Le vieil homme jouit d'une grande considération. Personne n'a jamais mis en doute ses relations privilégiées avec les esprits. Tous savent que ce sont eux qui parlent par sa bouche. Ceux qui s'étaient enflammés aux paroles de Kâ-maï baissent la tête.

Sa voix s'adoucit.

–Maintenant, je vais vous raconter une histoire, une partie de l'histoire de notre clan. Certains d'entre vous l'ont déjà entendue. Mais ils n'en connaissent pas tous les détails. Le moment est venu d'y remédier. Cela s'est passé il y a bien des hivers, au temps des pères de vos pères. Vous savez tous que notre clan vivait autrefois sur les berges d'un lac, beaucoup plus grand que celui-ci, dont les eaux étaient salées. L'hiver y était moins rigoureux. Il y avait des forêts peuplées d'arbres dont certains ne poussent pas ici. À cette époque, beaucoup d'hommes vivaient dans la vaste région qui s'étendait entre la mer et des montagnes gigantesques, entièrement recouvertes de glaces, plus hautes que celles au pied desquelles nous vivons aujourd'hui. La nourriture n'était plus aussi abondante. Des clans s'affrontaient pour s'approprier les territoires de chasse et de pêche. La plupart d'entre nous pensions que le monde s'arrêtait à ces montagnes. Mais certains chamans prétendaient qu'il continuait de l'autre côté. Ils disaient que des hommes y vivaient déjà et que le gibier y abondait. Des chasseurs se sont aventurés vers le nord. Plusieurs hivers ont passé. Un jour, quelques hommes sont revenus. Ils ont dit qu'ils avaient trouvé un passage et que le monde continuait de l'autre côté. Ils ont dit qu'ils avaient marché longtemps à travers des collines et des montagnes moins élevées, dont seuls les plus hauts sommets étaient recouverts de glace, et au creux desquelles se nichaient de nombreuses vallées où se cachaient les arbres et les animaux. Ils ont dit aussi que le vent était froid, que la terre était recouverte de neige pendant plusieurs lunes, et que, loin au-delà des montagnes, s'étendait une steppe qui ne finissait jamais, que le vent partageait avec d'immenses troupeaux d'animaux au pelage épais, faciles à chasser, dont certains leur étaient inconnus. Ils ont dit aussi que les arbres y étaient rares et chétifs et qu'il n'y avait pas d'hommes là-bas, mais que peut-être on pourrait y vivre. Plusieurs clans apparentés, dont l'un était celui des pères de nos pères, ont décidé de partir pour ces contrées froides mais giboyeuses. Je n'ai pas connu personnellement l'endroit où vivaient nos pères autrefois. Il m'a été décrit par des anciens. Je suis né au cours de ce long voyage qui a duré près de la moitié d'une vie d'homme. Nous ne restions jamais longtemps au même endroit car nous étions nombreux et les ressources d'un lieu étaient rapidement épuisées. Nous ne progressions cependant que très lentement vers le nord car nous étions tributaires des mouvements du gibier et, tout en avançant, il nous fallait accumuler des réserves pour l'hiver qui devenait de plus en plus long et rude au fur et à mesure de notre déplacement dans la direction des grandes plaines que nous rêvions d'atteindre. En cours de chemin, des clans se sont fixés dans des endroits qui leur paraissaient favorables. Ceux qui ont poursuivi leur marche vers le nord ont dû traverser les montagnes qui s'étendent loin derrière les sommets qui entourent le lac sur les berges duquel nous vivons aujourd'hui. Les nôtres étaient de ceux-là. Une année, la mauvaise saison a commencé très tôt. Les réserves de nourriture étaient insuffisantes. Nous ne connaissions pas toutes les plantes comestibles. Les animaux se terraient dans leurs abris. Les chasseurs devaient affronter le vent glacial pour essayer de ramener de quoi manger. La plupart rentraient bredouilles, certains ne revenaient jamais. Les plus faibles d'entre nous sont morts. La situation était désespérée. C'est alors que nous avons rencontré un peuple étrange. C'étaient des hommes aux grosses têtes semblables à celui-ci. (Il désigne Aô du doigt.) Ils grognaient comme les ours et parlaient avec les mains. Mais c'étaient bien des êtres humains. Les chasseurs qui s'étaient aventurés par là les premiers s'étaient trompés. Des hommes vivaient dans ces contrées. Mais ils étaient peu nombreux, dispersés sur des territoires tellement grands qu'ils ne les avaient pas rencontrés. Aussi ont-ils ignoré leur présence ! C'était sans doute la première fois qu'ils voyaient des hommes tels que nous. Leur surprise égalait la nôtre. Ils étaient vêtus de peaux grossièrement assemblées qui les protégeaient du froid. Ils savaient faire naître le feu, et leurs armes, bien que plus lourdes et moins biens ouvragées que celles de nos pères, étaient robustes et assez efficaces. Ils ont partagé leur nourriture avec la tribu affamée comme l'a fait cet homme-là avec Âki-naâ. Ils nous ont guidés vers une vallée voisine et nous ont aidés à nous installer pour passer la mauvaise saison. Ce fut très dur mais grâce à eux nous avons survécu. Nous sommes restés deux hivers. Pendant la belle saison, ils nous ont indiqué les plantes comestibles que nous pouvions consommer sans crainte. Au moment du départ, la tribu s'est divisée. Certains ont dit qu'il y avait de la place pour d'autres hommes dans cette région et ils sont restés dans les montagnes. Nos pères se sont remis en marche vers le nord et ont fini par atteindre la toundra. Quelques familles se sont détachées pour s'installer sur les rives du fleuve que les autres ont continué à suivre jusqu'ici et dont vous êtes les descendants. Aujourd'hui, je suis le dernier qui a connu le long voyage. Chaque fois que j'en ai eu l'occasion, lors de rencontres avec des clans ou des chasseurs de passage, je me suis enquis de ces hommes qui nous avaient accueillis. Certains prétendaient qu'ils n'avaient jamais existé, mais d'autres évoquaient l'existence de créatures étranges qui ressemblaient beaucoup à des hommes, loin vers l'endroit où se couche le soleil.

La voix du chaman s'enfle de nouveau. Il semble très ému.

– Aujourd'hui, le temps est venu pour nous de rendre le bien, une fois pour nos ancêtres affamés que ces hommes ont aidés, une autre fois pour ceux de notre clan que celui-ci a protégés et ramenés jusqu'ici.

Il poursuit en s'adressant à Âki-naâ.

– Dis-lui, toi, s'il n'a pas compris, que ta parole sera respectée et qu'il est notre invité aussi longtemps qu'il voudra rester parmi nous.

Puis il s'adresse à tous. Son regard s'attarde sur celui de Kâ-maï qui baisse la tête.

– Ceux qui s'aviseraient de lui faire du tort provoqueraient la colère des ancêtres.

Âki-naâ a l'impression de pouvoir à nouveau respirer. Des larmes de soulagement jaillissent de ses yeux. Elle ne voit pas celle qui coule lentement sur la joue parcheminée du chaman.

XI

Le soleil s'est levé trois fois depuis son arrivée. En dépit des paroles de bienvenue du chaman, Aô a conscience que sa présence ne fait pas l'unanimité. Sans lui témoigner d'hostilité, la plupart des habitants l'évitent. Âki-naâ occupe une place dans le coin réservé à sa famille dans l'une des quatre huttes qui constituent l'habitat du clan. Lui s'est installé avec Ma-wâmi dans l'abri attribué aux hommes sans femmes.

Ils n'ont guère l'occasion de se retrouver car la jeune femme est accaparée par le conseil des chasseurs.

Aô passe ses journées à déambuler dans le camp. Indifférent au malaise qu'il suscite, il va d'un groupe à l'autre, observe longuement les activités auxquelles s'adonnent les habitants.

Les enfants le suivent à distance. Seuls les plus hardis se risquent à l'approcher, prêts à détaler à toutes jambes au premier signe de colère ou d'exaspération de sa part. Exception faite de Napa-mali, Ma-wâmi et Kipa-koô sont les seuls à lui témoigner ouvertement leur sympathie. Ce dernier lui voue par ailleurs une vive reconnaissance pour avoir ramené sa sœur, à laquelle il est profondément attaché. Après la mort accidentelle de leur mère, plusieurs hivers auparavant, alors qu'il n'était encore qu'un jeune garçon, il avait reporté toute son affection sur sa sœur aînée.

Parmi les autres, beaucoup ont peur. Certes, la plupart se réjouissent du retour de la jeune femme et de son fils. Mais Atâ-mak, l'un des meilleurs chasseurs du clan, est mort. Quel est donc le dessein des esprits ? Pourquoi tant d'intérêt pour cette femme ? Les paroles de Kâ-maï résonnent encore dans les oreilles de nombre d'entre eux. Les plus superstitieux croient que l'homme ours a pris la place d'Atâ-mak.

Aô n'est pas dupe. Il sait que sa présence n'a été acceptée que grâce à l'autorité du chaman. L'influence du vieil homme sur les siens l'impressionne. Âki-naâ n'avait pas placé vainement son espoir en lui. Même si certains sont convaincus que pour une fois il s'est trompé et redoutent les pires calamités, ils se gardent bien d'afficher ostensiblement leur sentiment, peu désireux de le mécontenter. Le chaman ressemble un peu au vieillard décharné qui exerçait sans doute un rôle semblable au sien parmi les hommes oiseaux. Mais ses yeux gris n'expriment pas la fureur de l'autre. C'est par son calme et ses conseils avisés qu'il impose le respect. Aô ne doute pas de sa relation privilégiée avec les esprits. Son clan est prospère. Les vieux atteignent un âge avancé. Les femmes et les enfants sont nombreux.

L'homme lui a fait savoir qu'il le recevrait bientôt

sous sa hutte. En attendant, Aô profite des avantages de sa situation pour s'instruire. Personne ne lui demande rien. Il peut vaquer à l'intérieur du camp à sa guise. Chaque jour, il reçoit sa ration de nourriture de la main de Ma-wâmi. Depuis leur retour, le jeune homme n'est plus le même. En s'affranchissant de la tutelle de Kâ-maï, il a pris une nouvelle dimension au sein du clan. Encouragé par les propos de Napa-mali, il ne craint plus de manifester ouvertement l'intérêt qu'il porte à cet homme singulier dont il a pu apprécier les qualités et auquel il n'oublie pas qu'il doit probablement d'être encore en vie.

Aô a renoncé à compter les membres du clan. Il y en a trop. Quel que soit leur sexe, les enfants les plus jeunes sont sous l'autorité des mères auxquelles ils rendent de menus services en fonction de leur âge et de leurs capacités. Leurs aînés passent de longs moments en compagnie d'hommes et de femmes plus âgés qui leur transmettent leur savoir et leur enseignent comment ils devront se comporter lorsqu'ils seront devenus adultes. Pendant des journées entières, sous l'autorité d'un vieux ou d'une vieille, ils partent observer les plantes et les animaux qu'il leur est cependant défendu de prélever ou de tuer. Bizarrement, il semble que le même interdit lui soit appliqué car personne ne le sollicite pour se joindre aux sorties de pêche ou de chasse, en attendant le prochain départ sur la piste des grands troupeaux. Un soir, Aô interpelle Ma-wâmi à ce sujet.

– Aô voudrait chasser. Aô n'est pas un enfant de ton clan.

Embarrassé, Ma-wâmi réfléchit quelques instants avant de répondre.

– Nul ne peut prendre la vie d'un animal ou d'une plante s'il ne connaît pas encore les animaux qui sont ses parents car il risquerait de tuer l'un d'entre eux. Les miens ne connaissent pas tes parents animaux. Ils ne veulent pas offenser les esprits en te proposant de participer à une chasse au cours de laquelle l'un d'eux serait abattu !

Aô est perplexe. Les animaux ne sont-ils pas tous les parents des hommes ? Il explique à son compagnon que l'habileté des chasseurs n'est pas l'unique cause de la mort d'une proie. La complicité de l'animal est requise. Il faut que son esprit accepte de faire l'offrande de sa chair. Les rituels auxquels se soumettent les hommes sont dirigés vers cette fin. Ils doivent leur permettre d'obtenir ce consentement sans lequel toute chasse serait vouée à l'échec. En pratique, les chasseurs accomplissent certains gestes destinés à favoriser ou en tout cas à ne pas perturber lc passage de l'esprit de l'animal dans un nouveau corps, faute de quoi les hommes verraient rapidement le gibier se détourner d'eux.

Ma-wâmi fait une moue dubitative.

– Si tous les animaux sont ses parents, Aô ne devrait pas chasser ! Même si sa vie en dépendait, aucun d'entre nous n'accepterait de tuer un de ses parents animaux ! Mais Aô n'appartient pas à notre clan. Ma-wâmi sait qu'il est un chasseur habile. Il doit respecter les lois des anciens hommes. Des choses inhabituelles se sont passées. Une femme est devenue chasseur et les esprits ne semblent pas en être affectés ! Ma-wâmi ne connaît pas leurs raisons. Napa-mali entrera en contact avec eux avant les grandes chasses. Alors nous connaîtrons leur message. D'ici là, Aô doit être patient.

Aô perçoit la gêne de son compagnon. Il ne veut pas le mettre en difficulté. Il décide de se contenter de cette réponse et d'attendre l'intervention du chaman. Après tout, il ne s'ennuie pas vraiment. Il a beaucoup à apprendre ici.

Jour après jour, il poursuit ses observations.

Il relève que l'endroit où est installé le clan a été particulièrement bien choisi. Les montagnes attirent les nuages gorgés de pluie, oubliant la colline. Il n'a plu qu'une seule fois depuis leur arrivée, un orage bref mais violent qui n'a pas endommagé les huttes, confirmant la qualité de ces constructions. De formes allongées, la plus petite d'entre elles suffirait à abriter tout un clan d'hommes anciens. Les familles disposent d'emplacements isolés les uns des autres par des parois de branches entrelacées. L'ossature est constituée de longues perches en bois liées à leurs extrémités et maintenues à la base par des amoncellements de pierres. L'espace intérieur, creusé dans la terre, est tapissé de fourrures. Chaque abri est entouré d'un muret de pierres dont la base est enfoncée dans le sol. Les branches et les peaux qui recouvrent la structure sont solidement assemblées et l'ensemble est suffisamment épais pour résister aux assauts du vent et supporter le poids de la neige en hiver.

Les hommes du clan tirent une partie de leur subsistance du lac et du fleuve voisin dont les eaux regorgent de poissons de toutes tailles. Perchés sur des rochers émergés en eaux peu profondes, au milieu d'un grand cercle formé par des hommes âgés et des femmes qui progressent lentement vers eux en frappant l'eau avec les mains, les pêcheurs guettent les poissons rabattus vers le rivage et les harponnent avec leurs sagaies. Les femmes se chargent de les fumer dans une petite construction en pierre, spécialement aménagée à cet effet.

Pendant la journée, les hommes et les femmes ne se mélangent pas.

Une stricte répartition des tâches est la règle. Les femmes semblent mieux considérées que chez les hommes oiseaux. Bien qu'elles soient apparemment exclues du conseil des chasseurs, certaines d'entre elles sont consultées avant toute décision.

Les observations d'Aô illustrent les propos parfois obscurs d'Âki-naâ. De nombreux facteurs interviennent dans les relations entre les individus et la place qu'ils occupent au sein de la communauté.

Ma-wâmi, auquel Aô fait régulièrement part de sa perplexité, a bien du mal à lui fournir des explications satisfaisantes, souvent contraint d'invoquer la seule nécessité, l'habitude ou la volonté des esprits pour justifier d'apparentes contradictions ou des comportements singuliers.

Aô finit par comprendre que les interdits et les attributions propres à chaque adulte sont déterminés par les pouvoirs prêtés aux esprits auxquels ils sont apparentés, provoquant de nombreuses situations particulières qui s'opposent parfois à l'application de règles plus générales fondées sur des critères tels que le sexe, l'âge, les liens de parenté complexes, ou encore les aptitudes de chacun. Ainsi, des activités semblent proscrites aux uns et non aux autres ; une femme ne consommera pas une sorte de plante, un homme ne pénétrera jamais dans l'eau du lac ou ne mangera pas de poisson et bien d'autres attitudes, souvent trop subtiles pour qu'Aô puisse les identifier en si peu de temps. Des comportements sont parfois liés à des périodes de la vie ou à des situations ponctuelles. Une femme enceinte se gardera de manger la chair d'un renard ou d'un lièvre car ces animaux, qui vivent dans les trous, risqueraient d'inciter l'enfant à refuser de quitter le ventre de sa mère. D'autres aliments sont, au contraire, consommés tout particulièrement par les femmes enceintes ou les jeunes filles qui souhaitent le devenir. Le chaman n'est pas en reste, s'interdisant de nombreux aliments dont l'ingestion risquerait de lui enlever sa clairvoyance.

Même parmi les plus âgés, nul ne reste inactif. Les vieux, qui ne participent plus aux chasses collectives, ramènent des quantités non négligeables de petit gibier grâce aux pièges qu'ils vont disposer dans les taillis.

Bien que leur implantation dans cette région ne date que de trois ou quatre générations, ils connaissent de nombreuses plantes qu'ils récoltent à des moments précis pour les consommer ou les faire sécher au soleil sur des pierres afin de les conserver dans des silos ou suspendues dans les huttes.

Ils apportent le plus grand soin à toutes leurs entreprises, se conformant à des usages dont la nécessité ne s'impose pas toujours aux yeux d'un observateur étranger tel qu'Aô, apparemment persuadés qu'ils sont le gage de succès de leurs actions.

Tous les hommes consacrent un temps important à l'entretien et à la confection de leurs armes. Aô se souvient des pénibles expéditions vers les rares et lointains gisements où son clan allait prélever la pierre grise, nécessaire à la fabrication des outils et des armes. Ici, le moindre fragment de silex est réutilisé. Chaque pierre donne naissance à un nombre étonnant de lames et de pointes.

S'il a déjà eu l'occasion d'apprécier le savoir-faire d'Âki-naâ, il découvre l'extraordinaire habileté de certains tailleurs.

Leurs mains ont le pouvoir de commander la pierre, de la rendre inépuisable. Aô ne se lasse pas d'observer les artisans au travail, bien qu'il ait remarqué que sa présence les indisposait, comme s'ils craignaient qu'elle ne soit préjudiciable à la qualité de leur œuvre.

Il a rapidement repéré le plus habile d'entre eux. C'est un homme âgé qui consacre la plupart de ses journées à cette activité.

Il est fréquemment sollicité par des hommes et des femmes pour remettre en état des armes et des outils ou pour une réalisation précise, en échange de quoi ils lui fournissent des peaux et de la nourriture.

Cet homme travaille avec une dextérité et une apparente facilité qui émerveillent Aô. Il passe de longs moments à le regarder travailler, debout à un pas de lui, les yeux rivés sur ses mains, sans cacher son admiration qu'il manifeste en laissant échapper quelques grognements enthousiastes. Le vieil homme semble évoluer dans un monde à part, un monde peuplé de pierres, de bois de renne, de défenses de mammouth et d'os auxquels il s'adresse comme à des êtres vivants. Il est l'un des rares que la présence d'Aô ne semble pas contrarier. Il feint de ne lui prêter aucune attention.

Pourtant, ce matin, un observateur attentif aurait surpris ses regards lancés en direction de la hutte occupée par Aô et son air satisfait lorsqu'il en émerge enfin pour venir prendre son poste d'observation à ses côtés.

Le tailleur soupèse et caresse longuement la pierre. Ses doigts s'attardent sur les aspérités, glissent le long des arêtes naturelles. Il murmure des paroles dont Aô ne comprend pas le sens. Sans doute demande-t-il à la pierre comment procéder pour tirer d'elle le meilleur parti. Les gestes qui suivent sont vifs et précis. Il utilise successivement plusieurs outils pour parvenir à ses fins.

Souvent, Aô croit que l'objet est terminé alors qu'il n'en est rien. Comme il en avait déjà eu l'intuition en observant Âki-naâ, l'homme ne se contente pas d'un résultat sur lequel Aô n'aurait pourtant aucun reproche à formuler. Il brandit son œuvre à la lumière du soleil et la considère longuement, sous toutes ces facettes. S'il n'est pas satisfait, il poursuit ses efforts pour obtenir la forme qu'il désire atteindre afin de lui conférer ce pouvoir propre qui explique son efficacité et la vénération témoignée par les hommes et les femmes à l'égard de leurs armes et de leurs outils.

Aujourd'hui l'homme est particulièrement inspiré.

Aô essaie d'échapper à cette fascination qui finit par provoquer chez lui un sentiment de frustration lorsqu'il entrevoit la distance qui le sépare de ces hommes. Il en revient toujours aux mêmes interrogations.

Les siens pourraient-ils parvenir à se concilier les esprits des hommes nouveaux ? Doivent-ils adopter ces comportements étranges dont la nécessité lui échappe la plupart du temps ? Pourront-ils seulement y parvenir ? N'y a-t-il pas d'autres alternatives pour les anciens hommes ?

Perdu dans ses réflexions peu encourageantes, il n'a pas entendu arriver Âki-naâ. Lorsqu'il la voit, sa morosité se dissipe aussitôt. Il grogne de satisfaction.

Âki-naâ tient son bébé dans les bras. Aô ne l'a pas revu depuis leur arrivée dans le camp. Il tend spontanément les mains pour le saisir. Le bébé l'a déjà reconnu et s'agite comme une truite dans les bras de sa mère. Âki-naâ rit en accédant à leur désir réciproque.

– Le chaman sollicite ta présence. Il a demandé que je sois là aussi. Viens, il nous attend.

Aô acquiesce et emboîte docilement le pas à la jeune femme. Ils traversent lentement le camp. Âki-naâ est joyeuse. Les choses se sont passées mieux qu'elle ne l'espérait. Les réticences d'une partie du clan ne lui ont pas échappé mais elle est optimiste. Elle est persuadée que tous finiront par accepter Aô.

La tension, accumulée au cours des longues journées passées à raconter son histoire et à répondre aux questions qui se pressaient dans la bouche du chaman et des chasseurs du clan, s'évanouit en présence d'Aô. Lui marche paisiblement, accaparé par le bébé qui glousse contre sa poitrine entre deux éclats de rire.

Âki-naâ attend le dernier moment pour lui reprendre l'enfant, qu'elle s'en va confier à la surveillance d'une femme.

Aô l'attend devant la hutte du chaman. C'est un abri semblable aux autres mais plus petit, bâti au milieu du camp. Âki-naâ le rejoint rapidement et l'engage à pénétrer à l'intérieur. Napa-mali et Kipa-koô sont assis face à face, immobiles et silencieux. Aô sourit, rassuré par la présence de son ami. Celui-ci lui renvoie son sourire. Il tient un caillou dans chaque main.

Quelques braises rougeoient dans le foyer situé au milieu de la pièce, délimité par un cercle de pierres. Un peu de lumière pénètre par l'ouverture aménagée au faîte de la hutte pour permettre l'évacuation de la fumée. D'épaisses fourrures recouvrent le sol grossièrement dallé. Quelques pierres volumineuses permettent au chaman de s'y adosser et d'y poser sa nourriture.

De part et d'autre de la hutte, sont disposés des panneaux d'écorce polie sur lesquels Aô distingue des traces de couleur dans la semi-obscurité.

Le chaman leur fait signe de s'asseoir. Il jette une poignée d'herbes sur les braises. Une fumée âcre envahit l'espace avant de trouver lentement le chemin qui mène à l'extérieur.

Aô tousse. La tête lui tourne un peu. À la lumière des flammèches, le vieillard paraît beaucoup plus vieux. Ses cheveux sont blancs et longs. Sa peau foncée, parsemée de taches et de rides, ressemble à l'écorce des vieux arbres. Le regard d'Aô s'arrête sur les yeux de l'homme dont la couleur est semblable aux ciels d'orage. Ils s'observent quelques instants. Il fait très chaud et l'homme est torse nu. Le regard d'Aô s'attarde sur la poitrine du vieillard sur laquelle repose un objet extraordinaire, tel qu'il n'en a encore jamais contemplé de si près. Il s'agit d'un collier constitué de plusieurs pièces d'écorce teintées dont les formes évoquent des animaux. Elles sont percées de trous dans lesquels passe un fin cordon de cuir noué derrière sa nuque. D'autres pendeloques s'intercalent entre les figurines. Elles ressemblent aux coquilles des escargots avec des couleurs et des formes différentes. Quelques perles viennent compléter cette parure magique.

À la lueur dansante des flammes, Aô voit les étranges créatures galoper autour du vieil homme. Il ne se sent pas très bien. Il essaie de regarder ailleurs. Ses yeux se posent sur les panneaux d'écorce où il croit reconnaître d'autres formes animales associées à des marques étranges. Tout ce monde tourne autour de lui dans une sarabande effrénée qui accentue son malaise. Il est pris de vertige et de nausées.

Le chaman lui paraît de plus en plus vieux. Comment un homme peut-il vivre aussi longtemps ?

Aô est oppressé. Il lutte contre l'envie d'arracher le

collier et de fuir. Personne ne l'arrêterait. Mais il n'est même pas sûr d'être capable de se lever ! Le chaman le tient en son pouvoir.

Âki-naâ et Kipa-koô ne s'intéressent pas à lui. Leurs yeux sont perdus dans la contemplation de leurs visions. Les paupières mi-closes, le chaman invoque les esprits. Ses lèvres bougent. Une sourde mélopée s'échappe de sa bouche. L'air se met à vibrer. Aô gronde. Il a peur.

Insensible à l'émotion du garçon, le vieillard continue de psalmodier. Brusquement, il se lève d'un bond avec la vivacité et la souplesse d'un jeune homme. Il entame une danse effrénée, rythmée par le son mat des galets entrechoqués de plus en plus rapidement par Kipa-koô.

Le vieillard se trémousse longtemps autour du feu dont il piétine les braises sans manifester la moindre douleur, faisant preuve d'une vigueur et d'une résistance inhumaines.

Aô ne songe plus à fuir. Il reconnaît là une pratique très répandue parmi les siens. Le chaman s'écroule. Il roule sur les peaux en tous sens, agite convulsivement les membres avant de se raidir, les yeux révulsés et la bave aux lèvres.

Malgré la chaleur, Aô frissonne en entendant des mots qui appartiennent à sa langue sortir de la bouche du chaman.

Les visages des siens lui apparaissent, comme un encouragement à persévérer dans ses efforts.

Le temps est suspendu dans cette hutte obscure. Les dernières braises épargnées par les convulsions du chaman ont cessé de rougeoyer depuis longtemps. L'obscurité est presque totale, car à l'extérieur, la nuit est en train de tomber.

Le vieillard est revenu s'asseoir à sa place. Il est épuisé. Il dodeline de la tête. Après un long silence, Âki-naâ demande au chaman s'ils peuvent partir. Le chaman acquiesce.

Avant leur départ, il s'adresse à Aô.

– Le voyage à la rencontre des esprits est une dure épreuve. Napa-mali a écouté leur parole. Maintenant il doit dormir un peu. Demain, Aô sera son invité. Nous partagerons la nourriture et nous nous entretiendrons.

L'homme a parlé lentement dans sa langue, articulant bien les mots. Le respect qu'il veut témoigner à son interlocuteur est manifeste.

Aô croit l'entretien terminé et s'apprête à sortir de la hutte. Le chaman s'est levé. Il paraît fouiller dans sa mémoire. Soudain, il s'agite à nouveau. Les sons sont incertains, les gestes imprécis et désordonnés. Mais Aô reconnaît les paroles de bienvenue en usage parmi les anciens hommes, formulées à son intention par cet homme puissant.

La plus grande confusion règne dans l'esprit d'Aô. Dehors la lune est pleine. Le ciel est dégagé. Les étoiles innombrables scintillent. Âki-naâ frissonne en attendant que le garçon la rejoigne. Il la regarde d'un air absent.

– J'ai froid. Je vais dormir, dit-elle simplement.

Elle se hâte vers sa hutte.

Aô n'a pas envie de regagner son abri. Il respire à pleins poumons l'air frais descendu de la montagne. Il va s'asseoir contre un rocher.

Trop excité pour dormir, il revit les péripéties de la scène dont il a été témoin. Mais la fatigue finit par avoir raison de ses émotions. Il s'endort sous le regard de la lune tandis que les paroles de bienvenue de son clan, prononcées par le chaman, résonnent dans sa tête.

Il se réveille sous les premiers rayons du soleil, trempé par la rosée du matin. Le camp s'anime peu à peu autour de lui. Âki-naâ surgit avec son bébé.

– Aujourd'hui, je ne viens pas avec toi, dit-elle.

Aô hoche la tête. Il n'a plus d'appréhension. Il est convaincu de la bienveillance et de l'intérêt du chaman à son encontre. Il est impatient de le rencontrer à nouveau et d'entendre ses révélations.

XII

Aô rejoint le chaman dans sa hutte. Il s'introduit sans façon à travers l'ouverture béante. Le vieil homme s'affaire autour du feu. Quelques tubercules, enfouis sous la cendre, dégagent un arôme agréable qui met le garçon en appétit.

Napa-mali lui fait signe de s'asseoir et de manger.

Dans la clarté du jour qui pénètre par l'entrée, les créatures peintes sur les panneaux d'écorce ont perdu de leur éclat.

Le chaman le dévisage d'un air bienveillant, l'encourage à se servir de la nourriture. Lui-même mange de bon appétit.

Rassasié, Aô attend poliment que Napa-mali prenne la parole.

Le vieil homme commence par l'interroger.

– Es-tu satisfait de l'hospitalité des miens ? As-tu à te plaindre de l'un ou l'autre d'entre eux ?

Aô entend avec stupeur le jargon qu'il a mis au point avec Âki-naâ et qu'ils utilisent pour communiquer. Voilà donc l'activité à laquelle se livrait le chaman pendant les longs moments passés en tête-à-tête avec Âki-naâ ! L'homme a pris la peine d'apprendre ce langage dans le seul but de pouvoir s'entretenir correctement avec lui !

Le vieil homme semble lire dans ses pensées. Avant qu'Aô n'ait répondu à sa question, il ajoute :

– Napa-mali a toujours espéré vivre un moment comme celui-ci. Il se réjouit que les esprits aient fini par entendre ses prières en favorisant la rencontre entre une femme et un homme de nos deux clans. Si tu as compris mes paroles le jour de ton arrivée, tu sais dans quelles circonstances les miens ont rencontré les tiens. Les choses se sont passées exactement comme cela. Napa-mali n'a jamais oublié les saisons passées sur le territoire des anciens hommes. Lors de notre rencontre avec ce clan dont les membres te ressemblaient, les chasseurs s'étaient préparés à défendre chèrement leur vie. Ils n'étaient pas convaincus d'avoir affaire à des êtres humains, car ceux qui étaient revenus des terres froides avaient dit qu'ils n'avaient pas rencontré d'hommes dans ces régions. Mais il y avait parmi nous un chaman que tous les clans respectaient. Cet homme avisé a vu que ces créatures n'étaient pas hostiles mais curieuses. Il a vu qu'elles portaient des vêtements, certes rudimentaires, mais bien adaptés au froid. Il a vu aussi que leurs armes, grossières et lourdes, n'en étaient pas moins des armes, et qu'entre leurs mains, elles devaient être redoutables. C'était il y a très longtemps et je n'étais qu'un enfant, mais je revois encore cette scène dans les moindres détails car elle est restée gravée dans ma mémoire.

Les hommes anciens étaient peu nombreux, moins de quatre mains d'hommes et de femmes dont quelques enfants et un couple âgé. Sans le savoir, nous nous dirigions vers leur campement. Ils nous avaient repérés la veille et la bande au complet s'était portée à notre rencontre. Leurs gesticulations et leurs grognements étaient incompréhensibles. Aucun d'entre eux ne semblait avoir autorité sur le groupe. Manifestement, ils n'avaient jamais vu d'hommes tels que nous. Ils ne cachaient pas leur étonnement. Ils ne comprenaient pas notre langue mais nous n'avions pas besoin de parler pour leur faire appréhender notre situation. L'épuisement et la détresse se lisaient sur les visages, dans les regards abattus, sur les corps amaigris, les vêtements usés. Silencieux et résignés, obéissant aux injonctions du chaman, les survivants de nos clans se sont regroupés derrière lui. Une pluie glaciale achevait de rendre plus pitoyable le spectacle que nous offrions. Ils se sont approchés et nous ont tourné autour pendant un long moment en s'interpellant avec des cris et des gestes. Puis ils nous ont fait signe de les suivre. Ils nous ont guidés vers leur campement tout proche. Ils étaient installés sur une large terrasse rocheuse à mi-falaise, en grande partie surplombée par un bec rocheux. Il n'y avait pas de place pour nous à l'intérieur de l'abri où ils s'entassaient tous. Nous nous sommes installés sous le surplomb rocheux. Ils ont allumé un feu et sont allés chercher de grandes quantités de viande séchée qu'ils ont posées devant nous. Nous nous sommes jetés sur cette nourriture comme des animaux affamés. Je me souviens qu'ils riaient en nous regardant. Le lendemain, ils nous ont menés vers un autre abri sous roche, distant d'une demi-journée de marche. Ils nous ont laissé de la nourriture pour plusieurs jours. Par la suite, un seul des leurs est revenu. C'était l'un des plus âgés. Notre chaman et lui ont essayé de communiquer. L'homme a guidé les chasseurs vers d'autres vallées et leur a indiqué les cachettes des animaux ainsi que les plantes que nous pouvions manger. Il est venu plusieurs fois. Nous avons tous appris quelques rudiments de son langage. Puis ses visites se sont espacées. Profitant d'un temps redevenu plus clément, nos chasseurs ont réussi à tuer quelques bêtes. Les femmes ont récolté des racines et des baies. Nous avons pu constituer quelques maigres réserves avant que les grands froids ne s'installent pour de bon. L'hiver fut terrible. Nous n'avons pas vu les hommes ours pendant toute la saison. Je crois qu'eux aussi ont souffert du manque de nourriture cette année-là, autant à cause des prélèvements effectués pour nous sur leurs réserves que de ceux auxquels nous nous sommes livrés sur leur territoire, provoquant la raréfaction du gibier et des plantes comestibles. Nous étions au moins trois fois plus nombreux qu'eux ! En nous accueillant comme ils l'ont fait, ils ne pouvaient ignorer qu'ils compromettaient leurs propres existences ! Beaucoup des nôtres sont morts au cours de cet hiver mais le gros de la tribu a survécu. À l'approche de la belle saison, nous avons revu les membres de ce clan. Ils m'ont semblé plus distants. Le vieux qui nous avait servi de guide n'était plus parmi eux. Nous étions trop faibles pour repartir et nous avons décidé de passer l'hiver suivant à cet endroit. Les rencontres avec nos hôtes étaient rares mais amicales. Ils nous ont appris que des clans d'hommes semblables à eux vivaient dans des vallées plus à l'ouest. Nos chasseurs s'imposaient de longs déplacements afin d'empiéter le moins possible sur leurs territoires de chasse. Ils ne manquaient jamais d'aller leur offrir une part du gibier abattu. Ils acceptaient ces dons. Mais je crois qu'ils ont été soulagés lors de notre départ, au début de l'été suivant. Ils n'étaient pas là quand nous sommes partis. Nous ne les avons plus revus. Nous n'avons pas rencontré les autres clans dont ils avaient parlé. La tribu s'est scindée en deux. Quelques-uns d'entre nous ont décidé d'aller s'installer dans une des vallées inhabitées que nous avions traversées avant de rencontrer les anciens hommes. Les autres ont continué d'avancer vers le nord. Nous progressions très lentement et il nous a fallu encore plusieurs hivers avant d'atteindre la toundra. Depuis les sommets des derniers escarpements, nous avons aperçu les grands troupeaux dont avaient parlé les chasseurs. Les animaux étaient plus nombreux que les arbres d'une forêt. C'était des rennes. Plus tard, nous avons vu des chevaux et des bisons. Nous avions déjà chassé certains de ces animaux car pendant la mauvaise saison ils venaient se réfugier dans les vallées. La suite, je l'ai déjà racontée. Les hommes du fleuve et ceux du lac sont les descendants de ces gens.

Le vieil homme s'interrompt quelques instants pour reprendre son souffle avant de poursuivre son récit.

– Il y a de nombreuses années, lorsque j'étais plus jeune, en compagnie de deux chasseurs qui sont morts depuis, nous avons essayé de partir à la recherche des anciens hommes et de nos parents restés à proximité de leurs territoires. En chemin, nous avons croisé des chasseurs d'autres clans, que nos pères n'avaient pas rencontrés, qui vivent dans les collines situées beaucoup plus au nord des territoires des anciens hommes. Ils se sont montrés méfiants et même hostiles lorsque nous avons évoqué les anciens hommes. J'en ai déduit qu'ils les connaissaient et n'entretenaient pas de bonnes relations avec eux. Nous avons dû quitter rapidement leurs territoires. Nous avons retrouvé la vallée où notre clan avait passé deux hivers. Mais nous n'avons pas rencontré âme qui vive. Nous avons passé la saison froide dans l'abri abandonné par les anciens hommes. Dès le retour des beaux jours, nous avons poursuivi nos recherches dans la direction empruntée par ceux des nôtres qui n'avaient pas souhaité continuer vers la toundra. Mais nous ne les avons pas trouvés. Alors nous avons décidé de rentrer chez nous. Pour aller plus vite, plutôt que de contourner la chaîne de hauts sommets qui nous séparait de nos territoires, comme l'avaient fait nos pères, nous avons décidé d'essayer de la traverser. Les risques étaient grands car le froid qui règne sur ces hauteurs est terrible. Rien ne vit sur cette terre de glace et de roche où soufflent les tempêtes. Alors que nos réserves de nourriture étaient presque épuisées et que nous étions sur le point de renoncer, nous avons trouvé ce passage qui correspond au glacier que tu peux observer de l'autre côté du lac.

Malgré l'échec de notre entreprise, je n'ai jamais renoncé à l'espoir d'apprendre quelque chose sur les anciens hommes. Le monde est vaste, tu le sais. Beaucoup ignorent à quel point. Comme je l'ai dit lors de votre arrivée, après tant d'années à questionner les chasseurs d'autres clans que j'ai pu rencontrer, j'ai entendu des rumeurs concordantes faisant état de l'existence d'hommes étranges près de l'endroit où se couche le soleil, beaucoup plus loin que là où vivaient autrefois ceux qui nous ont accueillis. Pour y parvenir, il te faudra longer les immenses montagnes blanches où nos pères croyaient que s'arrêtait le monde et tu rencontreras peut-être d'autres hommes qui ressemblent à ceux d'ici. Certains se comporteront comme ceux que tu as affrontés. Mais d'autres, qui n'ont pas leur férocité, pourraient aussi te témoigner de l'hostilité. Il faudra être sur tes gardes.

Conscient du manque de précision de certains de ses gestes et d'une prononciation parfois déficiente, due à son manque de pratique de ce langage, le chaman s'interrompt pour s'assurer qu'Aô a compris l'essentiel de son discours.

Rassuré de ne lire aucune perplexité dans son regard, il conclut en l'invitant à prendre la parole.

– J'ai beaucoup parlé sans te laisser répondre à ma question concernant le comportement des miens à ton égard. Je t'écoute maintenant.

Aô ne se fait pas prier. Il en profite pour aborder la question de la chasse.

– Aô n'a pas à se plaindre. Il marche dans le camp. Il regarde. Personne ne lui demande rien. Il mange à sa faim. Il pose des questions à son ami Ma-wâmi. Aô pense qu'il a beaucoup à apprendre en observant les tiens. C'est une très bonne chose pour lui d'être là. Mais Aô est un chasseur, il n'est pas un enfant. Aô respecte les animaux dont la chair le nourrit. Nombreux sont ceux qui ont accepté d'être tués de sa main car l'esprit du vent a accordé à Aô le droit de chasser.

Le chaman cligne des yeux pour montrer qu'il comprend.

– Ma-wâmi est venu me parler à ce sujet. Il m'a dit que tu voulais chasser avec ceux du clan. Napa-mali a réfléchi. Où qu'il soit, un homme doit vivre selon les lois de ses ancêtres. Pourquoi les esprits devraient-ils s'en offenser ? Napa-mali a parlé avec Wagal-talik, celui qui mène la chasse. Chaque printemps, les rennes se rassemblent avant de s'enfoncer vers le nord. Cette année, ils sont tout près, à peine à une journée de marche. Je l'ai appris ce matin. Les guetteurs les ont vus. Le troupeau est immense. J'ai convaincu les miens de t'accepter parmi eux. Ainsi tu verras comment procèdent nos chasseurs. Continue aussi à regarder autour de toi autant que tu le souhaites. Les hommes de ce clan sont courageux. Ce sont des pêcheurs et des chasseurs habiles mais ils sont prompts à craindre la colère des esprits. Il faut leur laisser du temps. Lorsqu'ils verront que le soleil continue de se lever et qu'aucune des sombres prophéties de Kâ-maï ne se réalise, ils s'habitueront à ta présence et plus d'un cherchera à te témoigner son amitié.

Aô acquiesce.

– Le vieil homme qui parle avec la pierre sera bientôt mon ami.

Napa-mali sourit.

– Cela ne m'étonne pas. Le vieux Taâ-wik aime que l'on s'intéresse à son travail !

Napa-mali remarque le regard insistant qu'Aô pose sur son collier. Il défait le nœud derrière sa nuque et invite Aô à s'en saisir.

Avec précaution, le garçon s'empare du précieux objet. Ses doigts glissent sur la surface polie de l'écorce et suivent les formes de chaque figurine.

– Napa-mali a sculpté lui-même le bois pour lui donner la forme des animaux ancêtres avec lesquels étaient mariés les premiers hommes. Quant à ces objets, qui doivent te paraître bien étranges, ce sont les abris de petits animaux qui vivent dans la grande eau salée, là où se trouvait le territoire de nos pères et des pères de nos pères. La chair de ces petites créatures nourrissait les hommes. Il en existe de différentes sortes. Elles se cachent dans ces pierres creuses et il suffit d'attendre que l'eau se retire pour les ramasser. Quand elles ont commencé à manquer, les animaux furtifs et difficiles à chasser qui vivaient dans les forêts adossées au littoral n'ont pas suffi à nourrir tous les clans. C'est pour cela que certains sont partis vers le nord à la recherche de la grande plaine giboyeuse dont parlaient les hommes qui en étaient revenus… Je me souviens des conciliabules interminables entre les chasseurs fatigués, en proie au doute. Malgré la distance parcourue, certains voulaient rebrousser chemin. Vois cette pierre blanche, marquée de stries, posée sur ce rocher, dans ce coin ! C'est une pierre à marquer le temps. Chaque encoche correspond à un hiver. La première a été faite au moment du départ et la dernière à notre arrivée ici.

Aô prend la pierre dans sa main. Il la considère avec intérêt. Il suit des doigts les nombreux sillons, bien plus qu'il ne pourrait en compter.

Le vieil homme reprend.

– Cette pierre est très précieuse pour notre clan. Elle connaît le chemin emprunté par nos pères pour venir jusqu'ici. À chaque fois que l'homme qui en avait la charge y a gravé un signe, il a aussi marqué un rocher ou un arbre à l'endroit où il se trouvait, à l'intention des ancêtres. Ainsi leurs esprits ont-ils pu nous suivre jusqu'ici.

Aô restitue la pierre au chaman. Il a quelque chose à dire.

– Les miens aussi ont dû quitter leurs anciens territoires, chassés par des hommes qui ressemblaient à ceux de ton clan. Nous avons été dans la direction d'où vient le vent froid, jusqu'à l'endroit où le soleil ne se lève plus, là où la terre est gelée en permanence, où les rares animaux sont blancs comme la neige et où le vent peut tuer en quelques instants. Les êtres humains ne peuvent pas vivre là-bas. Les miens sont morts, les uns après les autres. Aô est le seul survivant parmi plusieurs clans d'hommes anciens.

Le chaman acquiesce gravement.

– Âki-naâ m'a conté dans le détail les événements qui t'ont conduit sur son chemin. Mais Napa-mali l'a déjà dit. Le monde est très grand. Les montagnes, les lacs, le fleuve, la toundra elle-même n'en sont qu'une partie. Si Aô ne craint pas d'aller aussi loin qu'il le faut, là où se couche le soleil, il trouvera les anciens hommes. Napa-mali en est convaincu.

Le vieil homme enlève une à une les figurines en écorce pour extraire du collier un coquillage. Il caresse l'objet avec affection.

– Le père de Napa-mali a conservé ces coquilles pour se souvenir du lieu où il est né. Il en existe de nombreuses formes. Elles ont une grande valeur pour les miens. Pourtant, elles sont innombrables sur les rives de la grande eau. Mais ici, si loin à l'intérieur des terres, les hommes leur confèrent un pouvoir magique, celui d'attirer sur eux la faveur des esprits. Si Aô rencontre les descendants de ceux qui sont restés dans les montagnes et que je n'ai pu retrouver, il leur montrera ce coquillage. Ils l'écouteront et accepteront peut-être de l'accueillir en ami. Prends-le et qu'il attire sur toi la bienveillance des esprits !

Aô s'en empare respectueusement. Il ne refusera pas l'alliance avec ces esprits puissants. Il le place délicatement dans le petit sac suspendu à son cou où il conserve quelques objets, ramassés au cours de ses pérégrinations, auxquels il accorde un certain pouvoir.

Il remercie le chaman.

– Aô compte désormais plusieurs amis parmi les hommes du lac. Il ira de l'autre côté des montagnes en direction du soleil couchant. Il cherchera les hommes dont Napa-mali a entendu parler car les âmes de ceux qui sont morts comptent sur lui. Mais Aô restera pour chasser avec les hommes de ton clan. Il partira après.

Napa-mali paraît soudain très las. Il fixe son regard dans celui de son interlocuteur.

– Si un jour, tu dois renoncer à retrouver les tiens, reviens parmi nous. Peut-être que les ancêtres des hommes du lac accueilleront les ancêtres des anciens hommes ?

L'entretien est terminé. Aô attend encore un moment pour s'assurer que le chaman n'a plus rien à lui dire avant de sortir de la hutte.

XIII

Le soleil est déjà haut dans le ciel. Les quelques racines avalées n'ont fait qu'aiguiser l'appétit du garçon. Une odeur de viande grillée flatte ses narines. Aô cherche Âki-naâ des yeux. À l'extrémité du camp, les chasseurs sont rassemblés et devisent bruyamment. Sans doute évoquent-ils la chasse à laquelle Aô a été convié par le chaman.

Kipa-koô se dirige vers lui. Il a du mal à maîtriser son excitation.

– Je t'attendais. Les guetteurs sont revenus ! Les rennes se rassemblent dans la toundra ! Demain à l'aube, les chasseurs se mettront en marche. Wagaltalik a dit que tu serais des leurs !

Aô sourit.

– Aô sait. Il vient de l'apprendre de la bouche même du chaman.

Âki-naâ se joint à eux. Impatiente, elle le presse.

– Alors ! Raconte ! De quoi avez-vous parlé si longtemps ?

Aô s'efforce de satisfaire sa curiosité. Il essaie de lui

rapporter le plus fidèlement possible les propos du chaman.

Du long discours, elle ne semble retenir qu'une seule chose.

– Ainsi, tu vas bientôt partir ?

Aô ne répond rien. La jeune femme a perdu son enthousiasme.

Ils se promènent en silence dans le camp. Leurs pas les mènent vers le groupe des chasseurs.

Ma-wâmi les aperçoit et leur fait signe d'approcher.

Il crie à l'attention d'Aô.

– Je t'avais dit d'être patient ! Le moment que tu espérais est venu !

Les chasseurs ont sorti des huttes un lot de peaux très particulières. En s'approchant, Aô constate qu'il s'agit de peaux de rennes entières auxquelles sont encore accrochés les sabots et la partie supérieure du crâne surmontée des andouillers.

– Que faites-vous avec ces peaux ? demande Aô, intrigué.

– Nous les préparons pour la chasse. Elles nous permettront de prendre l'apparence des rennes et de les approcher jusqu'à portée de nos sagaies, sans les affoler. Il y en a pour tous les chasseurs. Toi aussi, tu devras te déguiser en renne. Je vais te montrer comment t'y prendre. Tiens, enfile une de ces peaux.

Aô s'exécute.

Ma-wâmi l'aide à fixer le crâne de l'animal sur sa tête au moyen de lanières nouées sous le menton. L'homme disparaît complètement sous le déguisement.

Ma-wâmi rit en voyant Aô se transformer en renne.

Aô rit aussi. Il imite le cri de l'animal en avançant à quatre pattes.

Kâ-maï leur adresse un regard courroucé.

Les deux amis redeviennent sérieux. Ma-wâmi continue d'instruire son compagnon en relatant le déroulement de la chasse.

– D'abord nous observons le troupeau pour savoir dans quel sens il se déplace et repérer les animaux les plus éloignés, susceptibles d'être isolés. Nous étudions aussi les particularités du site, la présence d'obstacles, de ravins ou de monticules propices à l'approche et à l'encerclement. Puis les chasseurs se scindent en plusieurs équipes. À chacune est attribué un poste précis. L'une d'entre elles est chargée de donner le signal de l'assaut, généralement fixé peu avant l'aube, lorsque les bêtes sont encore endormies. En fonction de la place qui leur a été assignée, certains groupes doivent parfois parcourir des distances considérables pour ne pas être repérés par les animaux. Cela peut prendre une grande partie de la journée, selon l'importance du troupeau. Une fois sur place, les chasseurs revêtent leurs déguisements et s'enduisent la peau avec du crottin frais prélevé sur la piste des animaux afin de masquer leur odeur. Après, c'est la phase la plus délicate. Il faut parvenir à s'approcher le plus près possible des rennes de manière à les avoir à portée de sagaie. Lorsque le signal convenu retentit, les chasseurs se dressent simultanément et les encerclent en veillant à ménager un passage pour permettre aux animaux en surnombre qui ne pourront être abattus, de fuir vers le gros du troupeau. Il faut éviter à tout prix que, pris de panique, ils ne s'égaillent en tous sens et ne finissent par conduire l'ensemble du troupeau à se diriger vers les chasseurs. Toute l'opération exige une bonne coordination entre les participants et une grande rapidité d'exécution. Les rennes sont des animaux véloces. Ils profiteront du moindre espace pour briser l'encerclement. Une hésitation peut compromettre le succès de la chasse car le gibier abattu se limite parfois aux seules bêtes tuées pendant les quelques instants de surprise précédant leur réaction. Nous devons en même temps décocher nos sagaies et diriger le flux dans la bonne direction. Chacun doit en emporter plusieurs et en garder pour les animaux retardataires qui resteront éventuellement pris au piège. Ce sont souvent des jeunes de l'année précédente avec parfois un vieux mâle resté en arrière pour protéger les autres. Il faut être très vigilant. Il n'est pas rare que celui-ci se retourne contre un chasseur. Acculé, il tentera par tous les moyens de forcer le passage. Tu sais combien ils peuvent être redoutables. Beaucoup de chasseurs ont déjà été blessés ainsi. Pour ta première chasse avec nous, tu viendras avec moi. Cette fois, je te fournirai quelques-unes une de mes sagaies mais il faudra que tu apprennes à les confectionner. Le vieux Taâ-wik ne refusera pas de t'aider. Cette nuit, personne ne dormira. Nous partirons bien avant le lever du soleil.

Particulièrement excités, les enfants s'amusent avec les peaux les plus abîmées, mimant la chasse à grands renforts de cris et de courses précipitées à travers le camp. Le chaman invoque les esprits pour les avertir de l'événement que constitue la première grande chasse du printemps et solliciter leur concours. Des hommes entrechoquent des pierres ou martèlent des troncs creux sur des rythmes de plus en plus rapides. Les chasseurs, recouverts des peaux de rennes, dansent en brandissant leurs sagaies. Les feux crépitent. Personne ne mange pour ne pas alourdir son corps et pour que son esprit soit vif pendant la chasse.

Aô se mêle à eux. Certains font cercle autour de lui. Ils apprécient ses contorsions qui suggèrent les scènes de chasse des anciens hommes. Entièrement nu, le corps enduit de terre rouge, le chaman danse lui aussi.

Ce sont les femmes qui donnent le signal du départ. Les plus âgés parmi les enfants ont veillé jusqu'à l'aube, ne voulant manquer ce moment pour rien au monde. Bien que titubants de fatigue, ils accompagnent les hommes et les femmes jusqu'aux berges du fleuve. Malgré le froid, ces derniers s'engagent sans hésiter dans l'eau noire du gué. Sur certaines portions, entre les îlots de sable, ils doivent nager. Mais ils ne sentent ni le froid, ni la faim. L'intensité de leur nuit de veille, le jeûne et le sentiment d'accomplir une mission sacrée repoussent les limites de leur résistance physique. Les femmes emportent les outils qui leur permettront d'enlever les peaux et de découper la viande ainsi que les perches de bois qu'elles ont préparées pour assurer le transport du gibier jusqu'au camp.

L'un derrière l'autre, les membres de l'expédition se

hâtent vers le sommet de la faible pente qui s'élève de l'autre côté du cours d'eau.

Tapis dans l'herbe, ils contemplent l'immense troupeau répandu à perte de vue dans la toundra. Rapidement, le chef des opérations, qui n'est autre que Kâ-maï, donne des instructions à ses compagnons.

Le vieux chasseur a été désigné pour conduire la chasse. C'est la première fois que Wagal-talik délègue ses prérogatives et ne participe pas à un événement de cette importance. Cette décision n'est pas anodine. Avec sagesse, le vieux chef, soucieux de maintenir la cohésion à l'intérieur du clan et d'apaiser l'humiliation ressentie par l'orgueilleux chasseur, a voulu lui signifier publiquement son estime et sa confiance.

Par ce geste, il indique clairement aux autres que la bonne foi de l'homme n'est pas mise en doute et que nul ne doit lui tenir rigueur des convictions qu'il a exprimées à son retour parmi eux.

Ma-wâmi confirme à Kâ-maï son intention de faire équipe avec Aô. L'homme esquisse une moue dubitative mais s'abstient de tout commentaire. La présence de l'homme ours lui a été imposée. Il n'y était pas favorable mais il a compris qu'il ne pouvait s'y opposer. Il est conscient que plus personne parmi les siens n'accorde véritablement de crédit à ses mauvais présages. La crainte qu'il avait réussi à éveiller chez les plus influençables de ses congénères s'est peu à peu dissipée. Sans l'avouer, lui-même commence à mettre en question ses propres certitudes.

Il désigne un parti de rennes nettement détaché du gros du troupeau. C'est là que se déroulera l'action.

Les femmes resteront sur la crête d'où elles suivront les péripéties de la chasse.

Maintenant, Aô et Ma-wâmi courent dans la toundra. Ils progressent silencieusement, à demi-courbés, contournant le troupeau pour gagner leur poste. Deux autres chasseurs les suivent à quelques pas. Les animaux fuiront vers le nord, leur direction naturelle, celle de la plaine infinie.

Aô suit sans peine le rythme rapide imposé par Ma-wâmi.

Le garçon s'enivre de cette longue course à travers la steppe, partageant l'exaltation de ses compagnons qui bondissent souplement à ses côtés. Il oublie qu'il est Aô, l'homme ancien. Il est devenu un chasseur de ce clan.

Kâ-maï avait prévu près d'une demi-journée pour contourner le gigantesque troupeau. Il avait vu juste. La nuit tombe lorsque Ma-wâmi estime qu'ils ont atteint approximativement l'endroit où ils doivent bifurquer dans sa direction pour se positionner. Ils avancent lentement jusqu'à parvenir à nouveau en vue des animaux.

En chuchotant, le jeune chasseur rappelle les instructions de Kâ-maï :

– Nous allons dormir un peu. Il faudra être en place avant l'aube. Lorsque le soleil franchira l'horizon nous devrons être prêts ! Que les esprits nous soient favorables !

Chaudement emmitouflé dans sa peau de renne, trop excité pour dormir, Aô savoure ce moment intense qui précède l'action. Ses yeux s'attardent sur le visage serein de Ma-wâmi, allongé à côté de lui. Il ne dort pas non plus. Il sent le regard posé sur lui et ouvre les yeux. Le jeune homme lui adresse une grimace complice. Bien avant le lever du soleil, il réveille les deux autres chasseurs. Presque imperceptiblement, dans un silence absolu, ils rampent en direction du troupeau. Le ciel rougeoie à l'horizon lorsqu'ils atteignent leur objectif. Les animaux ne sont plus qu'à quelques longueurs d'homme. Aô ne perçoit aucun signe d'agitation au sein du troupeau. De nombreux rennes sont couchés dans l'herbe, d'autres somnolent debout, immobiles, la tête pendante.

Les quatre hommes ont cessé de bouger. Chacun choisit sa cible. Ils tendent l'oreille pour percevoir le signal de l'assaut. Une bonne synchronisation est nécessaire. Un frémissement traverse le troupeau, devançant d'une fraction de seconde l'écho des hurlements poussés par les membres du groupe de Kâ-maï. D'un seul élan, les quatre hommes se dressent et bondissent vers l'avant en vociférant. Les rennes réagissent très rapidement, refluant vers l'arrière. Mais le mouvement inverse se produit de l'autre côté, provoquant un moment de flottement dans leurs rangs. Finalement, comme l'escomptaient les chasseurs, les animaux s'ébranlent vers le nord, en direction du troupeau principal. Les hommes jettent leurs sagaies. Moins expérimenté que ses compagnons à cet exercice mais plus véloce, Aô parvient jusqu'à l'animal affolé le plus proche de lui et le foudroie en enfonçant sa sagaie dans son flan à bout portant. Aussi vite qu'il peut, il projette vigoureusement sa deuxième sagaie mais elle manque sa cible et se fiche dans la terre. La plupart des rennes sont déjà hors de portée. Mais comme l'avait envisagé Ma-wâmi, quelques animaux, diminués par l'âge ou trop inexpérimentés, sont restés sur place. Le cercle des chasseurs se referme inexorablement sur eux. Conscient d'être pris au piège, un brocard se rue en direction des hommes, tête baissée, ses bois inclinés vers le sol. Le chasseur pris pour cible jette précipitamment sa sagaie mais elle ne fait qu'effleurer l'animal. L'homme parvient toutefois à plonger de côté pour éviter la charge mortelle. Le jeune renne galope vers le troupeau. Cette fois, il a échappé à la mort.

Les chasseurs tuent ceux qui tournent en rond, désemparés. Il reste encore un vieux mâle dans le groupe. L'imposant animal, au pelage abîmé par les blessures accumulées au cours des féroces combats qu'il a dû livrer dans la toundra pour maintenir son rang, laboure la terre avec ses sabots en mugissant de colère et de peur. Une sagaie se fiche dans son grasset. La douleur achève de le décider. Comme un projectile, la bête s'élance en direction de Kâ-maï. Le vieux chasseur ne bouge pas. Il défie l'animal en l'apostrophant. Au dernier moment, il s'efface prestement et enfonce sa sagaie dans son poitrail. Blessé à mort, le renne parvient encore à faire quelques foulées avant de s'écrouler, le corps secoué par les ultimes convulsions de l'agonie. Le vieux chasseur lève un regard empli de fierté sur Aô.

Les derniers animaux survivants sont abattus rapidement. La chasse a été exceptionnelle. Aucun des chasseurs n'est blessé.

La panique provoquée à l'arrière de l'immense troupeau a fini par se répandre jusqu'aux avant-postes. Aô regarde l'énorme masse qui noie l'horizon s'ébranler puis s'éloigner vers le nord dans un grondement assourdissant, à travers un nuage formé par la multitude de particules de boues arrachées à la terre. Le sol vibre, martelé par les dizaines de milliers de sabots. Les rennes laissent derrière eux un immense bourbier.

Kâ-maï compte laborieusement sur ses doigts les animaux abattus. Il y en a beaucoup, plus que les chasseurs n'en ont jamais tué en une seule fois. Il renonce à les dénombrer.

Il voit Aô se réjouir avec les autres chasseurs. Il ne peut que se rendre à l'évidence ! Non seulement l'homme ours a très honorablement tenu sa place, mais sa présence coïncide avec une chasse exceptionnelle, signe manifeste de la faveur des esprits. Comment a-t-il pu mettre en doute la pertinence des décisions du chaman ? Comme toujours, le vieillard avait raison ! Kâ-maï, lui, s'est trompé. L'orgueilleux chasseur répugne à reconnaître son erreur. Il choisit de garder le silence.

Les chasseurs ont dépecé un jeune renne. Ils se partagent le foie et le cœur encore chauds avant de mettre la carcasse à rôtir au-dessus d'un grand feu.

Les femmes les rejoignent à la mi-journée. Elles travaillent sans relâche, jusque tard dans la nuit, à saigner et dépecer les bêtes, extraire les boyaux et les vessies, débiter la viande en quartiers qu'elles emballent dans les peaux grossièrement équarries avant de les entasser sur de robustes traîneaux, semblables à ceux utilisés par Aô et les siens. Des hommes prélèvent les précieuses ramures et certains os sur les squelettes décharnés. D'autres s'emploient à arracher quelques dents sur les mâchoires des animaux qu'ils ont abattus.

Le chaman aussi a fait le déplacement. Il parcourt la toundra en psalmodiant les paroles rituelles à l'intention des esprits des animaux abattus.

Les chasseurs repus et exténués s'endorment autour du feu.

XIV

Le retour est triomphal. Tous ceux qui n'ont pas participé à la chasse manifestent bruyamment leur enthousiasme. Les animaux abattus sont maigres mais leur nombre compense largement cet inconvénient. Tous s'accordent à interpréter cette abondance exceptionnelle comme le signe de la bienveillance des esprits. Aô est fêté au même titre que ses compagnons.

Wagal-talik reste en retrait. Il laisse les siens exprimer leur joie. Lorsque les clameurs s'estompent, il s'approche des chasseurs.

Aô s'aperçoit que deux hommes inconnus marchent derrière lui.

Leur aspect ne les différencie guère des membres du clan. Ils sont jeunes, grands et solidement bâtis. Il manque un morceau d'oreille au plus âgé. L'autre a un visage rond et un air jovial. Leurs cheveux sombres sont noués en chignon au-dessus de leur tête.

Wagal-talik salue ses compagnons et les félicite pour l'abondance du gibier. Mais son visage est soucieux. Des exclamations qui fusent autour de lui, Aô déduit que ces hommes ne sont pas des inconnus. Le vieux chef informe les chasseurs des motifs qui ont conduit leurs parents du fleuve à leur rendre visite alors que la saison des grandes chasses commence.

– Pendant votre absence, Ak-taâ et O-mok sont arrivés. Ils sont venus nous prévenir du retour des hommes oiseaux.

Les intéressés ne prêtent aucune attention aux paroles de Wagal-talik. Toute leur attention est dirigée vers Aô sur lequel ont convergé leurs regards stupéfaits.

La bouche de l'homme à l'oreille abîmée s'arrondit pour laisser échapper un cri de surprise et de colère. Il prend son compagnon à témoin. Aô n'entend pas ce qu'il dit car il parle à voix basse. Mais il se doute qu'il est question de lui. Il lit la répulsion dans leurs yeux.

Agacé par leur manque de courtoisie, Wagal-talik s'interrompt et les invite sèchement à préciser eux-mêmes les raisons de leur venue.

Les deux visiteurs se concertent rapidement du regard. Le plus âgé se décide à parler. Son ton est hautain.

– Ak-taâ et O-mok sont venus mettre en garde leurs parents du lac. Des hommes, qui vivent du côté où le soleil se lève, sont descendus le long d'un affluent du grand fleuve et rodent sur nos territoires. Leur férocité est extrême. Ils ont attaqué des chasseurs du clan d'O-mok pour s'emparer de leur butin. Ils ont tué deux hommes et les autres ont fui en abandonnant le gibier. Nos chamans disent qu'ils convoitent nos territoires.

L'homme s'interrompt brièvement pour désigner Aô du menton avec une moue de dégoût. Puis, il reprend.

– Ak-taâ ne s'attendait pas à trouver une telle créature au milieu de ses parents. Il comprend mieux la colère des esprits qui ont envoyé les hommes mauvais !

Cette fois Aô a parfaitement compris. L'homme utilise la même langue que Wagal-talik et les siens.

Un silence consterné fait suite à ses propos. La joie du retour est gâchée, autant par cette inquiétante nouvelle que par les paroles malveillantes envers Aô.

Napa-mali se tait. Il observe la réaction des siens. Avec satisfaction, il lit la colère ou l'indignation sur leurs visages. Il se permet même un sourire en voyant l'air courroucé de Kâ-maï.

Ma-wâmi se lève pour répondre aux paroles méprisantes de l'homme, mais à la surprise générale il est devancé par Kâ-maï le furieux.

Le vieux chasseur rugit.

– Ainsi tu n'es pas venu pour rien puisque tu as compris quelque chose ! Pour le reste, ce n'était pas la peine de te déplacer ! Les hommes mauvais sont déjà venus ici. Ils l'ont fait en notre absence pour s'emparer de nos femmes. Ils ont tué un vieil homme qui s'était opposé à eux. Ils sont partis en emmenant trois jeunes filles. Mais leur chef a laissé quelque chose ici ! (Il désigne Kipa-koô.) Celui-là lui a brisé les dents !

Le vieux chasseur se redresse fièrement avant d'enchaîner.

– Atâ-mak, Ma-wâmi et Kâ-maï ont remonté le fleuve et suivi leurs traces. Ils ont trouvé leur camp. Les hommes n'étaient pas là. Des trois femmes, seule I-taâ était présente. Kî-mi, la compagne de Ma-wâmi, qui était aussi la fille de Kâ-maï, était morte pendant le trajet. Âki-naâ, la femme d'Atâ-mak, s'était enfuie pour préserver son enfant à naître de la mort qui lui était promise. Nous l'avons cherchée longuement. Des chasseurs de ce clan nous ont rattrapés. Atâ-mak a été blessé mais Kâ-maï a tué l'un d'entre eux. Ils n'étaient plus que deux et ils ont renoncé à poursuivre le combat. Nous avons pris le chemin du retour. Un jour, alors que notre situation était désespérée, nous avons rencontré la créature que tu rends responsable des malheurs des tiens ! Âki-naâ et son enfant étaient avec lui. Atâ-mak a pu voir son fils avant de mourir. Comme toi, Kâ-maï a cru que cet homme étrange allait apporter le malheur sur les siens. Mais aujourd'hui, Kâ-maï reconnaît qu'il s'est trompé. Cet homme a affronté et tué ceux qui traquaient Âki-naâ. Ma-wâmi, I-taâ et Kâ-maï lui doivent aussi la vie. Je n'ai pas besoin de t'en raconter davantage. Quant aux esprits, ils nous ont clairement témoigné leur satisfaction !

Il montre du doigt les impressionnantes quantités de viande fraîche accumulées sur les peaux des rennes avant de se rasseoir.

Napa-mali intervient à son tour.

– Kâ-maï a bien parlé. Aô est notre invité. Ses semblables ont accueilli nos pères alors qu'ils erraient dans les montagnes au seuil de l'hiver. Les anciens savent ce que nous leur devons. N'omets pas de rapporter aux tiens que celui que tes paroles ont offensé est l'hôte sacré de notre clan et qu'il a combattu et vaincu ceux qu'ils craignent. Il n'y a rien à ajouter. Les hommes que tu vois ici sont las. Ils reviennent de la chasse. Ils ont faim. Si vous le souhaitez, vous pouvez rester parmi nous. Vous êtes les bienvenus. Mais sachez qu'aucun d'entre nous ne tolérera plus la moindre parole malveillante à l'égard de notre compagnon.

Pour montrer que le débat est clos, le chaman se retire. Les autres s'empressent de l'imiter et se dirigent vers le feu, laissant les deux hommes seuls.

Des morceaux de viande fraîche sont mis à rôtir sur les pierres brûlantes.

Après avoir longuement palabré dans leur coin, ils finissent par venir s'installer près du foyer, la mine contrite.

Leur décision de demeurer parmi eux, en dépit de son avertissement, contrarie Napa-mali. Il aurait préféré qu'ils s'en aillent. L'air hargneux et buté de l'homme à l'oreille arrachée ne présage rien de bon. Pourquoi ce jeune chasseur arrogant a-t-il finalement décidé de rester malgré la présence d'Aô ? Quel est son dessein ?

Le chaman fait part de ses appréhensions à Wagal-talik. Celui-ci le rassure.

– Kâ-maï a bien parlé mais Wagal-talik n'oublie pas le temps que lui et beaucoup d'autres ont mis pour accepter la présence de l'homme ancien. Ces deux hommes sont nos parents. O-mok est le fils de la sœur de Wagal-talik. Wagal-talik s'inquiète davantage du retour des hommes oiseaux. Leur présence est une menace pour nous tous. Après l'affront que nous leur avons fait subir, ils ne partiront pas sans avoir assouvi leur vengeance. Tôt ou tard, ils reviendront par ici. Mangeons maintenant. Ce qui devait être dit a été dit. Laissons les hommes s'apaiser. Wagal-talik souhaite encore s'entretenir avec le fils de sa sœur. Il voudrait aussi que lui et son compagnon assistent à la cérémonie du passage à laquelle va participer Kipa-koô.

Mais l'atmosphère reste tendue. Les deux hommes se mêlent peu aux conversations. Il pleut. La nuit tombe. Les uns après les autres, les habitants regagnent leurs abris.

Malgré la pluie soutenue, Aô et Âki-naâ s'attardent près du feu. Ils ne parlent pas. Le crépitement des flammes sous les gouttes accompagne leurs rêveries solitaires. Les coups d'œil malveillants d'Ak-taâ envers Aô, pas plus que les regards concupiscents dont elle fait l'objet, n'ont cependant échappé à la jeune femme.

La cérémonie du passage est toute proche. Deux filles et Kipa-koô sont concernés par cet événement très important qui marque leur entrée dans le monde adulte. Les deux chasseurs resteront probablement le temps de cette cérémonie. Peut-être que l'une des jeunes femmes initiées partira avec eux ? Âki-naâ craint la convoitise de l'homme à l'oreille déchirée. Dans le clan, les femmes peuvent s'opposer à la demande d'un chasseur si un autre homme se déclare. Le prochain départ d'Aô entretient la confusion dans ses pensées. Elle n'éprouve aucune envie de se lier à qui que ce soit. Mais elle sait que cette question ne tardera pas à être évoquée. La venue des deux hommes risque de précipiter les choses. La jeune femme s'attend à des jours difficiles. Comme souvent, la présence d'Aô à ses côtés la rassure. Il est encore là. Demain est un autre jour. Sa tête est lourde. Le feu perd de son intensité. Elle se blottit contre son compagnon. Sa respiration s'apaise. Elle sombre dans le sommeil.

Ak-taâ est de mauvaise humeur. L'hommage rendu à l'homme ours par les chasseurs, le récit des affrontements avec les tueurs d'hommes, les allusions à la peur des siens l'ont mortifié.

Il n'a jamais eu affaire à eux. S'il avait fait partie des chasseurs tombés dans leur embuscade, les choses se seraient passées autrement ! Lui ne les craint pas. Ce sont des hommes comme les autres. Si ce vieux chasseur a réussi à en tuer un, ils ne doivent pas être si terribles que ça ! Seule la surprise et la terreur que leur aspect inspire à leurs victimes peuvent expliquer la lamentable défection des hommes du clan d'O-mok. Avec quelques compagnons résolus, Ak-taâ se fait fort de débarrasser leurs territoires de ces êtres malfaisants.

Non, ce ne sont pas les hommes mauvais qui le préoccupent. L'objet de sa mauvaise humeur est bien cette créature assise en face de lui. Pourquoi ces chasseurs habiles, ce chaman réputé jusque dans les plus lointaines tribus, ont-ils accepté une telle alliance ? Comment peuvent-ils croire que les esprits sont favorables à ce rapprochement ? Comment leur chef, un homme avisé, peut-il tolérer que sa fille s'exhibe ainsi avec cet homme ours ?

Ak-taâ ne décolère pas. La scène offerte par cette jeune femme au corps vigoureux pressé contre celui de cette créature à mi-chemin entre l'homme et l'animal, entretient et avive son courroux.

Pourtant, malgré ce spectacle exécrable et les paroles méprisantes de Kâ-maï, il ne veut pas encore quitter le camp. Ak-taâ n'est pas seulement venu jusqu'ici pour mettre en garde les hommes du clan ! Ak-taâ est aussi venu chercher une femme.

Et c'est celle-là qu'il convoite ! Dès son arrivée, son regard a croisé celui d'Âki-naâ. Depuis, il sait qu'il partira avec elle. Il a entendu Kâ-maï évoquer la mort de son compagnon. Au cours de la soirée, il s'est enquis auprès d'un chasseur des circonstances exactes de sa capture, de sa fuite et de sa rencontre avec l'homme ours. Il sait qu'elle a tué de ses mains l'un de ses poursuivants. Il sait qu'elle a chassé. Il n'ignore plus rien des épreuves qu'elle a endurées. Cette femme le fascine. Elle a fait preuve d'un courage que beaucoup d'hommes pourraient lui envier. Elle est différente de toutes les femmes qu'il connaît. Elle a soutenu fièrement son regard. C'est lui qui a fini par baisser les yeux. L'attitude de cette femelle excite ses sens. Ak-taâ veut cette femme arrogante. Il la soumettra à sa volonté. Son enfant est un mâle vigoureux. Elle en portera d'autres qui viendront renforcer la puissance du clan.

Demain il se prononcera. Bientôt Ak-taâ dirigera la chasse. Il n'en doute pas. Ik-wag, celui qui assume cette charge, est fatigué. Il n'est pas aussi vieux que Wagal-talik mais il n'a pas sa vigueur. Son corps le fait souffrir et sa force décline. Ak-taâ peut prétendre à le remplacer. Son alliance avec la fille d'un homme aussi respecté que Wagal-talik et la présence d'un fils vigoureux augmenteront son prestige auprès des siens. Cette femme ne peut espérer meilleure union.

Mais malgré sa détermination, l'homme ne parvient pas à dissiper le trouble qui l'habite. Il a beau essayer de se persuader que les choses ne peuvent se passer autrement, il n'est pas satisfait. Une sourde appréhension vient gâcher ses belles résolutions. La cause est en face de lui.

Morose, il observe furtivement le couple immobile dont la forme se découpe dans l'obscurité à la lueur des flammes. L'homme ours est absorbé par la contemplation du feu qui danse devant ses yeux. La femme dort paisiblement contre son épaule. Incrédule, il observe cette scène irréelle.

Pourquoi aucun chasseur n'a-t-il encore réclamé cette femme et son fils ? Se pourrait-il qu'elle soit la compagne de l'homme ours ?

N'a-t-elle pas osé soutenir le regard d'Ak-taâ ?

Ses yeux sont irrésistiblement attirés par l'image de ces deux êtres dissemblables, par ce bloc immobile, presque minéral, dans lequel semblent s'être rassemblées des forces inconnues.

La pluie s'est remise à tomber. Il grogne un ordre bref à l'intention de son compagnon. Tous deux rejoignent l'abri mis à leur disposition.

Âki-naâ est réveillée avant le lever du soleil par les coups de tête de son bébé qui réclame le sein avec autorité. Elle frissonne de froid. L'eau a pénétré sous l'épais manteau de fourrure. À moitié endormie, elle offre son téton à la bouche avide. Elle caresse avec amour la tête du petit garçon en songeant aux événements qui se sont succédé depuis sa naissance. Elle se souvient de sa fuite désespérée, du terrible orage, de la grotte où il est né, de sa terreur lorsqu'elle a vu Aô se dresser dans la pénombre de la petite caverne. À cette dernière pensée, une vague de tendresse pour l'homme endormi à ses côtés la submerge. Son cœur se serre à l'évocation de son départ prochain. Depuis son retour parmi les siens, elle s'est rendu compte à quel point la vie qu'ils avaient menée lui manquait. Elle n'a pas à faire beaucoup d'efforts pour s'imaginer foulant l'herbe et la mousse, le long des cours d'eau ou sur la crête des collines, marchant fièrement sur les pas de son compagnon, le petit Atâ-mak juché sur ses épaules contemplant le spectacle du monde s'étalant à perte de vue.

La compagnie des femmes de la tribu ne la satisfait plus. Elle n'aspire qu'à se retrouver avec Aô et le petit. Avec eux, elle se sent bien. Elle se rend soudain compte qu'au fond d'elle-même, elle le sait depuis longtemps, elle et son fils partiront avec Aô.

Ses doigts s'égarent dans la toison qui recouvre l'épaule nue de l'homme. Ses yeux s'ouvrent, immenses et profonds. La jeune femme s'y laisse choir sans hésiter.

L'enfant est repu. Il a grandi. Les traits de son visage rappellent ceux de son père, Atâ-mak, dont il porte le nom. Il est fort et depuis peu il marche debout. Chaque matin, il n'a de cesse que d'échapper à la surveillance de sa mère pour trottiner jusqu'à la place occupée par le vieux Taâ-wik où il espère retrouver Aô. Il trébuche souvent, chute, parfois rudement, mais rien n'altère sa détermination.

Ce matin, il n'a pas besoin d'aller loin. Ravi, il se glisse vers celui qu'il considère comme son père et se niche contre sa poitrine. Aô accueille l'enfant avec plaisir.

Âki-naâ les observe. Elle s'attend à une dure journée. Elle relève une fois de plus chez Aô cette sorte d'apathie qui l'exaspérait tant au début. Mais, si rien ne semble jamais l'affecter, Âki-naâ sait aussi que rien ne lui échappe. Il est peu probable qu'il n'ait pas remarqué les regards lancés sur elle par l'homme à l'oreille déchirée. Elle est persuadée qu'il s'est rendu compte que cet homme la convoitait. Peut-être considère-t-il que cela ne le concerne nullement ! La jeune femme soupire.

Il reste de la viande sur les pierres tièdes recouvertes de cendre. Elle tend un morceau à son compagnon qui le partage avec l'enfant. Âki-naâ mange en silence tout en s'affairant à ranimer les braises.

Le soleil se lève sur la montagne. Une femme apporte une brassée de bois mort. Les habitants sortent des huttes les uns après les autres. Des petits groupes se forment et les langues se délient. Ak-taâ et O-mok arrivent les derniers.

Ak-taâ arbore la tête haute. Son visage est sombre, ses mâchoires serrées, comme s'il se préparait à combattre.

Wagal-talik invite les deux hommes à se restaurer.

Ils ne se font pas prier. Le vieux chef rappelle les liens qui unissent les clans de l'eau. Ak-taâ ne manifeste aucun intérêt à ses propos. Dès que le chasseur a fini de parler, il se lève d'un bond et prend la parole sans attendre d'y être invité. Il se frappe vigoureusement la poitrine en parlant d'une voix forte.

– Bientôt Ak-taâ sera un chef.

Des exclamations désapprobatrices s'élèvent parmi les hommes et les femmes présentes. Il n'est pas d'usage d'afficher de telles prétentions en public. Nombreux sont ceux qui n'apprécient pas l'arrogance du jeune homme.

Il continue pourtant sans se troubler.

– Comme vous le savez, nos clans nous ont envoyés, mon compagnon et moi, vous avertir que des hommes mauvais rodent le long du fleuve. Nous ignorions que vous aviez déjà eu affaire à eux. Quelques chasseurs valeureux suffiront pour les retrouver et les tuer. Ainsi, ils ne reviendront plus.

Wagal-talik acquiesce.

– J'espérais que ces hommes étaient retournés pour toujours dans leurs lointains territoires. Mais je vois qu'il n'en est rien. Cette situation est préoccupante. Pour le moment, les esprits nous sont favorables. La première chasse a été abondante mais les troupeaux se sont enfoncés dans la toundra et bientôt il nous faudra partir sur leurs traces. Les plus jeunes et les vieillards seront à la merci de ces tueurs d'hommes. Les nôtres n'ont pas coutume de répandre le sang des êtres humains. Les esprits l'interdisent.

Kâ-maï intervient.

– Ma-wâmi et Kâ-maï les ont combattus. Kâ-maï a tué l'un d'entre eux. Ils ne sont donc pas invincibles. Tuer un homme n'est pas plus difficile que tuer un animal. Les esprits n'ont pas témoigné de colère contre nous.

Ma-wâmi renchérit.

– Aô en a tué plusieurs. Désormais ils craindront d'affronter l'homme ours et ses alliés.

Ak-taâ esquisse une moue dédaigneuse.

– Nous n'avons pas besoin de lui pour les affronter et les chasser de nos territoires. Nos armes valent les leurs. Vous pouvez dormir tranquille, Ak-taâ se passera de votre aide. Avec quelques-uns des siens, il partira à la recherche des tueurs d'hommes. Ils connaîtront la peur. Ceux d'entre eux qui parviendront à s'échapper témoigneront des dangers encourus par ceux qui s'aventurent sur nos territoires.

Les chasseurs s'interpellent et discutent en petits comités. Certains s'irritent de la suffisance du jeune homme, d'autres apprécient sa détermination.

Napa-mali intervient :

– Nous espérons qu'Ak-taâ n'est pas seulement un bavard. Si ses actions se révèlent à la hauteur de ses paroles, nous ne pourrons que nous en réjouir et la reconnaissance de notre clan lui sera acquise. En attendant, qu'il se mette en marche sans tarder avant que les hommes oiseaux ne commettent d'autres exactions ! Et qu'il n'oublie pas de saluer nos parents du fleuve en notre nom !

Ak-taâ foudroie du regard le vieillard qui le considère d'un air sarcastique.

Le moment est venu pour lui de réclamer la femme sur laquelle il a jeté son dévolu.

– Ak-taâ et O-mok vont partir. Mais Ak-taâ veut emmener cette femme et son fils. (Il désigne Âki-naâ.) Pour elle, il donnera une main de peaux de bison et trois coquilles de mer. Il donnera aussi deux sagaies dont les pointes ont été taillées dans l'ivoire de mammouth.

Un long murmure admiratif accueille ses paroles. Les cadeaux proposés sont somptueux. Les coquilles de mer sont des objets rares qui favorisent les entreprises de ceux qui les détiennent.

L'ivoire est une matière précieuse, difficile à se procurer.

Tous les regards convergent vers Wagal-talik.

Pris au dépourvu, l'homme ne cache pas son embarras.

Comme à regret, au terme d'une longue hésitation, il finit par répondre.

– Voici notre loi. Si avant le coucher du soleil personne d'autre n'a réclamé cette femme, elle partira avec toi.

L'homme écoute à peine. Il a juste entendu « elle partira avec toi ». Il jette un regard dédaigneux sur l'assemblée des chasseurs. Aucun d'eux ne se manifestera. Comment pourraient-ils rivaliser avec les dons d'Ak-taâ ! D'ailleurs, pourquoi auraient-ils attendu sa venue pour faire savoir qu'ils voulaient cette femme ?

Sans doute redoutaient-ils de mécontenter cet homme ours auquel ils sont si dévoués ! Finalement, ses appréhensions n'étaient pas justifiées. Elle ne lui appartient pas. Peut-être ont-ils peur de la femme ? C'est sûrement ça. Il ricane.

Il ne se trompe pas. S'il est vrai que certains craignent la désapprobation d'Aô, ceux qui auraient pu réclamer Âki-naâ et son fils ne l'ont pas fait pour des raisons qui tiennent aussi au comportement de la jeune femme elle-même. Son autonomie, ses expériences peu communes et son attitude fière impressionnent ces hommes paisibles.

Sûr de son fait, Ak-taâ se dirige lentement vers Âki-naâ. Il arbore un sourire triomphant. Son allure est celle d'un prédateur convaincu que sa proie ne peut plus lui échapper.

Personne ne bouge. Abasourdie par la vitesse avec laquelle son sort s'est décidé, la jeune fille s'efforce de retrouver une contenance et de maîtriser l'affolement qui la gagne. Elle se sent seule, abandonnée au sein de son propre clan. Elle surprend l'expression gênée de son père. L'homme n'est plus qu'à quelques pas. Il s'arrête comme le félin avant l'assaut final. Mais non, ce n'est pas pour cela !

Âki-naâ voit poindre une lueur d'inquiétude dans son œil noir. Aô est là. Il s'est avancé doucement pour venir se placer à deux pas d'elle. Son regard se pose sur l'homme à l'oreille arrachée qui lui fait face. Il se contente de le dévisager gravement. Aussi vite qu'elle est venue, l'impression de solitude ressentie par la jeune femme se dissipe. Au soulagement se mêle une colère qui grandit en elle comme un feu bien nourri. Indécis, l'homme observe le changement d'attitude de la jeune femme dont le visage est maintenant défiguré par la rage.

Sa fureur explose, pétrifiant ceux qui sont présents. Elle hurle.

– Âki-naâ n'est plus à prendre. Elle a déjà un homme. Il est là.

Elle pose sa main sur l'épaule d'Aô. Ses ongles s'enfoncent dans la peau de son compagnon comme des griffes.

Aô connaît les colères de la jeune femme pour les avoir expérimentées à ses dépens. Mais il ne se souvient pas de l'avoir déjà vue dans cet état. Elle hoquette de fureur. Sa poitrine alourdie par la maternité se soulève au rythme des battements précipités de son cœur.

Interdit, Ak-taâ contemple cette scène invraisemblable. Jamais il n'a vu une femme se comporter ainsi ! Cette femelle est hystérique.

À n'en pas douter, elle est possédée par des esprits mauvais, conséquence de son alliance avec l'homme ours.

L'homme est grandement dépité. Il se réjouissait de dominer cette femelle arrogante, si différente des femmes qu'il côtoie depuis son enfance. Mais il sait qu'il ne l'emmènera pas avec lui, de crainte d'attirer le malheur sur les siens.

Les traits de la jeune femme s'apaisent. Elle l'observe maintenant sans animosité.

– Âki-naâ n'a rien contre Ak-taâ ! Elle ne sera pas sa femme, c'est tout. Qu'il retourne parmi les siens !

Autour d'eux, les chasseurs discutent avec animation. L'attitude d'Âki-naâ est condamnable. Mais la plupart d'entre eux sont enclins à l'indulgence. Tous savent ce qu'elle a enduré, le courage dont elle a fait preuve. Quelle femme aurait osé affronter le monde hostile, seule avec un enfant à naître, comme elle l'a fait ? Quelle femme aurait pu tuer un homme ? Cette femme n'est pas commune. Les esprits ne semblent désapprouver ni son alliance avec l'homme ours, ni sa présence dans le clan. Bien au contraire, tout porte à croire qu'ils en sont satisfaits. Plus d'un spectateur se réjouit même du dépit de l'homme à l'oreille arrachée. Ce chasseur suffisant et hautain méritait une leçon d'humilité. À plusieurs reprises, il n'a pas respecté les convenances. L'homme s'est comporté comme si cette femme lui appartenait déjà. Il a méprisé les chasseurs du clan en agissant de la sorte. Tous se demandent quelle sera la réaction de Wagal-talik.

Celui-ci ne semble pas particulièrement mécontent. L'impolitesse du jeune homme a fini par user sa patience. On croirait presque distinguer un léger sourire sur ses lèvres, comme s'il se réjouissait de la tournure des événements.

Le chaman l'a rejoint. Tous deux se concertent à voix basse.

Au terme de ce conciliabule, Wagal-talik indique qu'il va parler.

Il s'adresse à l'ensemble du clan.

– Le chasseur du fleuve n'a pas daigné attendre le coucher du soleil pour se manifester comme le veut la coutume. Peut-être n'a-t-il pas bien entendu les paroles de Wagal-talik ? L'homme choisi par Âki-naâ n'appartient pas à notre peuple mais s'il le désire, il sait qu'il peut demeurer parmi nous. Notre chaman est convaincu que les esprits y sont favorables. S'il accepte de prendre cette femme et son enfant à sa charge, la loi du clan sera respectée et nul ne le contestera. Je souhaite que les choses se passent ainsi.

Il adresse un regard bienveillant à l'homme ours immobile et imperturbable, comme étranger à toute cette affaire.

Un murmure approbateur accompagne les paroles du vieux chef. Aucune voix ne s'élève pour le contredire. La chose est entendue. Il reste à l'intéressé à se manifester. Les regards convergent vers lui.

Mais Aô ne dit rien. Son visage impassible ne laisse paraître aucune sorte d'émotion. La situation est très pénible pour Âki-naâ.

Le chaman vient à son secours.

– Aô ne connaît pas encore tous nos usages. Il ne comprend pas bien notre langue. Je me charge de l'informer et de recueillir sa décision.

D'un geste, il invite les personnes présentes à se retirer et à vaquer à leurs occupations.

Lentement, les membres du clan se dispersent. Ak-taâ se dirige vers Wagal-talik.

– Ak-taâ et O-mok partiront avant que le soleil soit à son zénith. Ak-taâ a accompli sa mission. Il en rendra compte à ceux du fleuve.

Wagal-talik hoche la tête. Il se veut conciliant.

– Soyez remerciés pour les informations que vous nous avez apportées. Grâce à vous, nous ne nous laisserons pas surprendre par les hommes oiseaux et nous pourrons prendre des mesures pour nous préserver de leur férocité. Assure les tiens de notre amitié. À la fin de la saison de chasse, Wagal-talik et ceux qui souhaitent l'accompagner remonteront la piste le long du fleuve pour aller rendre visite à leurs parents.

Ak-taâ répond froidement.

– Lorsque vous viendrez, toi et les tiens, n'amenez pas l'homme ours avec vous. Il n'est pas le bienvenu sur notre territoire. Il devrait aller rejoindre son propre peuple. Il n'a pas sa place parmi les vrais hommes. Qu'il s'en aille avec la femme ! Voilà mon conseil. Chassez-le de vos territoires. Les esprits se sont montrés indulgents mais n'abusez pas de leur patience ! Vous pourriez le regretter !

Wagal-talik sourit, sans s'offusquer de la prétention du jeune chasseur.

– Bien. Je te remercie pour ton avis. Si tu le permets, nous réglerons cette affaire entre nous. Moi aussi, je vais te donner un conseil. Toi qui prétends connaître les raisons des esprits et parles déjà de prendre la place de tes aînés, ne te prive pas de les écouter. Raconte-leur plutôt ce que tu as vu et entendu ici. Préviens-les que les hommes ours sont de retour ou plutôt que l'un d'entre eux est venu jusqu'ici. Demande-leur de te parler du passé de notre peuple. Dis-leur que le moment est venu de rendre le bien et que ceux du lac sont fiers de compter parmi eux un chasseur valeureux de plus.

Ak-taâ ouvre la bouche pour parler encore mais Wagal-talik lui fait signe qu'il n'y a rien à ajouter et qu'il ne souhaite pas en entendre davantage.

Les deux hommes ne tardent pas à s'en aller. Les

salutations sont brèves et froides. Mais Wagal-talik n'est pas inquiet. Le vieil Ik-wag et les chasseurs plus âgés comprendront. Ce jeune homme avait besoin d'une leçon.

Aô et Napa-mali se dirigent vers lui. Il fait chaud. Les trois hommes s'installent à l'ombre d'un pin. Ma-wâmi les rejoint à son tour.

Le chaman se charge de résumer la situation. Aô observe et écoute avec attention. Le chaman ne lui apprend pas grand-chose qu'il ne sache déjà.

Il ne répond pas tout de suite. Il se sent bien ici. Pourtant il sait qu'il ne doit pas rester. Il soupire.

– Aô doit partir. Il voudrait emmener Âki-naâ et son fils mais pourraient-ils le suivre au-delà des montagnes ? Qu'adviendrait-il d'eux s'il venait à être tué ?

La mort dans l'âme, il poursuit.

– Âki-naâ et Atâ-mak doivent rester parmi les leurs.

Il se tourne vers Ma-wâmi.

– Aô demande à son ami de veiller sur cette femme et son enfant et de chasser pour eux. Un jour prochain, Aô reviendra.

Ma-wâmi acquiesce gravement. Il est ému par la confiance que lui témoigne cet homme qu'il admire et qu'il a appris à aimer.

– Ma-wâmi veillera sur Âki-naâ et son fils comme sur sa propre famille. Nous attendrons le retour d'Aô.

Wagal-talik apprécie la clairvoyance du garçon. S'il survit à ce long périple à travers les territoires inconnus, il reviendra peut-être. C'est bien ainsi.

Le chaman indique qu'il a quelque chose à dire. Ses yeux vifs expriment la malice et la satisfaction.

– Aô a parlé sagement. Âki-naâ a beau avoir le courage et la vélocité du lynx, l'enfant les retarderait considérablement et augmenterait les risques encourus pendant ce long périple. Mais Aô ne partira pas seul ! Quelqu'un veut se joindre à lui. Il m'en a parlé. J'ai réfléchi et je lui ai donné mon accord. Il sera notre envoyé auprès du peuple des anciens hommes. Un jour, ce garçon sera un chaman pour notre clan. Les esprits n'ont pas attendu qu'il soit adulte pour le visiter. Ils lui ont déjà donné un nom, Kipa-koô, l'arbre ancêtre dont l'écorce a la couleur de la neige, l'un des rares qui se dresse dans la toundra et ose défier la colère du vent. Sa boiterie ne l'empêche pas de marcher. Il ne manque pas d'endurance. Mais il lui reste à solliciter l'assentiment de son père.

Le chaman se tourne vers le jeune homme qui attend à proximité.

– Approche Kipa-koô.

Wagal-talik est surpris. Il ignorait le projet de son fils. Avant de se prononcer, il veut entendre Aô.

Celui-ci se contente de grimacer comme il le fait lorsqu'il veut exprimer son assentiment.

Wagal-talik dit simplement.

– Kipa-koô et Aô partiront tous les deux après la cérémonie du passage à laquelle Kipa-koô doit participer.

XV

La cérémonie requiert peu de préparatifs. Moment essentiel dans la vie d'un être humain, elle suscite une émotion intériorisée, partagée par l'ensemble de la communauté, sans donner lieu à des manifestations spectaculaires.

Ce matin, le chaman s'est rendu successivement auprès des trois jeunes gens concernés par cette initiation spirituelle. Au terme d'une longue période de confrontation avec les esprits, ils recevront leurs noms d'adultes inspirés de l'interprétation par le chaman des visions et des songes qui lui auront été rapportés.

Ils sont au nombre de trois, Kipa-koô et deux jeunes filles intimidées. Devant le clan rassemblé et silencieux, ils se dénudent entièrement pour symboliser l'abandon de leur condition antérieure et se préparer à effectuer ce qui s'apparente à une nouvelle naissance. Il s'agit pour eux de rompre avec l'anonymat relatif et l'irresponsabilité de l'enfance pour accéder à la condition d'adulte, membre actif de la communauté, apte à accomplir les tâches collectives et individuelles de la vie quotidienne.

Ils frissonnent dans la fraîcheur de l'aube.

Consciencieusement, le chaman enduit entièrement leurs corps d'un mélange d'ocre rouge et de graisse de renne afin de matérialiser cette seconde naissance, non plus recouverts du sang de leur mère mais du sang de la terre. Ainsi, ils pourront être identifiés par les esprits comme prétendants au statut d'homme ou de femme, à même de recevoir leurs messages et leurs instructions.

Kipa-koô regarde fièrement ses congénères. Il attendait ce moment avec impatience. L'isolement et la perspective d'entrer en contact avec les esprits ne lui font pas peur. La fréquentation assidue du chaman l'a déjà familiarisé avec ce monde mystérieux. Les deux jeunes filles semblent exprimer des sentiments contradictoires, de la peur et de la résignation, mais aussi de l'impatience et de la joie.

Après s'être enveloppés dans une simple peau en guise de vêtement, tous trois emboîtent le pas au vieillard. Ils empruntent la piste qui mène au pied de la montagne. Ils marchent en silence, absorbés dans leurs pensées. Aucun d'entre eux ne doit parler ou exprimer ses craintes à voix haute.

À l'abord des premières pentes, la piste se transforme en un mince sentier. Malgré le lourd chargement de branches sèches dont il s'est encombré, le chaman ralentit à peine son allure.

Kipa-koô lève les yeux vers le sommet vertigineux, noyé dans un halo de brume. Son regard s'égare sur les parois abruptes. Le versant de ce côté-ci de la montagne est proche de la verticalité. Le sentier tire parti des moindres aspérités, des éboulis instables, parfois des racines torturées d'un pin centenaire, pour se projeter toujours plus haut dans cette effrayante ascension.

À plusieurs reprises, le jeune homme se dit que le chemin va s'arrêter brutalement face à la paroi. Ce n'est qu'au dernier moment qu'un passage se dévoile, improbable, suspendu entre le ciel et la roche. La présence régulière de crottin indique une piste de chamois. Malgré l'effroi suscité par le vide omniprésent, tous trois progressent courageusement dans les pas du vieux chaman qui fait preuve d'une agilité et d'une vitalité stupéfiantes, compte tenu de son âge avancé. Pour l'avoir emprunté à maintes reprises en compagnie de plusieurs générations d'hommes et de femmes, celui-ci connaît le moindre détail de ce passage que l'ancien chaman du clan a découvert et reconnu comme étant la voie d'accès à un lieu de rencontre avec les esprits. Ses yeux mobiles sont à l'affût du plus petit changement indiquant un danger, la pierre rendue instable par le ruissellement des eaux, la racine pourrie, la terre friable ou gorgée d'humidité susceptible de glisser et d'entraîner l'un d'entre eux dans une chute fatale. Il invite ses jeunes compagnons à mettre précisément ses pas dans les siens. De loin, les quatre silhouettes semblent immobiles, collées à la montagne, sans possibilité d'avancer ou de reculer. Pourtant, au fil de la journée, les minuscules points se déplacent lentement vers le haut.

L'effort consenti leur permet de supporter le froid glacial qui s'accentue au fur et à mesure qu'ils prennent de l'altitude.

Le sentier suit maintenant le sillon correspondant au lit d'un torrent asséché. Ils parviennent à l'entrée de l'orifice par lequel ses eaux jaillissaient de la montagne. L'ouverture est étroite mais suffisante pour livrer passage à un homme.

Le chaman laisse choir son fardeau de branches sèches.

Après avoir invité Kipa-koô et les deux jeunes filles à lui faire un rempart de leurs corps pour le protéger du vent, il extirpe délicatement d'un repli de son vêtement une poignée de mousse sèche et poudreuse qu'il dispose en un petit tas. Puis il heurte deux pierres l'une contre l'autre, provoquant des gerbes d'étincelles dont certaines tombent dans la mousse. L'homme souffle longuement sur les minuscules braises. Un mince filet de fumée noire s'élève, puis des flammes. Quelques rameaux de bois sec permettent au feu de prendre assez d'ampleur pour embraser l'extrémité d'une branche trempée dans la graisse.

Le chaman confie sa réserve de bois à Kipa-koô. Il s'engage dans le trou en brandissant la torche fumante. Le jeune homme saisit l'extrémité du cordon qui entoure et maintient les branches ensemble pour les jeter sur son épaule. Sans hésiter, il se glisse derrière le vieillard. Malgré l'angoisse qui les étreint, les deux jeunes filles pénètrent à leur tour dans l'ouverture.

Les yeux rivés sur la flamme dansante qui avance au rythme de la progression du chaman, ils gravissent lentement la pente, pliés en deux pour éviter de heurter la voûte dont ils perçoivent vaguement les contours. La montée n'est pas très prononcée mais ils glissent sur le sol boueux. La pente s'atténue encore et ils pataugent maintenant dans l'eau stagnante. Cette première partie de l'ascension s'achève dans une vasque. L'eau croupie et malodorante leur arrive jusqu'à la taille. Le chaman maintient la torche au-dessus de sa tête pour préserver la flamme des éclaboussures. Kipa-koô distingue le départ de plusieurs galeries de diamètres différents. Sans hésiter, Napamali se dirige vers l'orifice le plus petit. Le vieillard n'éprouve aucune difficulté pour s'orienter dans la pénombre, comme s'il était attiré vers ce lieu de contact entre deux mondes, où les hommes et les femmes se rendent pour recevoir le message des esprits. La première portion est en partie immergée. Kipa-koô est contraint de porter son chargement de bois sur la tête pour le garder à peu près au sec. Mais cette portion est courte. À mesure qu'ils montent, le niveau d'eau s'abaisse rapidement. La fumée épaisse et nauséabonde qui se dégage de la torche les fait tousser.

L'étroitesse du boyau les oblige maintenant à progresser à quatre pattes. Sans la lueur de la torche, l'obscurité serait totale. La sensation d'oppression fait battre les cœurs avec violence. Le temps n'existe plus. La souple fourrure recouvrant leurs corps s'est muée en une carapace rigide, imprégnée de boue et du sang qui coule des écorchures provoquées par les chocs répétées de leurs têtes contre la roche.

Pourtant, peu à peu, la peur qui les tenaillait s'estompe. La tranquille assurance du chaman, la lenteur de leur progression et le profond silence qui les environne apaisent leurs sens et les rendent confiants. Bien d'autres avant eux ont ainsi rampé dans le froid et la boue pour ressortir au soleil quelques jours plus tard, aptes à prendre une part active au destin de leur clan. Dehors, il fait nuit depuis longtemps.

La dernière étape est particulièrement difficile. La pente est raide. Kipa-koô a laissé passer les deux jeunes filles devant lui et ferme la marche. À plusieurs reprises, celle qui le précède glisse en arrière et vient buter contre lui. Le chaman les encourage de la voix. L'ascension touche à son terme. Enfin, ils prennent pied dans une caverne spacieuse dont ils ne peuvent distinguer immédiatement les contours.

La voix du chaman résonne étrangement.

– Nous sommes arrivés. C'est ici que les esprits viendront vous visiter. Ils feront de vous un homme et deux femmes de notre clan. Quand la lune aura voilé la moitié de sa face, je reviendrai vous chercher.

Les trois jeunes gens acquiescent en silence. Le chaman leur indique un creux où insérer la torche et leur remet une outre remplie de graisse.

– Voilà de quoi enduire le bois. Si vous laissez s'éteindre la flamme, il vous sera très difficile de faire du feu dans l'obscurité. Mais d'ici là, les esprits vous auront déjà repérés.

Le chaman parti, tous trois se blottissent frileusement les uns contre les autres dans un coin surélevé de la grotte, où la forme convexe de la roche empêche l'eau de stagner.

La longue attente commence. Épuisés par les efforts et le jeûne, ils somnolent, recroquevillés sur eux-mêmes. Le froid seul les empêche de sombrer dans un profond sommeil. Kipa-koô propose à ses compagnes que chacun dorme à tour de rôle en profitant de la chaleur corporelle des deux autres, dont l'un se chargera de surveiller la torche et d'éviter que le feu ne s'éteigne. L'adolescente la plus éprouvée ne tarde pas à s'endormir, pelotonnée entre ses deux congénères. Kipa-koô sait que les esprits ne se manifestent pas tout de suite. Il faut d'abord que l'âme des êtres humains s'échappe de leurs corps pour pouvoir les rencontrer.

Seul le ruissellement de l'eau et les gouttelettes qui tombent dans les flaques viennent rompre le silence de la grotte.

Autour d'eux, des ombres et des formes s'animent sur les parois au gré des oscillations de la flamme provoquées par le faible courant d'air qui parvient jusqu'à ces profondeurs, visions fugaces de créatures étranges ou familières, de combats furieux et de scènes inattendues.

Au fil du temps qui s'écoule, sous l'influence du jeûne et des longues périodes de veille, leurs perceptions sensorielles s'affinent.

Le bruit causé par la percussion des gouttes d'eau dans les flaques ou sur la pierre, résonne de plus en plus fort dans les crânes douloureux. Le lointain grondement d'un torrent souterrain parvient jusqu'à eux, s'amplifie, se transforme en fracas de tonnerre. Les oscillations de la flamme sont les éclairs.

Les esprits des trois jeunes gens s'échappent de leurs corps fiévreux, emportés par des visions qui se succèdent ou se répètent inlassablement, imprimant dans leur mémoire le message des esprits.

Malgré le caractère éprouvant de cette initiation, il est rare que quelqu'un succombe à cette épreuve. La vitalité de ces hommes leur permet de supporter le froid et la faim sans dommage. Le choix du début de la saison chaude pour cette cérémonie, lorsque les pluies sont peu abondantes, diminue les risques de montée rapide des eaux souterraines. Une seule fois, depuis que le chaman officie, deux garçons ont péri, emportés par les flots à la suite d'un orage. Cet événement malheureux a été accueilli avec fatalisme. Tous sont convaincus de vivre sous l'emprise de ces forces puissantes et invisibles qu'ils nomment les esprits. Ce sont eux qui régissent les phénomènes naturels. Leurs décisions s'expriment à travers les événements qui ont une incidence sur la vie ou la survie du clan. Selon qu'ils sont favorables ou défavorables, ces événements reflètent leur humeur. Personne ne conteste la légitimité de leur colère. Ils n'ont pas à rendre de comptes. Le chaman est là pour interpréter les signes. Sous son autorité, des attitudes particulières ou des changements de comportement sont préconisés pour recouvrer leur faveur.

Les trois jeunes gens ressentent de moins en moins le besoin de dormir. Leur activité spirituelle atteint son apogée. Depuis peu, la dernière torche s'est consumée.

Mais ils n'ont plus besoin de sa lumière pour vagabonder en compagnie des esprits.

L'une des deux jeunes filles cherche la sortie. Le chaman est revenu et les deux autres sont repartis avec lui. Elle est restée en arrière. Elle voudrait les suivre mais ses jambes n'obéissent pas. Ils ne l'attendent pas et disparaissent rapidement de sa vue.

Elle n'est pas seule. Autour d'elle, des cortèges d'animaux se bousculent dans le tunnel. Ils ne lui prêtent pas attention. Elle est emportée par leur flot. Une vitalité inouïe l'envahit. Elle devient cheval puis renne, peut-être les deux à la fois. Elle sent que le monde s'étend en elle. À présent, elle est un corbeau et survole le troupeau qui s'étire entre les parois. Le passage s'agrandit de plus en plus. La lumière jaillit, aveuglante. La steppe gelée apparaît, immense sous le ciel gris pâle. Les troupeaux se dispersent rapidement. Qui est-elle maintenant ?

Elle perçoit la carapace rigide du givre sur son corps. Le vent la secoue mais elle se rit de ses efforts. Ses racines s'enfoncent solidement dans le sol gelé. C'est là que se cache l'esprit de l'herbe. Le soleil de printemps fait fondre la glace. Autour d'elles, les brins innombrables bruissent doucement. Elle sent leur caresse. Une sensation de paix l'envahit. Elle échappe à la terre et se redresse. Ses pas glissent sur le sol détrempé. Maintenant, elle marche sur les traces de sa mère. Elle tourne en rond autour du campement des siens. Sur ses pas, l'herbe jaunit. Devant elle, les rennes s'enfuient vers la plaine. Soudain, elle s'aperçoit que sa mère n'est plus là. Un homme apparaît au sommet d'une crête. Il est seul. Son visage est rond et jovial. Le cœur de la jeune fille bat plus fort à sa vue. Le visage de cet homme lui est familier. Pourtant, il n'appartient pas au clan. Il lui fait signe de le suivre. Docilement, la jeune fille se dirige vers lui. L'homme s'engage dans la steppe. Elle jette un regard en arrière, vers le lac, mais il n'y a plus de lac. Le camp a disparu. Seules les montagnes sont toujours là.

Elle emboîte résolument le pas de l'homme au visage rond et aux yeux rieurs.

Debout dans la vasque, le chaman s'égosille depuis longtemps. Il est patient. Il sait que sa voix porte jusqu'à eux. Ils finiront bien par l'entendre. Il aimerait s'épargner l'éprouvante ascension. Kipa-koô, que des circonstances exceptionnelles ont conduit à recevoir un nom d'adulte avant son initiation, reconnaît le son familier par lequel le désignent les siens. La voix qui le porte l'attire doucement vers le monde des vivants. Comme à regret, il sent son esprit reprendre possession de son corps.

Le retour est difficile et brutal. Kipa-koô voudrait fuir à nouveau ce corps endolori mais le chaman continue inlassablement de scander son nom. Grognant comme un ours essoufflé, le garçon reprend lentement le contrôle de ses membres engourdis. Ses deux compagnes émergent à leur tour. La clameur du chaman continue de résonner dans la caverne. Ils doivent retourner auprès des leurs. Kipa-koô se redresse sur ses coudes, puis s'assoit. Pris de vertige, il ferme les yeux jusqu'à ce que le sang se remette à circuler normalement dans ses veines.

S'appuyant l'un sur l'autre pour conserver leur équilibre en évitant de glisser sur le sol mouillé et inégal, ils marchent avec précaution vers l'orifice de la cheminée par laquelle ils sont montés pour parvenir jusqu'ici.

D'une voix rauque, encore hésitante après le long silence, Kipa-koô assure le chaman de leur présence. Ils attendent encore un peu avant de se risquer dans le trou. La descente s'avère moins difficile que la montée. Ils n'ont qu'à se laisser glisser en freinant avec les épaules pour éviter de prendre trop de vitesse lorsque la pente s'accentue.

Napa-mali les attend à la sortie du boyau. L'eau a un peu baissé dans la vasque depuis leur passage mais elle est toujours aussi froide.

Les trois initiés, glacés jusqu'aux os, tremblent et claquent des dents. Affaiblis par cette longue période de jeûne, ils avancent lentement vers la sortie. Encouragés par Napa-mali, ils finissent par émerger devant l'entrée. C'est la nuit. Les braises d'un foyer rougeoient. Il y a aussi des vêtements secs. Les deux jeunes filles et le garçon mettent longtemps à se réchauffer malgré la vigueur des flammes. Ils dorment d'un sommeil agité.

Le retour vers le camp est long. Leur état d'épuisement accroît les risques de chute, déjà importants pour des êtres humains en pleine possession de leurs moyens. Régulièrement, le chaman leur donne de petites quantités de racines attendries sous la braise en les invitant à mâcher longuement pour réhabituer leurs organismes à la nourriture. Au crépuscule, ils pénètrent dans le camp. L'accueil du clan est chaleureux. Les trois jeunes gens marchent la tête haute. Leurs yeux brillants et leur expression un peu égarée attestent de leur rencontre avec les esprits. Kipa-koô cherche du regard son ami Aô. Pendant quelques instants, son cœur s'affole. Et s'il avait devancé son départ ? Mais non, il est là, debout à côté de Ma-wâmi. Il secoue la tête en signe de bienvenue. Kipa-koô grimace pour exprimer sa joie et sa fierté. Bientôt, ils partiront tous les deux. Malgré la fatigue, il se réjouit à cette perspective, maintenant toute proche.

XVI

Les deux hommes ont quitté le camp à l'aube. Leur départ n'a provoqué aucune effervescence. Aô et Kipa-koô ne font que se conformer à la volonté des esprits. Certains vaquent à leurs occupations, d'autres les regardent partir, sans émotion apparente. Accaparés par leurs activités quotidiennes, véritables rituels qui transforment en actes sacrés les gestes les plus simples, ces hommes et ces femmes sont convaincus que rien ne se produit sans raison. Ni indifférence, ni égoïsme, seulement une sorte de résignation aux exigences d'une existence où les événements fortuits n'existent pas.

Ici rien ne s'offre à eux, la vie est vécue obstinément. L'été est court, les hivers, d'années en années, plus rudes. Leur préoccupation essentielle est d'accumuler des réserves pour traverser la mauvaise saison. Seules une solidarité sans faille et la soumission à des obligations impérieuses rendent possible l'exploit que constitue la seule existence. La vie humaine est précieuse, à la mesure de l'apport de chaque individu à la communauté. L'agressivité entre chasseurs est rare. La violence est proscrite. La ritualisation de la mort et les comportements qu'elle impose aux membres du clan ne sont que des mises en scène destinées à apaiser les défunts, à se débarrasser d'eux sans qu'ils ne nuisent aux vivants. Ceux qui comptent, objets de toutes les attentions, ce sont bien les vivants.

Aujourd'hui, le temps est clément. La saison de chasse va se poursuivre sous les meilleurs auspices. Tout au plus, les chasseurs regrettent-ils de perdre un des leurs, maintenant qu'ils ont pu apprécier sa valeur. Lorsqu'ils ont été convaincus que les esprits étaient favorables à la présence de cet homme parmi eux, ils l'ont accepté. Mais aucun ne conteste la légitimité de son départ. Pas plus qu'eux, Aô ne peut se soustraire au dessein des esprits.

Seule une jeune femme continue de suivre des yeux les deux minuscules silhouettes qui disparaissent et réapparaissent au gré des creux et des bosses qui se succèdent sur la rive droite du lac. Ses doigts se serrent sur la petite main de son fils, debout à côté d'elle. Après s'être tortillé en grognant de frustration pour tenter de s'échapper et trottiner derrière Aô, l'enfant a fini par se calmer, sans doute impressionné par le calme et la gravité de sa mère. Depuis son retour parmi les siens, la jeune femme jouit d'une place à part au sein du clan. Son autonomie et ses brusques accès de colère laissent à penser qu'un esprit puissant la visite et personne n'ose plus la contrarier. Au même titre que les anciens, elle bénéficie de la considération et du respect de l'ensemble de la communauté, qui excluent toute familiarité. Ce statut particulier, associé à sa relation privilégiée avec Aô, contribue à la maintenir dans un certain isolement. Elle s'y complaît, s'abandonnant à des rêveries et à des émotions étrangères à la plupart des membres du clan.

Elle accepte pourtant sans rechigner de participer aux tâches qui incombent aux femmes. Elle ne ménage pas sa peine mais ses pensées sont ailleurs. Âki-naâ attendra le retour de son compagnon. Il a dit qu'il reviendrait. Elle le croit. Elle prend son petit dans ses bras pour lui permettre de distinguer encore un peu la silhouette de celui dont il apprécie tant la compagnie.

La jeune femme soupire. Aô est déjà loin mais elle sent encore sa présence à l'intérieur de son corps. Une onde de chaleur se propage dans son ventre au souvenir de leurs récentes étreintes. Elle ne se souvient plus des circonstances qui ont précédé ce moment qu'ils attendaient tous les deux. Cela s'est passé, c'est tout. Et c'était bon.

Elle sent encore le jeu des muscles puissants contre sa peau, le corps dur qui la presse, s'enfonce en elle jusqu'à se répandre dans toutes les parties de son être en une vague de plaisir tellement intense qui l'emporte, au-delà de toute autre perception. Ses mains suivent les contours de la tête massive, s'attardent sur la face proéminente, se referment derrière la nuque épaisse. Elle sent la force tapie dans l'ample poitrine se propager dans ses veines. Elle entend les grognements de plus en plus forts se mêler à ses propres cris, affolant ses sens. Elle garde en elle l'empreinte du passage de ce flux puissant et brûlant, comme une part de l'homme ours, gage de son retour, précieusement enfouie dans son ventre.

L'enfant finit timidement par manifester à nouveau son désir d'être libéré. Machinalement, Âki-naâ le pose à terre. Puis, elle s'en va rejoindre ses compagnes affairées au traitement des peaux.

Les deux hommes marchent côte à côte d'un pas égal. Ils sont lourdement chargés car la traversée du glacier leur impose de se munir de réserves de nourriture ainsi que de peaux épaisses pour se protéger du froid.

Le contraste entre les deux morphologies est saisissant. Le corps fin de Kipa-koô met en évidence la formidable stature de son compagnon, accentuée par sa silhouette trapue. Les deux hommes ont à peu près le même âge mais Aô paraît plus vieux.

Pendant plusieurs jours, ils se sont enfermés avec le chaman pour se livrer à de longs conciliabules. En fouillant dans sa mémoire, le vieil homme s'est efforcé de leur fournir le maximum de précisions sur l'itinéraire qu'ils devront emprunter pour parvenir aux vallées où vivaient les anciens hommes. Derrière le front des plus hauts sommets où leur permettra d'accéder le glacier, les montagnes sont moins élevées. En été, les cols sont franchissables. Certes, la traversée n'est pas sans danger, mais les distances à parcourir sont considérablement réduites. Aô et Kipa-koô éviteront aussi le passage par le territoire du clan dont les chasseurs avaient manifesté de l'hostilité à l'évocation des anciens hommes.

Le glacier est vivant. Chaque année, lorsque le temps se réchauffe, il se réveille. Nul ne peut ignorer sa présence. Pas besoin de tendre l'oreille pour entendre l'écho des craquements de la glace qui s'effondre dans l'eau du lac, provoquant de violents remous dont les effets se manifestent jusqu'aux berges lointaines, là où est installé le camp.

De loin, le glacier semble effectivement franchissable, large brèche ouverte entre les sommets déchiquetés. À l'endroit de son passage, sous le poids de la neige et de la glace, la montagne a été écrasée.

Le chaman n'a pas manqué de mettre en garde les deux hommes contre les pièges qu'ils devront déjouer pour préserver leur vie lorsqu'ils marcheront sur le fleuve de glace. Pendant toute la belle saison, l'esprit du glacier s'agite et perd une partie de sa masse. Des crevasses s'ouvrent. Des torrents furieux dévalent la pente pour disparaître dans des puits profonds. Les ponts de glace peuvent s'effondrer sous le poids d'un homme. Les plaques de neige fondante cachent parfois de véritables abîmes. Mais attendre l'hiver serait pire. Certes, le froid engourdit le glacier, dont l'esprit s'endort sous la surface gelée qui se couvre de neige. Mais les tempêtes y sont quasi permanentes. Le vent du nord s'engouffre dans ce couloir. Les bourrasques chargées de neige et de particules arrachées à la glace restreignent la visibilité. Dès lors, il deviendrait impossible de s'orienter et d'éviter les pièges. Non, personne ne peut s'y aventurer pendant la mauvaise saison. Mais

Napa-mali s'est voulu rassurant. En été, deux hommes prudents et avertis peuvent le traverser sans dommage.

La surface bleutée du glacier paraît toute proche mais il faut presque une journée de marche pour parvenir au plus près. Des myriades de moustiques et de minuscules moucherons les harcèlent, attirés par la sueur qui rend leurs corps poisseux. Habitués à payer ce prix à la douceur estivale, les deux hommes ne se plaignent pas.

À l'approche du glacier, la surface du lac s'agite de plus en plus.

Parfois une vague plus haute que les autres les éclabousse.

La nuit n'est pas encore tombée lorsqu'ils parviennent à proximité de l'endroit où le fleuve de glace rencontre le lac. Aô est impressionné par le formidable combat que se livrent la glace et l'eau. Bien qu'il soit déjà venu ici plusieurs fois, Kipa-koô ne l'est pas moins.

Le soleil couchant fait flamboyer le glacier qui palpite de vie et de fureur. Autour d'eux, ce ne sont que sifflements et rugissements de colère, craquements assourdissants. La surface rougeoyante du lac est parcourue par des vagues effrayantes, provoquées par la brusque immersion d'énormes morceaux de glace. Elles se propagent rapidement à la surface de l'eau et viennent se fracasser sur le rivage.

Les deux hommes s'installent pour la nuit, à distance raisonnable. Le glacier ne dort pas complètement. De sinistres craquements les réveillent à plusieurs reprises. Dès les premières lueurs de l'aube, ils se lèvent, pressés de fuir le lieu de ce combat titanesque.

De part et d'autre du large couloir de glace, s'accumulent des amas de roche et d'argile, arrachés à la montagne.

Kipa-koô montre à son compagnon le sentier escarpé qui surplombe le lac et permet d'accéder à l'une de ces moraines. Cette voie périlleuse ressemble au passage emprunté par Kipa-koô lors de son initiation, bien plus adaptée au pied des chamois qu'à celui des humains. Certaines parties verticales semblent infranchissables. Mais Kipa-koô est déjà passé par là avec Napa-mali. Il connaît les prises et les appuis qui permettent de grimper. Aô fait confiance à son jeune compagnon. Il calque ses mouvements sur les siens. La perspective d'une chute dans l'eau glacée l'incite à la prudence.

Loin en dessous d'eux, la surface noire du lac est parfaitement lisse. Rien n'indique que bientôt le terrible combat va reprendre. Lorsqu'ils atteignent la moraine, le soleil se hisse au-dessus des montagnes. Aux premiers craquements de la journée font écho les croassements d'une bande de chocards qui tournoient au-dessus d'eux, intrigués par la présence inhabituelle de ces deux bipèdes.

Les deux hommes progressent en diagonale au milieu des éboulis en direction de la langue de glace.

Depuis la berge du lac, la surface bleutée paraissait nue et lisse. Aô découvre qu'il n'en est rien. De près, le glacier est constitué d'une mosaïque de blocs irréguliers, soudés les uns aux autres, témoignant du mouvement en avant de la glace. Des torrents d'eau cristalline dévalent la pente vers le lac, creusant peu à peu des sillons profonds avant de s'engouffrer dans des crevasses. La vie semble palpiter dans les entrailles gelées de ce monstre. Des gémissements et des grondements inquiétants s'en échappent. Peu rassurés, les deux hommes l'implorent de tolérer leur passage sur son dos. Ils s'engagent prudemment sur la surface irrégulière dont la couleur varie du bleu au gris selon la densité plus ou moins grande de particules de terre, de blocs de granit ou d'argile sertis dans la glace. Il leur faut tout de suite zigzaguer entre les crevasses. Certaines ont la largeur d'une main, d'autres sont de véritables abîmes.

Par moments, la glace est tellement imprégnée de particules de terre et de cailloux qu'elle paraît être devenue roche elle-même. Ils marchent, serrés l'un contre l'autre, prêts à se retenir mutuellement en cas de glissade. Il est rarement possible de progresser en ligne droite comme ils avaient cru pouvoir le faire de loin. Il faut sans cesse contourner les blocs énormes, longer des gouffres ou des entailles profondes.

Le crépuscule est proche. Mais à cet endroit, le glacier est cerné par des falaises vertigineuses, impossibles à escalader. Il faut continuer. Contraints de se dépêcher pour devancer la nuit, ils pressent l'allure, prenant le risque de sauter au-dessus des crevasses ou de franchir les étroits ponts de névé plutôt que de perdre du temps à chercher des passages plus sûrs. Heureusement, cette portion est courte. Derrière, le glacier s'élargit considérablement. La masse sombre des moraines au relief accidenté réapparaît. Soulagés, ils se dirigent vers le bourrelet rocheux le plus proche, les yeux rivés au sol pour éviter les pièges tendus par l'obscurité.

Les deux voyageurs se contentent de l'abri précaire d'une petite niche sous des rochers. Ils se blottissent l'un contre l'autre et s'endorment, harassés. Les gémissements du glacier hantent leur sommeil.

Kipa-koô se réveille le premier. Ils ont dormi plus longtemps que la veille. Le ciel est bleu. Les conditions sont toujours idéales. Ils s'en réjouissent, y voyant un encouragement des esprits.

L'aspect du glacier a changé. Les crevasses sont moins nombreuses. Les torrents se concentrent dans sa partie centrale, formant une véritable rivière. La pente s'accentue un peu. Leurs mocassins en peau de renne sont imprégnés par l'eau tapissant la surface des névés qui gicle à chaque pas. L'épaisseur du cuir les protège toutefois des engelures. La réverbération du soleil brûle leur peau et les aveugle. Les yeux des deux hommes sont rouges et larmoyants. Devant eux, de gigantesques vagues de glace, chargées de terre et de pierres, se succèdent, immobiles. Parfois un énorme rocher arraché à la montagne se dresse vers le ciel, maintenu par une main de glace, comme un avertissement ou un geste de défi.

Maintenant, une moraine médiane s'élève à l'endroit où deux glaciers se rejoignent. C'est un véritable champ de blocs de granit de toutes tailles entre lesquels se précipitent les torrents. Il faut contourner, escalader sans cesse. Lorsqu'ils ont franchi ce chaos, la nuit tombe déjà. Épuisés, ils se terrent dans le premier trou venu entre les pierres. Malgré leurs épaisses couvertures ils sont réveillés tôt le matin par le froid.

Conformément aux indications de Napa-mali, ils s'engagent sur le bras du glacier le plus à gauche. À leur grand soulagement, il s'avère peu encombré. La marche est plus aisée. Parfois, on aperçoit l'eau couler sous la surface gelée. Les deux hommes apprécient cette partie relativement facile. Ils en profitent pour admirer ce paysage envoûtant, sensibles à la pureté de cet univers transparent aux couleurs changeantes, à ses formes lisses, sculptées par le vent, à la beauté d'une veine de quartz qui scintille au milieu du granit prisonnier de la glace.

Ils ne sont pas seuls. De temps à autre, la silhouette immobile d'un chamois se dresse sur le point culminant de l'une des moraines. De chaque côté du glacier, ses semblables traquent l'invisible et frugale végétation de l'extrême, les minuscules forêts de saules nains et les quelques touffes de graminées ligneuses qui profitent du court été pour se dresser vers le soleil et se gaver de chaleur, avant d'affronter l'interminable hiver. Rien ne semble pouvoir empêcher le miracle de leur résurrection annuelle, ni les variations climatiques, le vent omniprésent, le froid glacial, le poids de la neige et les avalanches, ni les dents des chamois avides, capables de toutes les prouesses pour les débusquer dans les endroits les plus inaccessibles. Au-dessus d'eux, obstinés, quelques chocards continuent de tournoyer inlassablement, convaincus que ces deux intrus finiront par abandonner derrière eux les reliefs de leurs repas.

Le glacier s'élargit encore. Les névés ont fait place à une couche de neige humide qui ralentit à nouveau la progression des deux hommes. Aô se souvient des conseils du vieux chaman. La croûte en surface peut céder sous leurs pas à tout moment et dévoiler une crevasse. C'est la dernière étape, sans doute la partie la plus dangereuse, là où les chutes de neige sont les plus abondantes, vaste cirque blanc environné de falaises, qui constitue le réservoir du glacier.

Ils avancent avec précaution vers le sommet aplati. Ils espèrent pouvoir atteindre l'autre versant avant la tombée du jour mais les distances sont trompeuses. La nuit les prend de vitesse. Ils décident de profiter de la pleine lune pour continuer. Au terme d'une marche harassante, ils finissent par atteindre leur but. Ils voient la masse sombre des monts environnants se détacher dans la lueur blafarde diffusée par l'astre nocturne. En quelques pas, ils accèdent à l'autre versant, vaste dalle rocheuse qui s'incline sèchement vers l'ouest. S'aventurer sur le granit verglacé, dans l'obscurité, serait une folie. En cas de glissade, rien ne leur permettrait de se retenir.

Le vent ne s'est toujours pas levé. Abrutis de fatigue, assis dos à dos, là où le sol est à peu près plat, ils mâchent quelques fragments de viande filandreuse au goût de fumée. Ils ont soif. L'eau manque par ici. Kipa-koô se relève en grognant pour aller remplir une vessie de renne avec de la glace raclée sur la dalle. Il faudra attendre qu'elle fonde au contact de la chaleur de son corps, sous les épaisses couvertures.

Seule la soif intense les empêche de sombrer dans le plus profond sommeil.

XVII

Le temps clair s'est maintenu longtemps. Pour la première fois, ce matin, le soleil est masqué par une couverture de nuages bas. Le vent s'est levé. Plutôt doux, il apporte l'humidité. L'atmosphère est brumeuse.

Comme l'avait laissé entendre le chaman, après quelques passages difficiles, les montagnes se sont arrondies. Le franchissement des cols s'est avéré de plus en plus aisé. Les fonds de vallée sont plutôt verdoyants.

Chaque soir, ils bivouaquent sur un nouveau sommet et scrutent les vallées environnantes dans l'espoir d'apercevoir la lueur d'un foyer. Eux-mêmes ne se privent pas de faire du feu. Le bois ne manque pas. Ils comprennent pourquoi des hommes ont choisi de s'installer par ici. Les plantes comestibles sont nombreuses. De vastes surfaces sont colonisées par les airelles et la camarine. Avec les ronces et les framboisiers qui poussent à la lisière des bosquets, les possibilités de cueillette ne manquent pas. Les prairies d'altitude sont les pâturages d'été des chèvres et des chamois mais aussi de hardes de cerfs et de petits chevaux. On y rencontre même de petites bandes de rennes. Mais l'enclavement des vallées et l'étroitesse de certains accès ne permettent pas de grands rassemblements. La quantité d'herbe reste limitée.

La traque du gibier est facilitée par les nombreux pièges tendus par la nature. Les vallées n'ont souvent qu'une seule issue. Les pistes sont nettement marquées. La relative abondance et les facilités d'accès à des sources d'alimentation variées permettent aux deux compagnons de procéder comme le faisaient Aô et Âki-naâ le long du fleuve. Ils s'approvisionnent au jour le jour, en fonction des opportunités, sans s'encombrer de réserves de nourriture. Ils sont persuadés qu'ils ne vont pas tarder à rencontrer des êtres humains.

Une nouvelle journée de marche s'achève. Comme chaque soir, ils s'installent au sommet d'une colline dans l'espoir d'apercevoir un feu au creux des vallées voisines. Mais une fois de plus, l'obscurité ne révèle aucune lueur à l'horizon.

Nullement déçus, ils se gavent de baies ramassées pendant la journée. Repus, ils s'allongent sur le gazon moelleux.

Aô apprécie la compagnie de Kipa-koô. Malgré sa boiterie, le garçon suit le rythme qu'il lui impose sans jamais se plaindre. À la chasse, il compense son handicap par la précision de son jet de sagaie. Aucune contrariété ne parvient à altérer sa bonne humeur. La pertinence de ses observations et son habileté manuelle en font un partenaire précieux.

Kipa-koô enduit sa cheville endolorie avec un mélange de racines broyées et d'argile. Ce baume rafraîchissant le soulage.

Le crachin, qui les a accompagnés tout au long de la journée, a cessé. Le vent soutenu dégage une portion de ciel, dévoilant quelques étoiles.

– Les feux du ciel se sont allumés, remarque Aô. Demain le soleil réapparaîtra.

Kipa-koô acquiesce en silence.

– Qui allume les feux du ciel ? interroge Aô.

– Ils ne s'éteignent jamais. Lorsque la nuit tombe, la lune disperse le soleil pour permettre aux hommes et aux animaux de se reposer. À l'aube, ils se rassemblent à nouveau pour éclairer le monde. Le feu du ciel vient de la terre. Autrefois, seule la lune habitait le ciel. La terre était déserte. Toutes les créatures vivantes cohabitaient avec les esprits dans de profondes et vastes cavernes éclairées par un grand feu. Les animaux et les plantes ancêtres voulaient sortir à la surface mais il n'y avait pas assez de lumière. Ils ont demandé aux esprits d'éclairer la terre. Alors les esprits ont soufflé le feu de la terre vers le ciel et les ancêtres ont quitté les cavernes profondes où vivent les esprits.

Aô écoute avec attention. Kipa-koô connaît beaucoup de choses. Aô ignorait comment était né le soleil. Mais aujourd'hui, Kipa-koô se trompe. Les esprits n'habitent pas sous la terre. Les esprits des animaux et des hommes habitent à l'intérieur des créatures qui peuplent le monde. Grâce au vent avec lequel ils communiquent, ils peuvent se déplacer à la surface de la terre en attendant de se réincarner. Un homme peut parfois bénéficier de la force de plusieurs esprits. Ceux des anciens hommes du clan viennent parfois visiter Aô. Ils sont dans sa tête. Mais depuis quelque temps, Aô n'entend plus leur voix. Les visages des siens se sont estompés. Aô s'interroge sur ce changement. Pourquoi les esprits gardent-ils le silence ?

À côté de lui, Kipa-koô psalmodie une mélopée rythmée par la percussion régulière d'une pierre avec une baguette de bois. Il invoque les esprits des créatures connues qui peuplent le monde, les priant de guider leurs pas vers le territoire des hommes anciens.

Les habitants de la terre, énumérés par le jeune chaman, défilent sous les yeux d'Aô. Ils jaillissent des profondeurs, avides de lumière et de chaleur. Parmi eux, il aperçoit le clan des anciens hommes. Il en vient sans cesse d'autres. Ils se répandent à la surface du monde, envahissent les vallées, s'installent à la lisière des forêts, le long des fleuves ou en bordure de la toundra. Leurs traces sont partout. Aô n'a aucun mal à suivre leurs pistes. Mais lorsqu'il s'approche d'eux, il voit que ces hommes et ces femmes ne lui ressemblent pas. Ils ont l'apparence de Kipa-koô et des siens. Ils parlent leur langage.

Les jours se succèdent. Ce matin, ils ont croisé une femelle ours suivie de son ourson. Elle a fait mine de se précipiter sur eux avant de se raviser devant leur immobilité et leur absence d'hostilité. Peut-être a-t-elle déjà eu affaire à ces dangereuses créatures ?

Non sans mal, pour la première fois, ils ont tué un énorme sanglier, animal farouche et belliqueux, très difficile à terrasser.

Acculé et percé de deux sagaies fichées à travers son cuir épais, il s'est retourné brusquement pour faire front. La rapidité de sa volte-face et la fureur de sa charge désespérée ont failli surprendre les deux chasseurs. En quelques bonds étonnants d'agilité pour un animal aussi lourd, il s'est rué en direction de Kipa-koô qui courait à quelques pas derrière lui. Figé de stupeur, le garçon n'aurait sans doute pu éviter les formidables défenses sans la vigilance de son compagnon.

Prenant la bête à revers, Aô a réussi à lui briser une patte avec sa massue. Emporté par son élan, l'animal est venu finir sa course devant Kipa-koô. D'un coup de sagaie au cœur, le jeune homme a mis fin à ses souffrances.

L'abondance de viande et sa saveur agréable compensent largement les frayeurs subies.

Ils croisent à plusieurs reprises la piste d'un lion, mais sans jamais rencontrer cet animal redoutable.

Patiemment, ils poursuivent la fouille systématique de chaque vallée, ne négligeant pas même les plus petites, inspectant les endroits propices à l'implantation humaine, recherchant les moindres traces du passage d'êtres humains, restes de foyer ou accumulation de débris, traces de pas dans le sable ou la boue.

Cette quête méthodique finit par porter ses fruits.

Les deux garçons suivent depuis deux jours la piste d'une petite harde de chevaux sur les pentes herbeuses des collines. Ces animaux véloces se déplacent sans cesse en paissant. Ils suivent une ligne de crête surplombant une vaste vallée, la plus vaste qu'ils aient vue jusqu'à présent. Elle est fortement boisée.

Aô s'est laissé un peu distancer par Kipa-koô. Il entend son compagnon l'appeler à grands cris. En levant les yeux, il le voit gesticuler. Il se dépêche de le rattraper. Aucun doute, ce sont bien des empreintes de pieds humains, imprimées dans la boue, que lui désigne le jeune homme.

Ils rejoignent la piste des chevaux. En observant attentivement le sol, on arrive à identifier d'autres traces mêlées à celles des animaux.

– Plusieurs êtres humains, au moins autant que les doigts d'une main, sont passés ici, compte Kipa-koô. Il n'y a pas de traces de pieds de femmes ou d'enfants. Ce sont des chasseurs.

– Ils viennent de cette colline, remarque Aô, en désignant une petite protubérance qui s'élève sur un côté de la crête.

Il suit la piste à rebours. Elle le conduit vers un bosquet suffisamment dense pour permettre à plusieurs chasseurs de se mettre à l'affût. Les traces s'arrêtent là. À l'évidence, les hommes ont rejoint la piste après l'avoir quittée pour venir se dissimuler ici. Il en obtient la confirmation en découvrant des empreintes opposées, en provenance de la piste des chevaux.

Aô rejoint son compagnon. Lui aussi a trouvé quelque chose. Il lui montre des traces qui viennent de la grande vallée.

Aô récapitule :

– Ces chasseurs sont montés sur la crête. Ils sont venus pour guetter la venue des chevaux. Ils se sont dissimulés derrière les arbres. Après leur passage, ils ont suivi leur piste. Il y a sans doute un piège à l'avant.

Kipa-koô acquiesce d'un air entendu. Il scrute le fond de la vallée.

– Leur camp se trouve quelque part là en bas.

Aô hoche la tête.

– Ici, le point de vue est excellent. Cette nuit, nous devrions apercevoir leurs feux.

Ils s'installent à proximité de la pente, de manière à pouvoir observer l'ensemble de la vallée. Assis côte à côte sur un rocher en surplomb pour avoir la meilleure vue possible, ils attendent que la nuit tombe. Le ciel est bien dégagé. Le crépuscule se prolonge, peut-être pour mettre leur patience à l'épreuve. Enfin, après avoir longuement empourpré le ciel, les dernières lueurs du soleil s'estompent et l'obscurité envahit la terre. Leurs cris de joie éclatent presque simultanément. Ils l'ont vu en même temps. En face d'eux, au milieu de la vallée, un petit point rouge clignote faiblement. Il prend peu à peu de l'ampleur. D'autres lueurs s'allument autour de lui. Kipa-koô compte quatre feux.

– C'est beaucoup pour un seul campement. Il est vrai que le bois ne manque pas par ici. Il s'agit probablement d'un clan important !

Trop excités pour dormir, ils restent assis toute la nuit, somnolant par intermittence.

Le matin venu, Aô tempère quelque peu l'enthousiasme de son compagnon. Son expérience l'incite à la méfiance. Il ne tient pas à tomber dans une embuscade.

Il sait que certains hommes chassent les êtres humains comme du gibier.

– Soyons prudents. Rien ne nous permet de penser qu'il s'agit d'hommes anciens. Souviens-toi des paroles de Napa-mali ! Ceux qui te ressemblent sont souvent hostiles envers les miens. Approchons-les sans nous faire repérer et voyons à qui nous avons affaire.

Kipa-koô approuve sans réserve.

– Tu as raison.

En écarquillant longuement les yeux dans la direction où se trouvaient approximativement les feux, ils finissent par distinguer un mince filet de fumée en provenance de la partie centrale de la vallée. La distance et la végétation qui masque partiellement la vue les empêchent de distinguer le camp.

Aô mène la marche. La pente raide est couverte de bouleaux, ce qui leur permet de rester à couvert. De temps en temps, ils s'arrêtent pour écouter et renifler. Ils ne décèlent rien de particulier. Dans la vallée, le sous-bois est de plus en plus dense. Ils ont du mal à s'orienter. En longeant les taillis, ils trouvent un passage pratiqué par une harde de sangliers. Il se dirige approximativement dans la bonne direction. Les deux hommes espèrent qu'il les mènera jusqu'à la rivière dont ils perçoivent le lointain murmure.

Mais la piste boueuse s'interrompt brusquement dans une mare où les animaux viennent se vautrer.

Les sangliers n'ont pas continué au-delà. Ils n'ont d'autre solution que de se frayer une voie à travers les broussailles. Avec sa jambe tordue, Kipa-koô glisse sur la mousse et se prend les pieds dans les racines et les ronces qui recouvrent le sol. Aô l'entend grogner à ses côtés. Ils progressent très lentement, contraints la plupart du temps de marcher à quatre pattes ou de ramper sur le sol spongieux.

Les voix indignées des nombreux habitants des lieux s'élèvent sur leur passage. Ce sont surtout des oiseaux et des petits mammifères qui trouvent dans ces taillis un refuge idéal contre l'avidité des prédateurs. Aô se demande s'ils ont bien fait de continuer. Le soir venu, rien n'indique la proximité de la rivière. Pour la première fois, Kipa-koô manifeste des signes de mauvaise humeur. Il est convaincu qu'ils ont passé la journée à tourner en rond. Il ne leur reste plus qu'à s'emmitoufler dans leurs couvertures mouillées. La fatigue, accumulée entre leur précédente nuit de veille et les efforts consentis pendant la journée, finit par les terrasser. Le réveil est morose.

Ils reprennent leur lente progression, pressés de se sortir de cet environnement hostile. Ils entendent de nouveau un bruit d'écoulement d'eau. La rivière n'est pas loin.

Kipa-koô est le premier à rompre le silence.

– As-tu remarqué que ça montait ?

– C'est vrai !

Revigorés, ils redoublent d'ardeur, s'arrachant à l'emprise des ronces qui lacèrent leurs jambes et déchirent leurs vêtements.

Le sol devient caillouteux. Ils peuvent maintenant marcher entre les arbres. La végétation s'éclaircit et le camp leur apparaît dans une trouée.

Il y a longtemps, un éboulement a dû se produire.

D'importantes quantités de pierres et de terre ont roulé jusqu'à la rivière. L'eau a fini par en emporter une portion mais il est resté ce tertre qui constitue la partie la plus haute de la vallée. Les hommes ont bâti leur camp au sommet de cette petite colline.

Aô et Kipa-koô sont encore trop loin pour distinguer à quel genre d'hommes ils ont affaire.

En contrebas, on aperçoit la rivière qui coule paisiblement.

Les abords rocheux sont dégagés. Les deux hommes hésitent à prendre le risque d'avancer à découvert. Mais l'endroit où ils sont n'est pas propice à l'observation. Ils ne distinguent que les sommets des huttes et personne ne vient de ce côté.

Kipa-koô a hâte d'en finir. La perspective d'une nouvelle nuit sans feu, dans leurs vêtements humides, ne l'enchante pas.

D'un regard, les deux hommes se confirment leur volonté de continuer. Sans plus tergiverser, ils s'engagent à découvert sur l'entassement de blocs de granit qui constitue le sommet du promontoire et marchent d'un pas ferme en direction du camp.

L'endroit est très animé. Des enfants, des femmes et des hommes vont et viennent autour des foyers. Une clameur retentit. Une femme crie en pointant son doigt vers les deux intrus qui marchent vers le camp. Les regards stupéfaits convergent vers eux. Un silence total succède à l'agitation qui régnait quelques instants auparavant. Incrédules, les habitants suivent des yeux ce couple improbable qui a surgi de la forêt et s'avance d'un pas décidé vers leur camp.

Les deux acolytes franchissent le cercle des huttes et se dirigent vers le premier foyer, autour duquel sont agglutinées de nombreuses personnes. Les hommes se ressaisissent. D'un seul élan ils se précipitent au-devant d'eux. Ils les encerclent. Ils sont plutôt menaçants.

Kipa-koô lève les mains, paumes tournées vers le ciel, signe de l'hommage rendu aux esprits d'un lieu.

Un homme corpulent, encore jeune, empreint de dignité, écarte sans ménagement le rideau de corps qui entoure les visiteurs. Aux yeux vifs et à l'allure souple propre à ceux qui s'adonnent régulièrement à la danse, Kipa-koô reconnaît un chaman. L'homme intime le silence à l'assemblée. Il considère les deux intrus avec attention puis se met à leur tâter les joues et à leur tirer les cheveux, apparemment désireux que ses mains lui confirment ce que voient ces yeux.

Puis, il s'écrie à l'intention des siens dans une langue très proche de celle de Kipa-koô :

– Ce sont bien des hommes !

La tension diminue d'un cran.

Malgré quelques nuances dans la prononciation, Kipa-koô a compris le sens des paroles.

Il décide d'intervenir tout de suite.

– Je suis Kipa-koô. Voici Aô. Nous habitons loin d'ici (il montre la direction du soleil levant), au bord d'un grand lac. Cet homme est à la recherche de son clan qui vivait là autrefois. Nous sommes venus jusqu'ici sur les indications de Napa-mali, notre chaman.

L'évocation du nom du chaman ne fait pas réagir son interlocuteur. S'il n'ignore pas l'odyssée de la grande tribu, il ne l'a pas vécue lui-même, pas plus que les autres membres de son clan. Sa mémoire contient les noms de quelques ancêtres de son peuple. Mais à ce moment-là, Napa-mali n'était encore qu'un enfant sans nom.

Le chaman s'adresse à voix basse au chasseur qui est debout à côté de lui, un homme grand et fort dont le visage tourné vers Aô exprime la contrariété. La même expression se reflète dans les autres regards. Il est manifeste qu'Aô n'est pas le bienvenu.

Kipa-koô insiste, persuadé d'être en présence des descendants de membres de la grande tribu qui se sont installés ici après la rencontre avec les anciens hommes. Il désigne à nouveau son compagnon immobile et silencieux :

– Cet homme appartient à un peuple dont un clan a accueilli les pères de nos pères lorsqu'ils ont traversé cette région. Il est notre ami.

À l'appui des paroles de son compagnon, Aô exhibe la coquille que lui a remise Napa-mali.

Le gros homme au visage jovial s'en saisit et l'examine longuement avant de la lui rendre. Il soupire. D'un geste, il tente de faire taire la rumeur désapprobatrice qui se répand parmi les siens. Il s'adresse à Kipa-koô :

– La lune a éparpillé le feu du ciel. Les voyageurs peuvent s'asseoir près du feu des hommes pour entendre ce qu'ils veulent savoir.

À nouveau, une vague de réprobation oblige le chaman à réclamer le calme. Son autorité n'est visiblement pas aussi forte que celle de Napa-mali. L'homme à la haute stature intervient pour lui donner son soutien. Mais le grondement persiste au sein de l'assemblée des chasseurs. Certains des hommes sont furieux. Les visages sont fermés. Ils affichent clairement leur hostilité par des gestes et des mimiques agressives.

L'accueil n'est pas celui espéré, loin s'en faut.

– Que s'est-il donc passé ici ? se demande Kipa-koô.

Le chasseur qui a confirmé la décision du chaman ajoute encore pour apaiser l'assistance :

– Les deux hommes partiront au lever du soleil.

De mauvaise grâce, les habitants s'écartent pour laisser Aô et Kipa-koô avancer jusqu'au feu.

Le chaman invite les deux visiteurs à s'asseoir face à lui. Les hommes les plus âgés ainsi que certains chasseurs s'assoient à leur tour. Les plus jeunes d'entre eux restent debout, un peu à l'écart. Les femmes et les enfants se tiennent à distance.

Le chaman prend la parole.

Il se réjouit d'apprendre que ceux de l'ancienne tribu, qui ont continué à marcher vers le nord, ont pu atteindre la grande plaine et y prospérer. Puis il fait appel à la mémoire de son clan pour évoquer les noms des anciens. Kipa-koô en reconnaît quelques-uns pour les avoir entendus de la bouche de Napa-mali.

Le silence se fait peu à peu dans l'assemblée. Les hommes boivent les paroles du conteur. Celui-ci s'anime. Il raconte le long voyage de leurs pères. Il évoque ce qu'il sait de la rencontre avec le peuple d'Aô :

– Voilà ce que disaient les anciens. Des hommes, des femmes et des enfants étaient morts. Le chaman suppliait les esprits de favoriser la chasse mais les chasseurs revenaient bredouilles. Un jour, les nôtres ont rencontré les anciens hommes. Ils étaient petits mais très forts. Ils savaient où trouver le gibier et les plantes comestibles. Ils ont partagé leur nourriture. Ils ont montré aux chasseurs les pistes et les repaires des animaux. Ils ont aidé nos pères à s'installer pour l'hiver, non loin de leur camp. Cela s'est passé ainsi. Les membres de la tribu sont restés deux hivers. Ils ont repris des forces. Au moment du départ, certains ont pensé qu'on pouvait vivre par ici. Les autres ont continué vers le nord car ils voulaient atteindre la plaine où se rassemblaient les grands troupeaux. Les anciens hommes ont accepté la présence de notre clan à proximité de leur territoire. Nous prenions soin de ne pas empiéter sur le leur. Ainsi, il y avait assez de gibier pour tous. Lorsque la chasse était bonne, des nôtres marchaient jusqu'à leur camp pour leur offrir une part de gibier. Ils acceptaient. Parfois ils faisaient la même chose. Mais les rencontres se sont espacées. Un jour, ils sont venus à plusieurs. Ils ont dit qu'ils avaient faim. Ils ont demandé de la nourriture et des peaux. Ils ont dit que des hommes qui nous ressemblaient s'aventuraient à l'autre extrémité de leur territoire et que le gibier était de plus en plus rare. Ils ont dit que ces hommes étaient cruels et qu'ils les pourchassaient comme des animaux. Accompagné de plusieurs chasseurs, le chaman a accepté d'aller trouver les membres de ce clan. Les anciens hommes ont servi de guide mais ils ignoraient où se trouvait exactement leur territoire. Ce fut une longue expédition qui les a menés dans les collines qui se prolongent de l'autre côté des grandes montagnes blanches où ceux qui vivaient autrefois près du grand lac salé pensaient que s'arrêtait le monde. Finalement, ils ont trouvé leur campement. Les anciens hommes ont refusé de s'approcher. La délégation a été bien accueillie. Ils ne parlaient pas la même langue mais les nôtres ont pu se faire comprendre. Le chaman a demandé pourquoi ils pourchassaient les hommes anciens comme du gibier sur leurs propres territoires. Ils ont répondu que ceux-ci n'étaient pas des hommes mais des créatures appartenant à des esprits mauvais qui effrayaient le gibier et voulaient prendre la place des vrais hommes. Le chaman a dit que ce n'était pas vrai. Il a dit que les hommes anciens étaient aussi des hommes. Mais les autres n'ont rien voulu savoir. Ils se sont fâchés. Ils ont dit que les paroles du chaman n'étaient pas bonnes. Alors les nôtres sont repartis. Certains ont réfléchi et ils ont pensé que ces hommes avaient raison. Ils ont vu que les hommes anciens n'étaient pas tout à fait des hommes, que leurs armes étaient grossières, que leur voix ressemblait au grognement de l'ours. Ils les ont regardés autrement. Les hommes anciens sont revenus de plus en plus souvent chercher de la nourriture. Ils disaient que leurs enfants et leurs femmes n'avaient plus rien à manger. Les nôtres sont devenus méfiants. Ils leur ont dit de ne plus revenir. Un jour, alors que l'hiver n'en finissait pas, ils sont arrivés en nombre. Ils étaient très menaçants. Ils ont exigé de la nourriture et des peaux. Les chasseurs ont refusé car les vivres manquaient. Alors les hommes ours ont fait usage de leurs armes. Ils ont blessé deux des nôtres et se sont emparés d'une partie des maigres réserves. L'un d'eux a été tué mais les autres ont réussi à s'enfuir avec la nourriture. Ils n'ont pas reparu pendant plusieurs saisons. Plus tard, ceux des collines nous ont rendu visite. Ils ont demandé où étaient les hommes anciens. Le chaman a répondu qu'ils n'étaient pas là. Ils ont demandé l'aide de nos chasseurs pour les exterminer. Ils ont raconté comment ces créatures avaient tué trois des leurs pour s'emparer du gibier. Nos pères ont hésité. Ils n'avaient pas oublié ce qu'ils devaient aux anciens hommes. Malgré ce qui s'était passé, le chaman comprenait leur colère. Il a dit que les hommes ours avaient faim et qu'ils étaient là avant eux. Il a rappelé que ces hommes les avaient accueillis. Il a interdit aux siens de se joindre aux autres en prétendant que les esprits s'y opposaient. Les hommes des collines sont repartis. Ils n'étaient pas contents. Plus tard, les nôtres ont appris que la fureur des hommes anciens s'était abattue sur eux. Ils avaient attaqué leur camp, tuant des chasseurs mais aussi des femmes et des enfants avant de disparaître. Ils sont de nouveau revenus réclamer l'aide de nos chasseurs. Une fois encore, le chaman a refusé. Mais l'hostilité grandissait contre les hommes ours. De plus en plus des nôtres mettaient en doute leur humanité. Ils voulaient aider ceux des collines car ils étaient des hommes comme eux. Des voix se sont élevées pour exhorter le chaman à revoir sa position. Mais il a tenu bon et son avis l'a emporté. Plusieurs saisons ont passé avant que les hommes des collines ne reviennent. Ils étaient misérables. Les anciens hommes les harcelaient sans répit. Ils avaient tué plus de la moitié de leurs chasseurs. Ils avaient peur. Cette fois l'autorité du chaman a été sérieusement mise à mal. Certains ont mis en doute sa clairvoyance. Tous critiquaient son obstination. Peu de temps après, trois chasseurs ne sont pas rentrés. Leurs corps n'ont pas été retrouvés. Alors le chaman a fini par reconnaître que les hommes anciens étaient devenus mauvais et qu'il fallait les tuer. Mais ils étaient introuvables. Ils étaient redevenus des esprits. De loin en loin, des chasseurs ont prétendu les avoir aperçus ou avoir croisé leur piste. Avant de mourir et de me confier l'oreille des esprits, le vieux chaman m'a raconté cette histoire. Puis, peu à peu, ceux qui avaient connu les anciens hommes sont morts. Mais il y a de cela de nombreux hivers, deux êtres, qui ressemblaient à la description que m'en avait faite le chaman, ont été surpris à roder autour du camp. Ils étaient très jeunes, maigres et affamés. Ils se sont battus férocement, blessant plusieurs d'entre nous. Finalement, nos chasseurs les ont tués. Depuis, nous n'avons plus jamais eu affaire à ces êtres, ni décelé aucun signe de leur présence. (Il pointe un doigt vers Aô.) Celui-là est le premier que nous revoyons. Il ne doit pas rester ici. Demain, vous quitterez notre camp. Les hommes anciens ne sont plus les bienvenus sur notre territoire. Et surtout, ne remontez pas trop au nord du soleil couchant ! Vous risqueriez de rencontrer des chasseurs du clan des collines, les descendants de ceux qui ont souffert de leur violence. Ils seront sans pitié envers celui-ci. (Il désigne Aô.) Il n'y a plus d'hommes ours dans ces régions. Ils sont partis ou ils sont morts.

Le chaman se tait. Personne n'ajoute rien.

Kipa-koô est déçu. Il scrute le visage impénétrable de son compagnon. A-t-il compris le long discours de l'homme ?

Sans doute en partie.

– Comment est la terre de ce côté-là ? demande Kipa-koô en désignant le lieu où le soleil se couche.

– En marchant autant de jours que les deux mains, vous rencontrerez un large fleuve qui coule de cette direction. Il passe entre la grande barrière de glace et une étroite chaîne de montagnes qui remonte vers le nord. En remontant son cours, vous parviendrez jusqu'aux grands plateaux qui s'étendent loin vers le soleil couchant. C'est une région froide où le vent souffle continuellement. Il n'y a pas d'arbres pour l'arrêter et le gibier est rare. Les miens ne se sont jamais aventurés au-delà.

Le chaman se lève, indiquant qu'il souhaite mettre un terme à cet entretien.

– Vous pouvez demeurer ici jusqu'à l'aube. Mais ne vous attardez pas.

Kipa-koô acquiesce en silence. Les habitants regagnent leurs huttes. Il interroge son compagnon.

– As-tu compris les paroles du chaman ?

Aô grimace.

– Aô n'est pas le bienvenu. Les hommes anciens sont morts. Ces hommes ont pris leur place. Aô comprend.

Kipa-koô ne sait pas quoi dire. Il ressent le désarroi de son compagnon. Il voudrait l'encourager.

–La belle saison n'est pas finie. Aô et Kipa-koô traverseront les plateaux. Ils trouveront l'endroit où vivent les hommes anciens dont parlait Napa-mali.

Aô se tait. Méfiants, ils dorment à tour de rôle. Ils n'attendent pas le lever du jour pour quitter le camp endormi.

XVIII

Bien des jours ont passé. Les deux voyageurs ont mis à profit la fin de la belle saison pour parvenir au pied des grands plateaux. Ils passent l'hiver dans l'une des grottes qui truffent le calcaire après avoir profité de la persistance du beau temps pour chasser et faire des réserves.

La neige a recouvert l'herbe jaunie. Les journées s'écoulent, monotones. Certains jours, ils ont les yeux rougis par la fumée du foyer qui s'évacue difficilement à cause du vent tourbillonnant. Le reste du temps, règne en permanence dans la petite cavité une odeur âcre caractéristique, celle du mélange d'argile, de cendre et d'urine dont sont imprégnées les peaux qui leur servent de couverture et de tapis. Ils sortent régulièrement remplir leurs poumons d'air glacé. Quand le temps le permet, ils opèrent des incursions dans les bois environnants dans l'espoir de se procurer de la viande fraîche. La température extrêmement basse leur impose de se vêtir chaudement. La neige et le poids des peaux ralentissent leur progression alors qu'ils ne disposent déjà que de très courtes journées. Rarement fructueuses, ces petites expéditions ont surtout pour intérêt de faire travailler leurs muscles ankylosés par les longs moments d'immobilité passés à remettre en état leurs armes et leurs outils. Ils utilisent le bois d'aulne dont ils ont fait provision et qui abonde dans cette région, parfois celui de l'if, plus solide mais plus rare, réservé aux plus belles pièces, pour pratiquer de nouveaux emmanchements. À l'aide d'une lame bien affûtée, Kipa-koô profite de leur confinement pour sculpter des morceaux d'écorce. Aô s'y essaye aussi mais finit par se lasser devant le piètre résultat de ses efforts. La plupart du temps, il préfère admirer le travail de son compagnon, fasciné par ses gestes magiques qui font peu à peu émerger les animaux de la matière informe.

Aô a d'abord contemplé longuement avec un respect craintif le cheval que lui a donné son ami avant d'oser le toucher. Depuis, il ne se lasse plus de le caresser. Il est convaincu de détenir là un objet vivant qui lui garantit le soutien de l'esprit de ces animaux vifs et rapides dont le spectacle des virevoltes dans la toundra l'a toujours fasciné.

Kipa-koô est bien un chaman de son peuple ! Le pouvoir de faire surgir du bois ceux qui vivent sur la terre n'appartient pas aux hommes ordinaires. Aô n'a jamais eu à regretter la compagnie de ce garçon patient et avisé, que rien ne parvient à décourager.

Toujours disposé à répondre aux questions, il manifeste aussi beaucoup d'intérêt pour la manière d'agir et de penser de son compagnon.

Afin d'éviter d'attirer les carnassiers, ils accumulent leurs restes dans une petite grotte voisine, inaccessible. Ils ne sont pas inquiets. La chair fraîche est la bienvenue mais leurs silos regorgent de viande gelée et de baies noyées dans la graisse qu'ils ont eu la prévoyance d'amasser et d'emporter jusqu'ici, conservées dans des vessies fermées avec un cordon de cuir. Des racines coriaces, ensevelies dans du sable, complètent cet ordinaire. Ces simples trous, creusés laborieusement dans la terre avant les premières gelées avec un andouiller de cerf, au pied des falaises, leur permettent de disposer de nourriture pendant tout l'hiver. Leurs parois ont été soigneusement tapissées de branches et le fond garni de pierres. Une lourde dalle en interdit l'accès aux prédateurs affamés.

Les deux hommes n'ont pas tardé à débusquer les animaux qui hivernaient dans les environs. Les rennes ou les chevaux, qui s'aventuraient jusqu'ici dans leur quête incessante de nourriture, évitent maintenant de s'approcher de cet endroit où quelques-uns d'entre eux ont été tués.

Aô et Kipa-koô se sont découvert une voisine. Une femelle ours hiberne dans une grotte toute proche. En cas de nécessité, ils ont là une proie assez facile pour peu qu'ils prennent quelques précautions.

Le froid s'intensifie encore. Le vent lui-même semble s'être engourdi. C'est le cœur de l'hiver. Le silence et l'absence de mouvements ont suspendu l'écoulement du temps. Parfois un cri lointain retentit pour rappeler que la vie est toujours là, tapie sous la neige, dans le moindre abri.

Mais de nouveau, les journées s'allongent. Au plus haut de sa course, le soleil parvient à diffuser un peu de chaleur. Le vent a changé de direction. Il apporte avec lui de la neige. L'air est moins glacial. Les deux hommes peuvent désormais s'aventurer plus loin pour traquer les herbivores amaigris. Ils ont hâte de repartir. Dès les premiers signes annonciateurs du printemps, ils décident de se mettre en marche. La femelle ourse n'est pas encore sortie de son antre. Elle ne réagit pas à leur passage. Ils n'ont pas besoin de sa viande. Une voie d'accès, repérée au début de la mauvaise saison, leur permet de grimper sur le plateau.

L'hiver règne encore sur ces hauteurs désolées que ni le vent, ni la neige ne semblent pressés de déserter. Les premiers jours sont difficiles. Les deux hommes s'épuisent à marcher dans la neige humide qui colle à leurs mocassins, alourdissant leurs pieds. Le vent souffle de face, comme s'il voulait leur barrer le passage.

Aô marche devant. À l'abri derrière lui, Kipa-koô peut mettre ses pas dans sa trace. Courageusement, il passe devant de temps en temps pour permettre à son compagnon de souffler un peu.

Le jeune chaman compense sa moindre résistance par sa ténacité.

Ils avancent lentement, sans parler, réservant leurs forces à cette seule marche en avant. Aô se souvient de sa rencontre avec Âki-naâ dans un environnement comparable à celui-ci. Mais c'était au cœur de la belle saison.

Après les journées harassantes, ils affrontent aussi des nuits difficiles. Il n'y a rien pour les protéger, pas même un rocher. Afin de ne pas s'encombrer et ralentir leur progression, ils n'ont pas emporté les perches de bois qui auraient pu leur servir à ériger un abri. Ils se contentent, quand ils le peuvent, d'amasser des pierres et des blocs de neige pour élever un petit muret contre le vent, juste assez haut pour se blottir derrière. Ils dorment mal, recroquevillés l'un contre l'autre, les muscles endoloris par les longues périodes de marche dans la neige.

Mais le soleil monte de plus en plus haut dans le ciel. Ses rayons finissent par repousser le froid. La neige fond. Le vent s'adoucit encore. Le sol est moins boueux que dans la plaine car l'eau s'infiltre à travers les failles qui sillonnent le socle calcaire. La roche nue ou le sable, parfois de petites zones d'herbe, quelques rares buissons constituent leur horizon. Désormais, chaque jour, ils parcourent des distances considérables. Le seul obstacle important est constitué par les gorges vertigineuses creusées par les cours d'eau. Il leur faut parfois une journée entière pour trouver un passage vers le fond et remonter de l'autre côté. Ces rivières profondes constituent généralement le seul moyen de se procurer l'eau qu'ils doivent transporter car les sources sont rares à la surface.

Cette région s'avère pourtant beaucoup moins hostile que ne l'avait laissé entendre le chaman du clan des montagnes, dont les chasseurs s'étaient sans doute limités à explorer la frange du plateau. Le gibier n'est pas aussi rare qu'il le prétendait. L'herbe rase et les arbustes suffisent à contenter les antilopes et les chèvres qui broutent tranquillement, hors de portée des rares prédateurs repérés de très loin à travers ces vastes espaces découverts.

Les jours s'écoulent, identiques à eux-mêmes.

Peu à peu, des vallées plus larges, dans lesquelles coulent des rivières calmes et poissonneuses, succèdent aux gorges encaissées.

Bien que la marche y soit moins aisée que sur les hauteurs, ils prennent le parti de cheminer le long des cours d'eau qui vont dans la bonne direction afin d'éviter les allers-retours par des voies souvent abruptes et dangereuses pour se ravitailler en eau. Grâce à l'abondance de poisson, ils peuvent se procurer rapidement de la nourriture et mettre à profit le temps et l'énergie économisés pour avancer le plus possible vers l'ouest.

Au fur et à mesure de leur progression, les plateaux s'élèvent. La végétation et les animaux désertent leur surface où le climat est comparable à celui qui règne au nord de la toundra.

Mais le relief peu accidenté est aisément franchissable.

De l'autre côté s'étend une plaine vallonnée parcourue de rivières et d'étangs environnés de saules et d'aulnes. Les deux hommes sont un peu désappointés. Malgré les distances fabuleuses qu'ils ont parcourues, le lieu où se couche le soleil leur paraît toujours aussi éloigné ! Ils prennent conscience de l'immensité du monde et de la rareté des hommes, encore confinés dans les endroits les plus favorables de ces régions septentrionales. Si le découragement s'empare parfois d'Aô, Kipa-koô ne se départ pas de sa bonne humeur et s'obstine à manifester un optimisme inébranlable. Chaque région traversée est l'occasion de nouvelles découvertes et il se passe rarement une journée qui ne lui procure un sujet pour s'enthousiasmer. Sa curiosité et son intérêt pour le monde qu'ils parcourent ne se sont pas altérés en dépit des difficultés rencontrées et des souffrances occasionnées par la fatigue, les privations et la rigueur du climat.

La présence de nombreux cours d'eau et de marécages contraint les deux hommes à des détours incessants. Mais ils continuent de progresser vers l'ouest.

Ce soir, le temps est particulièrement clair. Kipa-koô désigne le massif de hautes collines derrière lequel le soleil se couche.

– Ces collines ressemblent aux endroits où vivent les êtres humains. Kipa-koô croit que les hommes anciens sont là-bas.

Aô grogne pour manifester sa perplexité. Ce n'est pas la première fois qu'il entend ce genre de propos de la part de son jeune compagnon. Mais Kipa-koô affiche toujours la même conviction.

Ceux qu'ils rencontrent ne sont toujours pas des anciens hommes. Ils sont nombreux et bruyants. Aô et Kipa-koô les ont repérés depuis longtemps. La chasse a été bonne et ils avancent sur une seule ligne. Les hommes, comme les femmes, portent deux par deux des perches auxquelles sont liées par les pattes les carcasses pesantes de jeunes mégacéros.

Kipa-koô compte au moins deux fois ses deux mains d'hommes et de femmes. Leur camp doit être tout proche sans quoi la viande aurait été dépecée sur place. Ils prennent la précaution de repérer un itinéraire de fuite à travers le sous-bois avant de les aborder.

Les hommes de tête poussent un cri de surprise et s'arrêtent brusquement. Aô et Kipa-koô ont laissé leurs armes cachées non loin. Ils font des gestes de salutation et prononcent des paroles d'amitié. Ceux qui suivent viennent peu à peu s'agglutiner autour des premiers. Ils expriment bruyamment leur étonnement, s'interpellant dans une langue parfaitement incompréhensible mais sans manifester d'inquiétude ou d'hostilité. Ils se débarrassent de leur chargement en palabrant de plus belle. Kipa-koô se demande comment ils arrivent à se comprendre au milieu d'une telle cacophonie.

Il renonce provisoirement à se faire entendre.

Les voyageurs sont maintenant complètement encerclés par des hommes et des femmes hilares. Leur attitude décontractée et plutôt bienveillante les rassure.

Ils se comportent comme des enfants. Pourtant, leur allure est sans équivoque. Leur grande taille, les vêtements et les magnifiques parures dont ils sont affublés, la diversité et la qualité de leur armement ne laissent aucun doute sur l'aptitude de ces gens à se faire respecter. Le sort des deux hommes est entre leurs mains.

Les déhanchements et les gesticulations d'Aô déclenchent une vague d'hilarité. Cette manière de s'exprimer doit leur sembler cependant suffisamment éloquente puisqu'ils s'adressent à lui de la même façon. Les gestes sont simples et brefs. Kipa-koô comprend ce qu'il avait deviné. Leur camp est proche et ils doivent les y accompagner.

Ils obtempèrent docilement. Il est effectivement tout près, installé au milieu d'une clairière, entre les deux bras d'une rivière. Le sol est détrempé mais les huttes sont bâties à l'abri de l'humidité, sur des amoncellements de pierres prélevées dans le cours d'eau. Quelques aulnes fournissent de l'ombre. Des enfants jouent dans l'eau de la rivière. Ils se portent au-devant d'eux et tournent autour d'Aô, curieux et vaguement craintifs.

L'un des chasseurs, un homme souriant, dont la chevelure est prolongée par une queue de lion, interpelle un vieillard qui s'approche lentement. Kipa-koô n'a jamais vu d'homme aussi vieux, hormis peut-être Napa-mali. Son corps maigre et fripé semble prêt à se disloquer à chaque pas.

Tandis que le chasseur converse avec l'ancêtre vivant, Aô et Kipa-koô ont le temps d'apprécier la belle apparence du camp. Les huttes sont hautes. Les peaux qui les recouvrent sont nombreuses et parfaitement assemblées. Une impression de prospérité et d'assurance émane de cette communauté.

Le chasseur jovial qui a conversé avec le vieillard

essaye de communiquer avec eux. Kipa-koô comprend qu'il s'étonne de leur association insolite et s'interroge sur leurs origines respectives et leur destination.

La présence d'Aô, si elle semble les surprendre, ne provoque pas leur ébahissement. Kipa-koô en conclut que ces gens ont déjà eu affaire aux hommes anciens ou en tous les cas qu'ils en connaissent l'existence.

Alors qu'il se demande comment il va bien pouvoir formuler sa réponse, le vieillard se tourne vers Aô et s'adresse à lui. Il arbore un visage sévère. Il s'exprime dans un charabia ponctué de grognements et de cris à l'appui de mimes plus ou moins éloquents.

Aô croit deviner que le vieux lui demande pourquoi il est venu sur leur territoire. Il évoque aussi un fleuve et un clan d'hommes anciens en indiquant la direction du nord. Aô montre celle du soleil levant. Il essaie de faire comprendre au vieil homme qu'ils viennent tous les deux de très loin. Le vieux l'observe avec attention, sans intervenir. Encouragé, Aô poursuit ses explications. Il mime la disparition des siens, son errance dans la toundra, son alliance avec les hommes du lac. Enfin, il exprime son espoir de retrouver ses semblables. Il demande où se situe ce fleuve auquel le vieillard a fait allusion.

L'homme secoue la tête avec véhémence puis s'adresse au chasseur avec lequel il s'était entretenu auparavant. Les autres membres du clan, venus se regrouper autour d'eux, en profitent pour commenter la discussion. Certains s'esclaffent, d'autres poussent des cris, s'excitant les uns les autres. Kipa-koô a rarement eu affaire à des gens aussi démonstratifs. Bien que partiellement rassuré par le calme d'Aô, il reste vigilant afin de déceler d'éventuelles marques d'agressivité derrière cette exubérance. Il en profite pour détailler individuellement ces hommes et ces femmes.

Plutôt grands, ils ont la démarche souple. La plupart d'entre eux portent des pagnes en peau noués autour de la taille, vêtements adaptés à la belle saison, particulièrement chaude dans cette région. Quelques-uns arborent également une bande de peau enroulée autour de leur ventre, suspendue aux épaules par deux épaisses lanières, elles-mêmes reliées entre elles par d'autres cordons qui se croisent sur leur poitrine. Des anneaux en bois, teintés de couleurs différentes, des dents percées, des perles et des objets aux formes vaguement animales qui semblent avoir été façonnés, y sont suspendus. Ces vêtements n'ont manifestement pas vocation à tenir chaud. Ce sont de véritables parures réservées à certains hommes mais aussi à des femmes, probablement la marque d'un statut particulier au sein du clan.

L'assemblage des différentes pièces de fourrure qui recouvrent leurs huttes ou constituent leurs vêtements est tellement bien réalisé qu'on croirait l'ensemble constitué d'une seule pièce. Les femmes sont plutôt fortes, avec de lourdes poitrines qui pendent sur leur ventre nu. Kipa-koô est déconcerté par leur comportement. Elles affichent une assurance peu commune et semblent jouir d'une autorité importante au sein de la communauté. Les hommes s'écartent sur leur passage et leur cèdent volontiers la place. Certaines d'entre elles ont le ventre peint avec de l'ocre. À l'instar d'hommes et de femmes d'autres clans, leurs longs cheveux sont noués en chignon et retombent en bouquet au-dessus de leur tête. Ni amicales, ni hostiles, elles sont les plus bruyantes et tardent à se taire lorsque le vieux réclame le silence.

Exaspéré, il roule des yeux courroucés sans toutefois s'en prendre directement à elles.

Il se gratte furieusement le sommet du crâne d'un air de profonde réflexion. Soudain, il se met à croasser comme une corneille en trépignant d'une jambe sur l'autre, manquant de s'effondrer à chaque instant. Là dessus, il se met à branler frénétiquement de la tête en poussant des cris stridents, pour la plus grande joie des enfants qui n'hésitent pas à l'imiter sans que personne ne s'en offusque. Avec ses yeux révulsés et sa bouche baveuse au milieu du visage ratatiné, l'homme est impressionnant.

Le chasseur affublé de la queue de lion leur montre le ciel du doigt en riant et les invite à patienter. Kipa-koô se doute que le vieillard est parti à la rencontre d'un esprit. Le sang afflue sous sa peau qui rougit. Son torse décharné se soulève frénétiquement. Il vacille de plus en plus. Kipa-koô croit qu'il va s'écrouler mais il conserve miraculeusement son équilibre. Il provoque un nuage de poussière et de cendre en piétinant longuement les braises encore rougeoyantes du foyer, sans manifester le moindre signe de douleur. Puis il se couvre les yeux de ses mains osseuses, la plante de ses pieds encore fumante des cendres qui y sont restées collées. Ses simagrées ne suscitent pas une grande émotion parmi les habitants.

Il pousse encore quelques cris avant de reprendre une attitude normale. Apparemment satisfait, il prend un air inspiré et se lance dans un long monologue pour rendre compte de son entretien avec les esprits. Après quoi il se dirige vers sa hutte.

Son discours ne semble pas avoir éveillé d'inquiétude ou d'hostilité à l'égard des deux visiteurs.

L'homme au visage souriant leur indique que le chaman est parti se reposer. Il réfléchit quelques instants avant de solliciter leur attention. Il pointe le doigt sur eux puis indique la direction du nord. Avec les mains, il les pousse de ce côté-là. Il trace la courbe du soleil dans l'espace et écarte les doigts d'une main. Puis il montre une flaque d'eau en faisant un vaste cercle avec les bras.

Kipa-koô comprend qu'ils devront marcher cinq jours vers le nord jusqu'à un lac. Il secoue la tête comme le vieux pour indiquer qu'il a compris, déclenchant l'hilarité de son interlocuteur.

Aô et Kipa-koô rient aussi. Tout le monde rit.

Quand il a retrouvé son calme, le chasseur poursuit ses explications. Ils devront contourner le lac pour escalader une colline située de l'autre côté. Une fois parvenus au sommet, ils verront la rivière. Quand ils auront atteint ses berges, il leur suffira de suivre son cours jusqu'au territoire des anciens hommes.

Aô et Kipa-koô sont invités à partager le repas du clan. Plusieurs bêtes ont déjà été dépecées et d'énormes quartiers cuisent sur les pierres brûlantes. L'allégresse règne dans le camp. Les hommes et les femmes se gavent de viande. Les femmes sont très excitées.

Il fait chaud. Avec le crépuscule, les moustiques les harcèlent sans relâche.

Une jeune fille aux grosses fesses, entièrement nue, apporte aux deux hommes une coupe de bois remplie d'une décoction grasse et odorante. En riant, elle leur fait comprendre que cette mixture les protégera des piqûres des insectes pour la nuit. Devant l'hésitation des deux hommes, elle écarte sans façon le vêtement de Kipa-koô et entreprend d'en enduire abondamment sa peau. Elle se trémousse et se frotte contre lui. Ses mains s'attardent sur le sexe du garçon.

Autour d'un gigantesque brasier, les hommes et les femmes s'invectivent, rient et crient. Certains s'éloignent pour s'accoupler un peu à l'écart. Même les plus jeunes imitent leurs aînés dans l'indifférence générale.

Kipa-koô a compris les intentions de la jeune fille. Le vieux, qui a brusquement réapparu, sans doute alléché par l'odeur de la viande grillée, le pousse vers la fille en ricanant. D'autres rient en faisant des gestes éloquents.

Kipa-koô se décide à suivre la fille sous les encouragements de l'assistance. À peine s'est-il écarté de la zone éclairée par le feu que tout le monde se désintéresse de son cas ! Aucune femme ne vient solliciter Aô. Tous prennent soin de ne pas croiser son regard et gardent leurs distances avec lui.

Les hommes anciens sont respectés mais craints. Les deux populations s'évitent. Chacun se garde d'empiéter sur le territoire de l'autre. Ils chassent le long des rivières, dans les vallées et les collines du nord de ce petit massif montagneux au-delà duquel s'étend la steppe où ils s'aventurent pendant l'été, sur la piste des grands troupeaux d'herbivores. Les rencontres sont rares, toujours fortuites, les échanges exceptionnels.

Quand le renne est sorti de terre, il a vu que le cheval était déjà là. Les hommes anciens sont apparentés à l'esprit du cheval. Chaque fois que les chasseurs tuent un cheval, ils prennent soin d'abandonner ses yeux et ses parties génitales pour ne pas contrarier les esprits des hommes anciens.

Aô s'assoupit dans le brouhaha. Tard dans la nuit, le retour de Kipa-koô interrompt sa somnolence. Il semble ravi de son aventure. Plus tard, alors que le silence tombe sur le camp, la fille aux grosses fesses, décidément insatiable, revient le relancer. Il ne se fait pas prier.

Aô est réveillé depuis longtemps quand son compagnon finit par surgir d'une tente, l'air hagard, provoquant les éclats de rire des quelques personnes présentes.

Aô est prêt au départ. Une fois n'est pas coutume, il manifeste une certaine impatience :

– J'ai hâte de partir. Viens-tu ou non ?

Confus, Kipa-koô se hâte.

– Allons-y.

Personne ne cherche à les retenir. En traversant le camp, ils s'arrêtent pour regarder un homme occupé à creuser des tronçons d'arbre qui résonnent lorsqu'on les frappe avec un morceau de bois dur ou une pierre.

L'homme laisse Kipa-koô l'observer mais s'irrite à l'approche d'Aô. Il se met à crier, attirant l'attention des autres. L'homme à la queue de lion leur fait signe de partir. Son visage est grave. Il ne rit plus.

XIX

Aô et Kipa-koô pataugent dans la boue des marécages qui s'étendent à la périphérie du lac. Ils se dirigent vers la grande colline qui culmine au-dessus des sommets avoisinants. L'ascension de ce dôme dénudé ne présente aucune difficulté. Depuis cet endroit désertique et venteux, où même l'herbe ne parvient pas à pousser, la vue est exceptionnelle.

Le temps clair permet aux deux voyageurs de parcourir du regard un territoire immense. Ils prennent la mesure des distances parcourues depuis leur départ. Impressionnés, ils s'attardent à contempler le monde dont chacun de leurs pas repousse les limites vers d'autres horizons. Ils suivent des yeux le cours d'une large rivière. Elle sinue entre les collines au creux de vallées de plus en plus vastes à l'approche d'une plaine où elle finit par disparaître dans un halo brumeux. La forêt est cantonnée de part et d'autre de ses rives.

Deux petites collines les séparent de la vallée où coule la rivière évoquée par l'homme. Ils y parviennent le soir même. L'eau est claire et peu profonde. Après plusieurs tentatives infructueuses, la sagaie de Kipa-koô transperce un gros poisson. Affamés, ils se repaissent de sa chair crue sans prendre le temps de faire du feu. Repus, ils s'endorment rapidement dans la douceur de cette soirée d'été, trop fatigués pour assurer un tour de veille. Le lendemain, ils se mettent en marche pour la dernière étape, celle qui doit les mener au terme de leur quête, à la rencontre des anciens hommes.

Kipa-koô observe un changement d'attitude chez son compagnon. Ses traits crispés et ses grimaces reflètent sa nervosité. L'inquiétude s'insinue en lui à l'approche du but. Quel accueil vont lui réserver ceux qu'il considère comme les siens ? Pour la première fois, Aô s'interroge sur le lien qui l'unit aux hommes et aux femmes qu'il s'apprête à rencontrer. Depuis longtemps les visages de ceux qui sont morts ont cessé de lui apparaître. Leur silence est une source d'incertitude supplémentaire. Ne devraient-ils pas se réjouir et lui signifier leur satisfaction ? Or, il n'en est rien.

Kipa-koô a bien son idée sur la question, mais il ne veut pas perturber davantage son compagnon. Il préférerait qu'Aô trouve lui-même les réponses à ses interrogations.

Plutôt que de se frayer un passage dans la végétation qui foisonne sur les berges de la rivière, ils choisissent d'avancer en marchant dans l'eau peu profonde, à proximité du rivage. Le fond sableux ne se dérobe pas sous leurs pieds.

Le troisième jour, la vallée s'encaisse brusquement. Le lit de la rivière se rétrécit. Ils doivent se résoudre à nager jusqu'à l'autre rive surmontée d'une corniche creusée dans la roche tendre par les variations du niveau de l'eau.

Le soleil est déjà haut dans le ciel lorsqu'ils atteignent l'extrémité de l'étranglement. C'est alors qu'une clameur retentit, puis une autre. Elles viennent de l'autre rive. Un rideau d'arbres masque leur vue, les empêchant de distinguer les auteurs de ces cris. Intrigués, les deux hommes retraversent la rivière à la nage. À l'abri derrière le massif d'aulnes, ils reconstituent le drame qui s'est joué ici. Un rhinocéros à l'épaisse toison laineuse gît dans la boue à quelques pas du rivage. Le corps de l'animal tressaille encore violemment mais sa mort est imminente. Plusieurs sagaies dont certaines hampes ont été brisées sont fichées dans son poitrail. La corne de la bête est rouge de sang. Un homme gît à proximité, le ventre ouvert. Les clameurs sont poussées par trois autres chasseurs qui se lamentent en faisant cercle autour de lui. Aô et Kipa-koô choisissent de rester à couvert pour observer la suite des événements. La mort d'un être humain est un moment difficile. Il est préférable qu'ils ne se montrent pas pour ne pas contrarier davantage les chasseurs.

Les trois survivants se désintéressent momentanément du mort.

Ils entreprennent le long et difficile dépeçage de l'énorme carcasse du rhinocéros. Quand ils ont fini, ils attachent la viande sur deux perches. L'un d'eux s'approche du mort. Il l'appelle. Ses partenaires se joignent à lui. Ils font des gestes, l'invitant à se lever et à les suivre. Mais l'homme ne bouge pas. Un chasseur entame une sorte de chant guttural. Un autre rassemble les débris de sagaies. Le troisième coupe un morceau de viande du rhinocéros. Ils déposent délicatement le tout sur la poitrine ensanglantée du mort. Puis, ils entreprennent de recouvrir le corps sous un amoncellement de pierres et de branches.

Alors seulement, ils s'en vont.

Kipa-koô et Aô ont assisté à toute cette scène avec beaucoup d'intérêt. Les trois chasseurs se dirigent dans la direction opposée à leur cachette.

À l'initiative de Kipa-koô, ils contournent largement le lieu du drame. Les intentions des morts ne sont pas connues. Il faut s'en méfier. Celui-ci peut vouloir emmener les deux hommes avec lui. Ceux qui meurent sont parfois dépités. La mort peut s'avérer contagieuse. L'esprit d'un homme tué par un animal aussi puissant qu'un rhinocéros est redoutable. S'il ignore la cause de sa mort, il est probable qu'il rode autour de son corps. La présence de deux étrangers sur le territoire de son clan pourrait accroître son mécontentement. Kipa-koô n'a aucune envie d'affronter la colère du défunt.

Prudemment, ils avancent sous le couvert de la végétation.

Kipa-koô est inquiet. L'homme tué par le rhinocéros est un chasseur. Sa mort est une grande perte pour les siens. Le chaman de ce clan va sans doute interroger les esprits pour connaître la véritable cause de son décès. C'est à lui qu'incombe la difficile mission d'apaiser son esprit et de le convaincre d'accepter son nouvel état. En découvrant leur présence, ne risque-t-il pas de leur imputer la responsabilité de la mort de cet homme ?

Le chasseur à la queue de lion avait évoqué le comportement belliqueux des anciens hommes envers tout intrus qui pénétrait sur leur territoire. La vallée du fleuve gris leur appartient. Ils en sortent rarement. Leur présence en ces lieux est considérée comme très ancienne. Lorsqu'ils découvrent leurs traces sur la piste d'un troupeau, les chasseurs renoncent à ce gibier pour éviter toute confrontation avec eux.

Kipa-koô a conscience qu'ils ne pouvaient pas choisir plus mauvais moment pour rencontrer les hommes anciens. Il fait part de son inquiétude à son compagnon. Aô lui confirme qu'il est animé des mêmes appréhensions.

Indécis, ils continuent pourtant à suivre les trois chasseurs en veillant à ne pas se faire repérer. Sous le poids de la viande du rhinocéros, ils marchent lentement et s'arrêtent de temps en temps pour se reposer. Kipa-koô est impressionné par la force de ces hommes. Il faudrait le double des siens pour porter la même charge.

Ils poursuivent leur effort jusqu'à la fin du jour. La vallée est de nouveau plus encaissée. Les chasseurs ralentissent l'allure. Le soleil a disparu derrière le versant ouest. Sans doute ne vont-ils pas tarder à s'arrêter pour bivouaquer.

Soudain Kipa-koô se sent violemment repoussé en arrière par Aô qui a reculé précipitamment après avoir fait quelques pas à découvert. Simultanément, des cris retentissent. De l'autre côté du fleuve, malgré l'obscurité, des hommes ont repéré Aô. Grâce à la vivacité de sa réaction, ils n'ont peut-être pas vu Kipa-koô, masqué par la végétation. Leurs cris ont attiré l'attention des trois chasseurs qui marchent devant eux. Ils se retournent. Ceux qui ont donné l'alerte courent maintenant sur l'autre berge.

Ce sont de très jeunes hommes, peut-être des enfants. Ils escaladent prestement plusieurs paliers qui les mènent jusqu'à un abri sous roche, à mi-falaise, où est installé le camp des anciens hommes. Un groupe de chasseurs s'est aussitôt formé. Cinq hommes dévalent la pente qui mène au bord de l'eau. Ils se jettent sans hésiter dans la rivière et la traversent rapidement à la nage, rejoignant les trois chasseurs qui se sont arrêtés pour les attendre.

Pris au dépourvu par la rapidité de leurs manœuvres, de plus en plus inquiet, Kipa-koô rappelle son compagnon.

– Viens Aô, il est encore temps de fuir. Je crois qu'ils vont nous tuer. Ils penseront que notre magie a provoqué la mort du chasseur ! Fuyons !

Aô hésite. Il ne craint pas pour sa vie. Les esprits l'ont conduit jusqu'ici. Mais il a peur pour son ami. Rendus furieux par la mort de l'un des leurs, il est possible qu'ils voient en lui le responsable et cherchent à le tuer.

Ils brandissent des sagaies et vocifèrent. Ils paraissent très en colère.

Kipa-koô recule encore un peu derrière les buissons qui le dissimulent. Il se fait pressant.

– Il faut partir ! Bientôt il sera trop tard !

Aô se refuse à fuir devant les anciens hommes qu'il a cherchés si longtemps. Mais il n'est plus temps de tergiverser.

– Va-t'en. Ils ne t'ont pas vu. Moi, je n'ai rien à redouter. Je suis l'un des leurs. Ils ne prendront pas ma vie. Retourne dans le clan de l'ancêtre vivant. Attends-moi là-bas. Je t'y retrouverai.

Kipa-koô hésite encore un peu. Il répugne à abandonner son compagnon. Mais il ne veut pas perdre la vie. Aô se fâche. Il gronde et s'agite.

– Pars maintenant ! Ils arrivent !

Kipa-koô se glisse en arrière à reculons. Moitié rampant, moitié courant, il se faufile à travers les taillis et gagne rapidement l'entrée du défilé. Il était temps. Les chasseurs se sont séparés. Ils se comportent comme si Aô était une proie. Cette manœuvre d'encerclement exprime sans ambiguïté leur hostilité. Ils sont encore trop loin pour l'identifier comme étant l'un des leurs.

Et s'ils refusaient de voir en lui un ami ? Immobile, en proie au doute, Aô a beau invoquer l'esprit du clan, nul ne vient lui dicter sa conduite. En prenant la fuite tout de suite, il aurait encore une chance de leur échapper. L'assurance qu'il affichait quelques instants auparavant devant Kipa-koô s'est évanouie. La peur s'insinue en lui. Il lutte contre l'envie de s'élancer sur les traces de son compagnon. Mais il est désormais trop tard.

Le cercle des chasseurs se resserre. Des exclamations étonnées fusent. Aô lit l'incrédulité dans le regard de l'homme qui lui fait face. L'un des chasseurs donne des instructions aux autres. Ils restent méfiants mais leur hostilité s'est muée en perplexité.

Kipa-koô a eu raison de fuir. Aô en est persuadé, s'il était resté là, il serait peut-être déjà mort.

Ils s'approchent de lui et le détaillent longuement en s'apostrophant dans un langage différent du sien. Ils font peu de gestes.

Leurs armes ressemblent davantage à celles des hommes nouveaux qu'à celles façonnées par Aô et les chasseurs de son clan. Leurs vêtements sont simples mais bien ajustés. La plupart d'entre eux ont le torse nu. Aô repère les trois chasseurs de rhinocéros. Ce sont de très jeunes hommes. Leurs visages et leurs torses sont barbouillés du sang de la bête. Ils sont vêtus d'un simple pan de fourrure passé entre les jambes, maintenu autour de leur taille par un cordon noué sur le ventre. Ils froncent les sourcils et grognent quelques mots à l'intention d'Aô, immobile.

Comme Aô ne réagit pas à leurs injonctions, l'un d'eux s'empare de sa massue et de son épieu dont il s'était prudemment délesté. Un autre lui montre le camp. Un troisième le pousse sans ménagement dans cette direction. Aô se met en marche, étroitement encadré.

À l'approche du gué où ils ont traversé la rivière, ils contraignent Aô à s'avancer dans l'eau. Ils n'utilisent pas leurs armes mais leur attitude est suffisamment coercitive pour lui faire comprendre qu'il n'a d'autre choix que celui d'obtempérer. Aô ne cherche pas à résister. Ils ignorent qu'il a traversé une partie du monde pour les rencontrer !

Docilement, il nage jusqu'à la rive opposée où plusieurs chasseurs l'attendent, prêts à se jeter à l'eau pour le rattraper si l'envie lui prenait de tenter de leur échapper par la rivière.

En prenant pied de l'autre côté, Aô réalise qu'il a atteint son objectif. Il essaie de convoquer les siens mais aucun de leurs visages ne lui apparaît. Tout en marchant, il les exhorte mentalement à se manifester, s'insurgeant contre leur manque de gratitude : « Qu'attendez-vous pour vous réjouir ? Aô a trouvé les anciens hommes pour vous ! »

Mais ils gardent obstinément le silence. À sa grande surprise, ce sont les visages d'Âki-naâ et du petit Atâ-mak qui surgissent. Derrière eux se dresse Mawâmi, le visage souriant. Napa-mali est là aussi.

Mais Aô n'a pas le temps de s'appesantir sur le sens de cette vision. Il est maintenant à l'intérieur du camp des anciens hommes. C'est un autre vieux qui apparaît devant lui. L'homme ne porte aucun vêtement. Son visage est recouvert de boue. Ses longs cheveux sont séparés en trois mèches passées dans des anneaux en bois. Elles sont imprégnées d'une substance qui leur confère une certaine rigidité et leur donne l'apparence de cornes. L'homme semble ignorer Aô. Les chasseurs l'ont poussé sans ménagement dans un coin du camp où il reste sous la garde de deux d'entre eux. Manifestement, la priorité est ailleurs.

Le chaman semble très préoccupé. Il se dirige vers les trois chasseurs dont les visages sont recouverts de sang. Il s'adresse à eux avec autorité. Ils s'empressent de lui répondre. Aô suppose qu'ils lui rendent compte du déroulement des faits. Ils crient et indiquent à plusieurs reprises la direction où a eu lieu le drame.

Les autres chasseurs, silencieux, suivent attentivement la conversation. Avec les femmes et les enfants rassemblés derrière eux, ils occupent une grande partie de la surface du camp dont l'étendue est limitée par l'étroitesse de la plate-forme rocheuse. Le sol est sableux. L'habitat du clan est constitué d'une longue cloison adossée obliquement sur toute la longueur de la corniche. Aô relève qu'une partie de la structure des abris est constituée de défenses de mammouth, animal redoutable, peu enclin à donner sa chair, si ce n'est, bien souvent au prix d'une ou plusieurs vies humaines.

Les trois chasseurs ont cessé de vociférer. Le chaman entreprend d'essuyer le sang qui les macule avec une peau de lièvre. Puis il peigne méticuleusement leurs cheveux et examine les moindres recoins de leurs corps, comme pour s'assurer que l'esprit du défunt n'y est pas dissimulé. Les autres font cercle autour d'eux. Peut-être veulent-ils empêcher ce même esprit de s'échapper ?

Ils restent cependant à distance. Le chaman enduit les trois hommes de limon de la tête aux pieds.

Aô observe ces rites étranges.

Il se doute qu'ils sont liés à la mort du chasseur. Ces hommes ont été en contact avec l'esprit du défunt.

Le chaman psalmodie des incantations ponctuées par des sons émis par ceux qui ont tué le rhinocéros, bientôt repris par l'ensemble de l'assistance. Les hommes et les femmes avancent et reculent en scandant leurs cris par des coups frappés par terre avec des bâtons qui font vibrer le sol autour d'eux.

Le chaman appelle une des femmes. Il lui parle et elle répond. À son tour, elle est badigeonnée d'argile. Aô remarque que les autres membres du clan s'écartent désormais sur son passage.

La cérémonie a duré longtemps. Le soleil se couche sur le versant opposé de la vallée, teintant de rouge la surface de la rivière. Tous observent le phénomène. Le chaman paraît satisfait. Certains crient en pointant le bras en direction de l'astre.

Nul ne se préoccupe d'Aô. Les feux sont ranimés. Personne ne touche à la chair du rhinocéros dont les quartiers ont été suspendus à des morceaux de bois coincés dans des fissures de la falaise. Le sang de l'animal s'égoutte le long de la paroi. La viande mise à cuire est puisée dans les réserves. Son odeur atteste qu'il s'agit du produit d'une chasse plus ancienne. À la tombée de la nuit, les trois chasseurs et la femme vont se laver dans la rivière. Aucun d'entre eux ne mange. Ils s'installent dans une cavité située un peu à l'écart. Le chaman trace un léger sillon dans le sable pour marquer une frontière qu'ils ne franchiront plus.

Aô est très impressionné par le rituel compliqué auquel il a assisté. La signification exacte de ces comportements lui échappe. Il se sent un intrus parmi ces hommes qui lui ressemblent. Il réalise ce que n'avait pas voulu lui dire Kipa-koô : des hommes de même apparence peuvent ne pas s'entendre, vivre selon des lois différentes, se méfier les uns des autres, se combattre même, alors que des hommes dissemblables parviennent à se comprendre et à nouer des liens. Il en va certainement ainsi pour les hommes anciens. Aô est désemparé. Ces gens n'ont pas besoin de lui. Leurs comportements rappellent davantage ceux des hommes nouveaux que ceux des hommes et des femmes qui appartenaient au clan d'Aô. Ils occupent un vaste territoire que nul ne leur conteste et où ils n'ont aucun mal à trouver leur subsistance. Ils sont respectés et craints des hommes nouveaux qui vivent dans les régions avoisinantes.

Un long moment s'écoule encore avant que le chaman ne daigne s'intéresser à lui. Il s'approche lentement, suivi de plusieurs chasseurs d'âge mûr. Il fait l'objet d'une inspection hautaine. Les regards s'attardent sur le vêtement usé confectionné par Âkinaâ avec ce qui restait de la peau de l'ours blanc. Le chaman procède aussi à l'examen détaillé de ses armes. Sous l'apparente assurance de l'homme, Aô croit sentir de l'indécision. L'excessive lenteur de ses gestes donne l'impression qu'il veut se donner du temps pour réfléchir. Les regards des vieux chasseurs qui l'assistent sont empreints de méfiance. Ils ne semblent pas convaincus d'avoir affaire à un des leurs. Il y a plusieurs clans d'anciens hommes installés dans des vallées voisines, à proximité des grandes plaines. Mais Aô est différent. Personne ne voyage seul. Il ne comprend pas leur langue. Ses armes sont grossières. De surcroît, la venue de cet homme coïncide avec la mort d'un chasseur. On sait que les esprits hostiles prennent parfois l'apparence d'animaux familiers, alors pourquoi pas d'un homme ?

Les intrusions sur leurs territoires d'êtres humains n'appartenant pas aux clans apparentés sont rares. Si l'inconscient réalise son erreur et quitte rapidement les lieux, ils se contentent de l'accompagner à distance en lui manifestant leur hostilité par des gestes d'agressivité sans équivoque.

Cette attitude a pour but d'inciter l'intrus à partir sans recourir à la violence. Tout est fait pour lui permettre de s'en aller sans dommage.

Mais si, malgré cette mise en demeure, l'intéressé persiste dans son erreur, il doit être tué. Sa mort s'accompagne d'un rituel très précis destiné à protéger le clan. Son corps est entièrement disloqué. Le chaman mange les yeux de l'homme et sa chair est partagée entre les chasseurs. La tête et les os des bras et des jambes sont dispersés en plusieurs lieux éloignés. Les restes du squelette vont accroître le tas d'immondices qui s'accumulent à une extrémité du camp.

Des rencontres fortuites avec des représentants de ce peuple surviennent parfois aux confins de leurs territoires respectifs. Elles donnent rarement lieu à des confrontations car les deux parties se séparent rapidement. Ces hommes ne sont pas des ennemis pour autant qu'ils gardent leurs distances.

Mais Aô n'est pas l'un d'eux. Il ressemble aux vrais hommes. On raconte qu'il y a de nombreux hivers, les chasseurs d'un autre clan avaient rencontré des êtres humains qui venaient d'une région lointaine située près de l'endroit où se lève le soleil. Ils grognaient et communiquaient par gestes. Ils étaient misérables, mal vêtus. Leurs armes étaient grossières. Mais ils avaient l'apparence de vrais hommes. C'étaient des chasseurs courageux. Ce clan les avait accueillis. Ils étaient restés. Sans doute est-il l'un de leurs parents.

Le chaman a suffisamment réfléchi. Il sollicite l'attention des autres et entreprend de commenter les signes.

Il dit que l'esprit du soleil était joyeux, ce qui est un très bon signe. Il dit que le fleuve s'est teinté de rouge comme le sang de la terre et que cela aussi est un très bon signe. Il dit que le rhinocéros est un animal considérable et que cet homme est intime avec son esprit. Aussi doit-il être accueilli et traité avec déférence pour ne pas mécontenter son puissant allié, sans quoi l'âme du défunt n'obtiendrait pas l'aide nécessaire pour trouver les passages qui mènent jusqu'aux territoires des ancêtres. Elle serait alors condamnée à errer parmi les vivants auxquels elle témoignerait son ressentiment avant que les hommes longs, toujours à l'affût des âmes des vrais hommes, ne s'en emparent.

Tous acceptent de se plier aux exigences formulées par le chaman. Les signes sont clairs. Personne ne met en doute l'aptitude de l'homme à les interpréter.

Aô comprend qu'il peut rester. Il comprend aussi que l'esprit du rhinocéros est son allié, ce qu'il ignorait.

Les jours passent. Aô essaye de s'intégrer parmi ceux qu'il s'efforce de considérer comme les siens. Il découvre les nombreux rites qui accompagnent les moments importants de leur existence mais aussi les événements les plus anodins de leur vie quotidienne. Il relève des similitudes entre leur comportement et celui des hommes nouveaux qu'il a eu l'occasion de rencontrer au cours de ses pérégrinations.

Les morts sont craints et tout est mis en œuvre pour éviter qu'ils ne s'en prennent aux vivants.

Chacun fait preuve de patience à son égard lorsque, par ignorance, il enfreint certaines règles. Les rencontres avec les autres clans implantés plus au nord sont assez fréquentes. Les hommes retrouvent des membres de leurs familles. À cette occasion, des femmes racontent d'interminables histoires dont certaines sont particulièrement prisées. Ce sont surtout celles où sont mis en scène les animaux et les ancêtres, parfois les arbres ou des plantes plus modestes. Aô ne comprend pas grand-chose mais il rit avec les autres. Parfois, quelqu'un tente poliment de lui faire comprendre la cause de l'allégresse générale.

Aô constate l'étendue du savoir de ces hommes. Ils connaissent une quantité incroyable de plantes. Chacune d'entre elles possède un nom, au même titre que les animaux auxquels elles sont souvent associées. Les enfants sont très vite capables de les identifier.

Les chasseurs sont très efficaces. Opportunistes, ils chassent indifféremment toute sorte de gibier dont ils connaissent les mœurs et les lieux de passage ou de regroupement. Les berges de la rivière abritent de nombreux oiseaux et petits mammifères faciles à débusquer. Les femmes excellent à les chasser. Occasionnellement, ils se font pêcheurs.

Une fois, à la périphérie de leur territoire, ils ont aperçu des hommes nouveaux. Ces derniers ont délibérément changé de direction pour éviter de les rencontrer.

Aô essaie de s'initier à leurs techniques de taille, parfois proches de celles des chasseurs du clan de Kipa-koô, parfois différentes. Comme eux, ils utilisent de nombreux matériaux pour réaliser un outillage très diversifié, aussi bien la pierre que l'os, l'ivoire ou plus rarement le bois des cervidés. Les lames et les pointes à dos abattus qu'ils façonnent sont d'une qualité comparable à celles que produisent les tailleurs des hommes du lac. Les baguettes taillées dans les défenses de mammouth leur procurent de robustes sagaies qui n'ont pas grand-chose à envier à celles que fabriquent les hommes du lac. Leur technique d'emmanchement diffère cependant de la leur. Les pointes ne sont pas fendues à la base mais arrondies et amincies par retouches successives de manière à pouvoir s'insérer dans les entailles pratiquées dans les hampes. Solidement ligaturées avec des cordons de cuir imbibés de sang d'animaux et de résine, elles procurent des armes solides et performantes. Ils savent aussi extraire de l'os des poinçons et de fines épingles longuement polies qu'on retrouve, fichées dans leurs vêtements.

Aô relève qu'à l'instar des hommes nouveaux, ils réalisent des objets sans utilité apparente pour parer leurs corps et leurs vêlements. Ils ont une prédilection pour les dents à la racine desquelles ils pratiquent une incision ou une perforation destinées à permettre leur suspension. Ils réalisent aussi des pendeloques en forant patiemment des trous circulaires dans des fragments d'os et d'ivoire de différentes formes. Pour percer les substances dures, ils procèdent cependant différemment des tailleurs des hommes du lac qui opèrent par raclage et amincissement de la surface puis par rainurage. Les perforations sont obtenues par suite d'enlèvements de matière par de fortes pressions pratiquées avec un poinçon de pierre ou parfois de bois de renne. L'opération est longue et fastidieuse et les échecs sont nombreux car bien souvent l'objet travaillé se brise. Aussi ces pièces ont-elles une très grande valeur, nettement supérieure aux pendeloques munies d'une simple gorge de suspension. Comme chez les hommes nouveaux, les parures distinguent les individus.

Les tâches quotidiennes sont moins nettement différenciées entre les deux sexes que chez ces derniers. Les femmes participent parfois à des chasses collectives. Les hommes, surtout les plus jeunes, collaborent au traitement des peaux mais jamais de celles destinées à l'habillement, principalement des peaux de rennes, qui sont l'apanage des femmes. Celles-ci fabriquent elles-mêmes les outils et les armes qu'elles utilisent. Le clan est constitué de plusieurs familles. Certains hommes nourrissent deux femmes. Il y a plusieurs vieux encore valides. Ils ne chassent plus mais ramassent des baies, des champignons et des racines. Le gibier est partagé entre les chasseurs selon des règles très précises où le rôle joué par chacun est pris en compte lorsqu'il s'agit de chasses collectives.

Pour devenir adulte, les jeunes doivent nager à contre-courant jusqu'à une île située au milieu de la rivière. Cette île est l'endroit où sont entreposés certains ossements prélevés sur les squelettes des défunts, longtemps après leur mort, au cours d'un rituel précis.

Le corps nu, enduit de graisse, ils resteront là-bas pendant de nombreux jours sans aucune nourriture, frissonnant de froid jusqu'à ce que l'appel du chaman vienne mettre fin à leur épreuve. Chacun d'entre eux ramène alors une pierre, un fragment osseux ou un débris quelconque qui serviront au chaman à identifier les esprits qui favoriseront l'initié durant sa vie.

L'îlot est régulièrement submergé par les débordements de la rivière. La plupart des ossements sont emportés par les flots. Ce sont les morts qui partent pour le grand voyage vers le territoire des esprits auquel le fleuve doit les mener. Cet événement est le point de départ de nouvelles cérémonies. Nul ne s'approche du fleuve pendant toute la période de crue.

Aô constate que l'influence du chaman est considérable et que son rôle est comparable à celui de ses homologues qui officient chez les hommes nouveaux. Chez les anciens hommes du clan d'Aô, il n'y avait pas de chaman.

Il relève aussi que lorsque l'un d'entre eux meurt, son âme aspire à quitter le monde des vivants de la même façon que chez ceux qu'ils nomment les hommes longs et auxquels ils ne reconnaissent pourtant qu'une lointaine parenté et un statut inférieur au leur. Aussi Aô s'inquiète-t-il pour les âmes de ceux de son propre clan.

Une des femmes semble avoir de l'intérêt pour Aô. Initiée depuis peu, elle n'a pas encore été réclamée par un chasseur. Mais elle ne l'intéresse pas.

La place qui lui est réservée dans la communauté est celle d'un jeune novice. Si le séjour sur l'île des morts lui a été épargné, il doit néanmoins faire ses preuves à la chasse. Sa vigueur et son audace lui permettent cependant de gagner peu à peu l'estime de ses nouveaux compagnons.

Mais Aô est insatisfait. Ses rêves sont la plupart du temps incohérents. Il n'entend plus la voix des siens et cela fait longtemps que leurs visages ne lui sont plus apparus. Comment savoir si les morts ont été apaisés si leurs esprits gardent obstinément le silence ? Il devient morose.

Un matin, les hommes anciens constatent son départ. Personne n'en est véritablement affecté. La vie poursuit son cours.

XX

Aô fuit. Il a maintenant hâte de quitter le territoire des anciens hommes et de retrouver son compagnon. Il n'est resté que deux lunes parmi ses congénères. Kipakoô l'aura peut-être attendu. Dans le cas contraire, s'il s'est résolu à partir seul, Aô le rattrapera. Il est confiant. Avant l'hiver, ils seront à nouveau ensemble et marcheront sur le chemin du retour.

Il court sans se retourner. Une certaine confusion règne dans son esprit. Il ne comprend pas bien les raisons qui l'ont conduit à ce départ précipité. Il n'a fait que céder à ce besoin irrésistible qui n'a cessé de grandir en lui, jour après jour.

Ce ne sont pas les anciens hommes qu'il craint mais les puissances qui pourraient s'opposer à sa fuite. La peur qui l'habite n'est pas rationnelle. C'est de sa propre résolution dont il doute et n'ose encore se réjouir, trop heureux que ses jambes lui obéissent et qu'aucun obstacle infranchissable n'ait encore surgi devant lui pour le contraindre à rester à une place qui ne lui convient pas.

Mais rien ne se passe. Le camp est déjà loin derrière lui. Chaque nouvelle foulée contribue à dissiper davantage son anxiété et à libérer cette joie intense qu'il ressent au fond de lui.

Il ne s'arrête que pour dormir un peu. En seulement deux jours, il atteint le pied de la grande colline.

Soudain, alors qu'il trottine vers le sommet en se faufilant entre des rochers, un hurlement retentit. Aô se fige, sur la défensive. Un homme jaillit à quelques pas devant lui. Ahuri, il reconnaît le visage hilare de Kipa-koô. Il pousse un cri de joie. Les deux amis se ruent l'un vers l'autre, simulant un combat féroce. Ils roulent par terre en s'étreignant comme deux lionceaux. Kipa-koô demande grâce en riant.

– Tu m'attendais ! s'exclame Aô, ravi ! Je craignais que tu ne sois déjà parti et je courais pour te rattraper !

Kipa-koô rit :

– J'étais décidé à t'attendre jusqu'au début de l'hiver. Je savais que tu passerais forcément par ici. Il y a des grottes de ce côté de la colline. Je me suis installé là. Ce matin, les grands oiseaux noirs m'ont prévenu de ton arrivée. Alors, je me suis caché ici pour guetter ton passage.

Le garçon poursuit sur un ton plus grave :

– Kipa-koô est inquiet. Il a emprunté les ailes du corbeau pour voler jusqu'aux montagnes sacrées. Il a vu le grand loup gris, celui qui guide les morts, descendre vers la toundra.

Aô le regarde sans comprendre. Kipa-koô explique :

– Lorsqu'un homme meurt, le chaman appelle l'esprit du loup et lui demande la cause de sa mort.

Lorsque l'homme sait pourquoi il est mort, il est apaisé et il s'accroche à la queue touffue du loup qui l'emmène sous la terre jusqu'au territoire des esprits. Sans lui, l'âme du défunt ne trouve pas le passage qui y mène et elle est condamnée à errer parmi les vivants.

Aô reste songeur un long moment. Il pense aux certitudes de ceux qu'il vient de quitter, contraint de constater une nouvelle fois des analogies avec celles des hommes nouveaux. Au fond de lui, il s'insurge contre ces croyances qui ne sont pas celles de son clan. Il refuse de se perdre dans une réalité qui n'est pas la sienne. Il se fâche.

Il dit ce qu'il sait d'un ton sec.

– L'esprit du loup est un esprit très puissant. Les loups sont venus sur la terre avant les hommes. Le loup a enseigné aux hommes comment chasser en bandes. Mais les morts n'habitent pas sous la terre. Grâce au souffle du vent, les esprits circulent librement à la surface du monde. Avec la mort ou en rêve, ils s'échappent des corps. Certains voyagent longtemps avec le vent et connaissent les réponses aux questions des hommes. Voilà ce que savent les hommes anciens du clan d'Aô.

Kipa-koô est surpris par l'âpreté de sa voix.

Il l'écoute cependant avec une grande attention.

Constatant l'intérêt de son compagnon, Aô continue.

– Avant il faisait nuit. Le vent a soufflé sur l'épais brouillard qui empêchait le soleil d'éclairer la terre. Alors l'herbe et les autres plantes sont sorties du sol. Une partie de leur corps est restée sous la terre pour ne pas qu'elles s'envolent. Le bison, le cheval et le renne ont mangé l'herbe et les feuilles. Ils ont donné naissance aux nombreuses espèces qui se nourrissent de plantes. Elles sont devenues de plus en plus rares. Le vent était furieux car il aimait jouer avec l'herbe et les feuilles. Alors il s'est fâché. Il a soufflé si fort que des plantes ont été arrachées au sol et sont devenues les oiseaux qui volent dans le ciel. Le loup est né de l'union entre le grand corbeau et l'herbe de la toundra. Les loups ont mangé une partie des animaux qui mangeaient l'herbe et les feuilles. Les animaux et les plantes se sont mariés entre eux. Ainsi se sont répandues les créatures qui peuplent la terre. Les hommes eux-mêmes sont les descendants du loup et du bouleau. Tous les habitants de la terre appartiennent à la même famille. Les animaux et les plantes acceptent de mourir car ils savent que leur esprit pourra habiter un autre corps. Les chasseurs doivent veiller à lui permettre de s'échapper et s'assurer de l'existence d'animaux semblables parmi lesquels il pourra se réincarner. Lorsque les miens tuaient les hommes nouveaux, ils prenaient soin de mettre un caillou dans leur bouche. Ainsi, leurs esprits restaient prisonniers.

C'est la première fois qu'Aô s'exprime aussi longuement sur les croyances des siens. Kipa-koô perçoit la frustration de son ami. Son départ précipité du camp où vivent ceux qui lui ressemblent, atteste que son bref séjour parmi eux ne lui a pas donné satisfaction.

Kipa-koô comprend son amertume. Il se doute que ces hommes sont très différents de ceux parmi lesquels il a grandi. Ceux-là n'ont sans doute des anciens hommes que l'apparence. Il comprend aussi que les véritables anciens hommes étaient des chamans car ils communiquaient tous avec les esprits. Plus qu'avant, il réalise que les êtres humains sont divers. Chaque clan entend sa part de la parole sacrée des esprits de laquelle leurs ancêtres ont tiré les lois qui régissent la vie des hommes à l'intérieur des clans.

Maintenant Kipa-koô sait que l'esprit du loup gris traverse le ciel, porté par le vent qui est le souffle des esprits. Il sait aussi que les esprits ne vivent pas toujours sous la terre et qu'il est possible de les rencontrer en beaucoup d'endroits. Il se surprend à tendre l'oreille pour capter le message du vent. Il se réjouit de le sentir sur son visage et de le voir courir joyeusement dans l'herbe.

Aiguillonnés par les funestes visions de Kipa-koô, les deux hommes ont poursuivi leur marche forcée après les premières neiges. Ils parviennent au pied des hauts plateaux mais doivent se résigner à s'y arrêter. Le climat polaire qui sévit sur ses hauteurs désertiques ne permet pas de s'y aventurer pendant la mauvaise saison. Les animaux se terrent dans les fonds de vallée. Les sommets aplatis n'appartiennent qu'au vent. Kipa-koô imagine les esprits danser avec lui sur les crêtes.

Les deux hommes s'apprêtent à vivre des moments difficiles. Ils ont marché longtemps. Leurs réserves sont inexistantes. Ils devront chasser pendant l'hiver comme des loups.

Amaigris et affaiblis, ils parviennent au seuil du printemps. Une tempête de neige fait rage depuis plusieurs jours, comme souvent en cette saison.

Une faim terrible les tenaille. Ils n'ont rien mangé depuis de nombreux jours. Bientôt Kipa-koô n'a même plus la force de se lever pour alimenter le feu. Les grognements d'Aô le sortent de sa torpeur. Il voit ses yeux briller dans la pénombre de la grotte où ils se terrent. L'homme s'efforce de se vêtir correctement pour affronter le froid et le vent.

Aô sait qu'il n'a pas le choix. S'il attend encore davantage, ils mourront, Kipa-koô le premier. Celui-ci se redresse péniblement sur sa couche. D'un geste las, Aô lui intime de rester à sa place. La présence de son compagnon épuisé ne pourrait que le gêner. Kipa-koô obéit sans un mot. Aô lui-même ne se mobilise qu'au prix d'un terrible effort. Il confie leur sort à la volonté des esprits. S'il revient bredouille, ce sera pour mourir aux côtés de son ami.

Les flocons lui fouettent le visage. Dès les premières foulées, il épuise ses dernières forces pour s'extraire de la neige qui s'est accumulée pendant plusieurs jours. Pris de vertige, il tombe à genou, le souffle court.

Il ferme les paupières pour se protéger des rafales de vent et de neige. Des images se pressent devant ses yeux. Il est entouré d'hommes et de femmes. Il les reconnaît. Ceux de son ancien clan côtoient les hommes et les femmes du clan de Kipa-koô. Tous l'exhortent à continuer. Aô trouve la force de se relever. Il marche au milieu d'eux. Devant, la neige est tassée. Ils ont rejoint la piste d'une harde de rennes poursuivie par une meute de loups. Aô avance beaucoup plus facilement.

À travers le rideau de flocons, il les voit. La neige est rougie par le sang d'une vieille femelle qui a fini par se laisser distancer par les siens. Avec deux loups accrochés à ses flancs, elle continue d'avancer, obéissant au puissant instinct de survie qui lui a permis de traverser tant de saisons. Un troisième loup lui sectionne un jarret. Elle s'écroule enfin.

Les loups ont flairé l'odeur de l'homme. Plus encore que l'ours et le lion, ils le craignent. Ils reculent pour se regrouper à quelques pas. La meute s'est séparée pour augmenter les chances de trouver de la nourriture. Ils ne sont pas très nombreux mais l'homme est seul. S'encourageant les uns les autres, ils grondent férocement, décidés à se battre plutôt que d'abandonner la proie qu'ils pourchassent depuis l'aube. Aô hurle lui aussi. Il supplie l'esprit du loup de lui laisser prélever une part pour lui et son compagnon. Le plus grand d'entre eux, une bête redoutable, capable de tenir tête à un lynx, s'enhardit.

Les babines retroussées sur ses formidables crocs, ses yeux jaunes fixés sur l'homme, il s'avance lentement, aplati dans la neige. Les autres ont déjà encerclé le chasseur. Tout en gardant un œil sur le grand loup, Aô a repéré le plus jeune de la meute. Impatient, moins expérimenté que les autres, il s'est approché sur sa droite. Frémissant, il attend que son chef donne le signal de l'assaut. Toujours hurlant, Aô se tourne brusquement vers lui. L'animal a un instant d'hésitation qui lui est fatal. L'homme enfonce violemment la pointe de son épieu dans sa gueule béante. Il reprend aussitôt sa position, face à celui qui conduit la meute. Vociférant de plus belle, il frappe violemment le sol autour de lui avec sa massue. Les loups refluent de quelques pas, libérant un passage. Aô en profite pour bondir vers la carcasse du renne. Les féroces carnassiers se désintéressent momentanément de lui. D'un même élan furieux, ils se sont jetés sur leur congénère abattu. Aô sait qu'il dispose de peu de temps. Affamés comme ils le sont, les loups en auront vite fini avec le maigre animal.

Frénétiquement, il taille avec son couteau dans la chair encore palpitante du renne. À côté, le carnage touche déjà à sa fin. Deux loups se battent férocement pour quelques lambeaux de viande. Aô jette sur son épaule une partie de l'arrière-train du renne qu'il a réussi à séparer du reste du corps. Le grand loup l'observe en silence, immobile. Aô recule pas à pas. Il garde ses yeux rivés sur ceux du prédateur. Il prononce les paroles rituelles du chasseur qui remercie ceux qui lui permettront de survivre.

Le loup soutient son regard. Le dangereux bipède bat en retraite. La viande est à eux. Avec un grognement satisfait, il se rabat sur la carcasse du renne.

Malgré sa faim, Aô prend le temps de rallumer le feu. À deux reprises, les minuscules braises s'éteignent, le contraignant à recommencer. Kipa-koô n'a pas bougé au retour de son compagnon mais Aô entend sa respiration. Il le secoue doucement. Il ouvre les yeux.

Un sourire fatigué apparaît sur ses traits.

– Kipa-koô savait qu'Aô reviendrait car l'esprit du loup le protège, exhale-t-il dans un souffle.

Les jours suivants, Aô reprend rapidement des forces. La quantité de viande prélevée sur la bête est suffisante pour leur permettre de tenir jusqu'à la fin de la tempête. Kipa-koô met plus de temps à récupérer. Cette épreuve les a encore rapprochés.

Le soleil surgit entre les nuages. Un vent léger achève de nettoyer le ciel. La neige fond une nouvelle fois. Les rennes s'aventurent hors des sous-bois où ils s'étaient réfugiés. Les deux hommes sont impatients de repartir. Aô relève les traces de quelques chevaux qui se dirigent vers les pentes les moins exposées du massif, là où l'herbe parvient à pousser, sans doute des éclaireurs partis en reconnaissance. C'est le signal de départ qu'ils attendaient.

Ils avancent vite, ne s'arrêtant que pour se procurer de la nourriture au gré des opportunités, se contentant parfois pendant plusieurs jours des baies ou des plantes qu'ils mangent sur le lieu même de cueillette.

Ils traversent le territoire des hommes des montagnes sans chercher à les rencontrer, poussés par l'obsession de réussir à atteindre le glacier avant la fin de l'été.

Ils y parviennent de justesse.

Depuis le sommet de la montagne, ils contemplent le lac avec émotion. Sans attendre, ils s'engagent avec précaution sur la surface gelée. Le monstre de glace les accueille par des sifflements auxquels ils répondent par des cris joyeux. Chaque soir, perchés sur un rocher, ils scrutent les berges du lac dans la direction où devrait se situer le camp. Aujourd'hui, pour la première fois, ils ont aperçu la lueur d'un foyer.

Kipa-koô est partagé entre joie et appréhension. Ses craintes ne l'ont pas quitté.

Les deux hommes longent maintenant les berges du lac. Ils savent qu'ils arriveront au camp avant la nuit. Ils ralentissent l'allure pour savourer le plaisir de toucher au but. Kipa-koô hume les odeurs familières que lui porte le vent. Des cris s'élèvent bien avant leur arrivée au camp. Kipa-koô est surpris. La plupart des hommes et des femmes devraient être à la chasse. Or ce sont des chasseurs qui viennent à leur rencontre. Ce n'est pas normal.

Ils reconnaissent Kâ-maï accompagné par deux hommes jeunes qui n'avaient pas encore de nom avant leur départ. Aô les voit à peine. Son regard s'est porté à l'arrière. Une femme suit en marchant rapidement. Elle tient un bébé dans ses bras. Un petit garçon trottine sur ses pas, aussi vite qu'il peut, en essayant de ne pas se laisser distancer. Le cœur d'Aô bat furieusement dans sa poitrine. Il n'entend pas les paroles tragiques de Kâ-maï. Il passe à côté des chasseurs sans s'arrêter.

Aô et Âki-naâ se font face. Aucune parole ne sort de leurs bouches. Les yeux de la jeune femme brillent d'une joie intense. Aô ne se lasse pas de contempler ce visage dont la vue le réjouit. À ses côtés, le petit Atâ-mak se tient sagement immobile, un peu intimidé. Il a reconnu l'homme dont sa mère lui parle chaque jour. Il garde un vague souvenir de son visage, de son odeur, de leurs jeux. Le regard d'Aô glisse vers l'enfant endormi dans les bras de sa mère. C'est un garçon né il y a deux hivers environ. Son visage est singulier. Son crâne est volumineux. Ses yeux sont profondément enfoncés dans leurs orbites.

Âki-naâ tend le petit vers Aô.

– Celui-là a la force de son père ! dit-elle en riant.

Aô grogne de satisfaction en saisissant l'enfant.

Il caresse doucement la tête d'Atâ-mak, venu s'agripper à sa jambe.

– Aô est de retour, dit-il simplement.

La jeune femme acquiesce. Elle salue Kipa-koô qui les a rejoints, suivi de Kâ-maï. Les deux hommes sont soucieux. Kâ-maï informe Aô de la situation.

– Après votre départ, les esprits ont continué à nous être favorables. La saison de chasse a été bonne. Nous n'avons pas vu les hommes oiseaux et nous pensions que ceux du fleuve avaient accompli les paroles d'Ak-taâ. Mais à la fin de l'hiver, O-mok est revenu avec deux chasseurs. Il nous a appris ce qui s'était passé. De ceux qui avaient combattu les hommes oiseaux, O-mok était le seul survivant. Ak-taâ n'avait pas écouté les chasseurs qui avaient déjà eu affaire à eux quand ils évoquaient la férocité et la ruse de ces êtres sanguinaires. Les hommes oiseaux se sont emparés de son âme et de celles de ses compagnons car chaque homme tué de leurs mains augmente leur pouvoir et leurs esprits ne sont jamais rassasiés. O-mok a dit ceci : Ce sont des tueurs d'hommes. Lorsqu'ils attaquent, au milieu de la nuit ou au détour d'un sentier, les chasseurs les plus valeureux sont saisis d'effroi et leurs bras deviennent faibles. À deux reprises le camp du vieil Ikwag a été attaqué. Plus tard, des chasseurs ne sont pas rentrés. Les morts étaient nombreux parmi nos parents, plus que les doigts des deux mains. Ils ont souffert de la faim et du froid car les hommes oiseaux se sont emparés d'une grande partie de leurs réserves de nourriture et de peaux. O-mok a dit qu'ils s'étaient installés à proximité du territoire de son clan et il a demandé notre aide pour les rechercher.

Le vieux chasseur s'interrompt et redresse fièrement la tête.

– Plusieurs d'entre nous sont partis avec lui. Kâ-maï était à leur tête car il a déjà tué l'un d'entre eux. Il sait que leur ventre est mou comme celui des autres hommes et que leurs os se brisent lorsque la massue les frappe. Mais nous n'avons pas trouvé leur campement. Alors les hommes ont regagné leurs clans respectifs pour participer à la nouvelle saison de chasse. Un jour, Ma-wâmi a relevé des traces de leur présence sur nos propres territoires. Au milieu de l'été précédent, en l'absence des chasseurs et d'une partie des femmes, les hommes oiseaux ont surgi dans le camp. Mais Wagaltalik avait confié la conduite de la chasse à Kâ-maï et à Ma-wâmi et il était resté avec deux chasseurs pour protéger ceux qui demeuraient au camp. Les hommes oiseaux étaient nombreux. Mais les nôtres les attendaient et ne se sont pas laissé surprendre. Wagal-talik, les chasseurs A-wâk et Ita-kîi, Napa-mali, les vieux, les femmes et les enfants se sont battus comme les loups. A-wâk, Ita-kîi et le vieux Wâ-kâ sont morts. Wagaltalik a été grièvement blessé. Il a perdu l'usage de ses jambes. Aujourd'hui son esprit est sur le point de s'en aller. Les nôtres ont réussi à tuer deux des assaillants et à en blesser trois autres. Décontenancés par une telle résistance, les hommes oiseaux se sont retirés en emportant leurs morts. L'hiver a été très rude. Le clan a souffert de la faim et du froid car nous n'avons ramené qu'un maigre butin. Les esprits étaient désormais en colère. Au cours de la mauvaise saison, nous avons de nouveau repéré des signes de la présence des hommes oiseaux. Napa-mali a dit qu'ils n'avaient pas quitté nos territoires car ils n'avaient pas renoncé à la vengeance que réclamaient leurs esprits. Dès la fin de l'hiver, Ma-wâmi est parti chasser avec une poignée d'hommes et de femmes. Le gibier qu'ils ont ramené était à peine suffisant pour nourrir le clan pendant quelques jours. Ils ont dû repartir aussitôt. Kâ-maï est resté avec deux jeunes chasseurs. Âki-naâ est restée aussi.

L'homme adresse un regard empreint de respect à la jeune femme debout à côté d'Aô.

– Napa-mali a dit que lorsque les hommes oiseaux avaient attaqué le camp, sans les femmes, ils n'auraient pu être repoussés. Quand A-wâk, Ita-kîi, Wagal-talik et Wâ-kâ sont tombés sous leurs coups, les bras des femmes n'ont pas tremblé. Napa-mali a dit que l'esprit du grand loup gris habitait Âki-naâ et qu'il a lu la peur dans les yeux des hommes oiseaux. Mais aujourd'hui, la situation est très mauvaise. Ma-wâmi et les chasseurs tardent à revenir. Ils ne sont pas assez nombreux pour encercler les troupeaux. Ils doivent prendre plus de risques et parcourir de longues distances pour un maigre butin. La nourriture manque. La compagne du vieux Wâ-kâ est allée mourir dans la toundra. Ceux qui naissent aujourd'hui doivent repartir d'où ils viennent. Deux nouveau-nés ont été tués car leurs mères ne peuvent les nourrir. La survie du clan tout entier est menacée.

Aô semble avoir saisi l'essentiel du discours de Kâ-maï.

Il est en colère. Kâ-maï veut ajouter quelque chose mais Kipa-koô l'interrompt.

– Aô et Kipa-koô sont là maintenant. C'était la volonté des esprits. Ne perdons pas de temps. Wagal-talik et Napa-mali nous attendent.

Averti de l'arrivée des deux hommes, le chaman s'est rendu auprès du vieux chef agonisant pour lui annoncer la nouvelle tant espérée, celle qui retient son âme dans son corps torturé. Kipa-koô reconnaît à peine, en cet homme, son père, le puissant chasseur qui a guidé si longtemps les siens. Une longue entaille, mal cicatrisée, balafre le visage émacié jusqu'au sommet du crâne. La peau du visage est jaune. On perçoit à peine une lueur de vie derrière les yeux voilés. L'homme est déjà dans l'entre-deux-mondes. Il ne semble pas voir les deux hommes qui lui font face. Pourtant, sa bouche s'entrouvre pour dire quelques mots.

– Wagal-talik peut partir. Son esprit est content.

Il n'ajoute plus rien.

Kipa-koô s'adresse à Napa-mali.

– Kipa-koô avait vu descendre le grand loup gris. Nous avons marché vite.

Napa-mali hoche la tête d'un air entendu.

– Napa-mali attendait votre retour. Les esprits l'avaient prévenu.

Il s'adresse à l'homme ancien.

– Tu es revenu, dit-il simplement.

Aô acquiesce gravement.

– Oui. Aô est de retour parmi les siens. Les autres n'ont pas besoin de lui.

Napa-mali ne dit rien. Il se contente de poser la main sur l'épaule de son jeune ami.

Au cours de la soirée, Aô, Kipa-koô et Kâ-maï se concertent longuement.

Tôt le lendemain, Kâ-maï les accompagne là où les chasseurs ont relevé des traces du passage des hommes oiseaux pour la dernière fois. Pendant plusieurs jours, les trois hommes sillonnent méthodiquement le secteur.

Les hommes oiseaux sont enragés, surtout le géant dont l'autorité a été sérieusement ébranlée après l'échec et les pertes que lui et sa bande ont subis au cours de l'été précédent. Inlassablement, il revit les péripéties du combat. Les choses ne se sont pas passées comme elles auraient dû. Avant qu'ils ne pénètrent dans le camp, des cris avaient retenti. Les hommes qui s'étaient dressés devant eux avaient combattu avec courage. Lorsque le vieux chef était tombé, blessé de sa main, après avoir tué l'un de ses meilleurs hommes, les autres n'avaient pas renoncé à se battre. Le géant grimace en revivant la suite de l'affrontement. Il se souvient du chaman qui exhortait les siens sans relâche.

Les sagaies le frôlaient mais aucune ne semblait pouvoir l'atteindre ! Il revoit cet autre vieillard qui leur a donné tant de mal ! Laissé pour mort, percé de deux sagaies, il a encore trouvé la force de trancher la gorge d'un homme ! Mais c'est quand il pense à cette femelle que la haine qui l'étouffe atteint son paroxysme ! Lorsqu'il l'a reconnue aux côtés du chaman, il n'a pas cru ce que voyaient ses yeux ! Par quelle magie pouvait-elle se trouver là après sa mystérieuse disparition le jour où l'homme ours avait surgi dans le camp ? Il avait vu le doute et la peur s'insinuer dans les yeux de ses acolytes. Lui-même avait senti sa confiance s'ébranler. Les autres avaient perçu leur hésitation et avaient redoublé d'ardeur. Les pierres s'abattaient sur eux de toute part. La sagaie que la femme brandissait s'était fichée dans la poitrine de l'homme qui était à ses côtés. Alors, hurlant de rage et de dépit, ils s'étaient retirés avec les blessés et les morts.

Le sommeil le fuit à l'évocation de cette terrible humiliation. Maintenant ils ne sont plus que quatre. Ils ont perdu trois hommes. Mais eux aussi ont souffert de l'hiver. Cette fois, ils ne sous-estimeront pas leurs adversaires. Ils sont là depuis deux lunes. Ils sont patients.

Ils attendent le moment propice. Tous les chasseurs devront se résoudre à quitter le camp. Le géant le sait. L'hiver a été très dur et l'été est déjà bien avancé. Sans réserves de nourriture suffisantes, la prochaine saison froide sera fatale au clan du lac. Mais les quatre hommes ne savent pas qu'ils sont désormais le gibier.

Un jour, Aô, Kipa-koô et Kâ-maï découvrent les cendres encore chaudes de leur dernier foyer. La nuit suivante, depuis le sommet d'une colline, ils aperçoivent la lueur de leur feu, au milieu d'un bosquet.

Patiemment, ils attendent le cœur de la nuit. Le ciel est couvert. Il fait noir. Au signal d'Aô, ils s'approchent en rampant du bivouac des hommes oiseaux. L'endroit est propice à une attaque car ils peuvent s'avancer jusqu'à eux sous le couvert des arbustes qui entourent la petite clairière dans laquelle ils se sont installés. La surprise sera totale. Ils ne s'attendent certainement pas à être attaqués.

Aô est tellement près qu'il entend leur respiration régulière.

Un des hommes, adossé à un arbre et censé assurer un tour de veille, lutte contre le sommeil. Il fait face à Aô. Il sera le premier à mourir.

La pointe de son épieu transperce son cœur au moment où il ouvre les yeux. Les trois autres réagissent très rapidement. Mais les massues de Kâ-maï et de Kipa-koô s'abattent sur leurs crânes à coups redoublés avant qu'ils aient pu s'extraire de leurs couvertures. Seul l'homme aux dents brisées a pu se dégager assez vite. Il jauge rapidement la situation. Ses armes sont hors de portée. Il choisit la fuite. Sans prendre le temps de récupérer son épieu, Aô se lance à sa poursuite. Le géant est rapide. Il parvient à prendre un peu d'avance. Il se dirige vers le fleuve.

Aô maintient son allure. Il sait qu'il peut courir très longtemps à ce rythme. Le fuyard jette un coup d'œil derrière son épaule. Il voit que seul un homme le poursuit. Il ne semble pas armé. Les deux autres sont loin derrière, suffisamment pour qu'il en finisse avec celui-là avant qu'ils ne les rattrapent. Il fait brusquement volte-face. Sûr de sa force, il ricane. Aucun homme ne peut le vaincre.

Aô continue à courir au même rythme dans sa direction. Étonné, le géant écarquille les yeux pour distinguer celui qui ne craint pas de l'affronter seul et sans arme. Ce n'est qu'au dernier moment qu'il reconnaît l'homme ours.

Passé les premiers instants de stupeur, il hurle de rage et se précipite à sa rencontre. Les deux hommes se heurtent violemment. Le choc est rude. Ils chancellent. Aô se ressaisit le premier. Il passe ses mains sous les bras de son adversaire et les referme derrière son cou. L'homme sent le genou de son adversaire creuser son dos et sa nuque ployer sous la poussée irrésistible de ses mains. Une peur atroce l'étreint. Il réalise qu'il n'est pas le plus fort et qu'il va mourir. Il geint doucement, incapable de résister à la terrible pression qui s'exerce inexorablement sur sa nuque. Dans un craquement sec, elle se rompt.

Kipa-koô a rejoint son ami. Devançant Aô, il ramasse une pierre et la glisse dans la bouche ouverte du mort.

CET OUVRAGE
A ÉTÉ REPRODUIT
ET ACHEVÉ D'IMPRIMER
SUR ROTO-PAGE
PAR L'IMPRIMERIE FLOCH À MAYENNE
LE 15 SEPTEMBRE 2003
COMPOSITION ET SUIVI DE FABRICATION
ATELIERS GRAPHIQUES DE L'ARDOISIÈRE

DÉPÔT LÉGAL : SEPTEMBRE 2003
N° D'ÉD. : 151 - N° D'IMP. : 58171
IMPRIMÉ EN FRANCE